Caroline Goernandt

Reisegast in England

Reisegast

Caroline Goernandt

Reisegast in England

Herausgeber der Reihe *Reisegast*:
Gerd Simon

IWANOWSKI'S REISEBUCHVERLAG

Jetzt neu im Internet:

www.iwanowski.de

Hier finden Sie aktuelle
Infos zu allen Titeln,
interessante Links -
und vieles mehr!

Einfach anklicken

1. Auflage 2001

Konzept, Redaktion, Bildredaktion:
Buchkonzept Simon KG, München

Layout-Entwurf: Studio Schübel, München,
in Kooperation mit Buchkonzept Simon KG, München

Lektorat: Verlagsbüro Claudia Magiera, München

Projektbetreuung: Irene Milewski (Buchkonzept Simon KG, München)

DTP: Rolf Eder, Glonn

Illustrationen: Bildarchiv Buchkonzept Simon KG (Seite 176), Brosi Ambros (Kulturspiel-Seiten 239–245), Britisches Fremdenverkehrsamt Frankfurt (Seite 10, 14, 16, 18, 20, 21, 22, 24, 26, 27, 28, 29, 32, 33, 38, 40, 41, 43, 46, 48, 49, 50, 67, 68, 69, 71, 74, 81, 83, 91, 111, 112, 113, 114, 119, 120, 121, 127, 128, 140, 141, 146, 154, 155, 159, 178, 179, 182, 185, 188, 197, 200, 202, 204, 205, 210, 225, 234), Caroline Goernandt (Seite 7, 8), Dr. Volkmar Janicke (Seite 13, 87, 116, 149, 150, 159, 164, 165, 175, 177, 186), Marton Radkai (Seite 11, 12, 25, 35, 36, 54, 57, 60, 62, 63, 72, 73, 79, 89, 95, 99, 105, 109, 118, 129, 144, 167, 173, 189, 192, 193, 209, 215, 218, 221)

Gesamtherstellung: F. X. Stückle, Ettenheim

ISBN: 3-923975-78-3

Vorwort der Autorin ... 7

Was ist typisch englisch? ... 9
»Public Life«: Die Regeln der Freiheit ... 11
Erste Annäherungen ... 11
Privatgelände: Bitte eintreten! ... 14
Vom »Common Sense« und anderen stillen Qualitäten ... 15
Kein Warten auf Godot: Von »Charities« und anderen Formen sozialen Engagements ... 17
»Good Old Britain« ... 18
Distanz schafft Nähe ... 19
Stadt und Land ... 21
London: Eine englische Metropole? ... 22
»London calling« ... 24
Leben und leben lassen ... 25
TIPS: Leben in London ... 28
Eine unurbane Metropole ... 29
Arm und reich ... 31
London lieben, London hassen ... 31
»London Forever« ... 33
TIPS für Reisegäste in London ... 34
Klassengesellschaft ... 36
»Class«: Versuch einer Begriffsbestimmung ... 37
TIPS: Dress Codes ... 37
Die Schranken in den Köpfen ... 39
... und ich sage dir, was du bist: Klassenverhältnisse ... 40
» Them and us«: Die »working classes« ... 42
Die »Upper Classes« ... 44
Die »Middle Classes«: Obere Arbeiterklasse, untere Mittelklasse 47
TIPS: Umgang mit der Klassengesellschaft ... 51
Starkes Rückgrat: Eine gewachsene Parlamentskultur ... 53
Die Engländer und ihre Politiker: Eine Beziehung ohne falschen Respekt ... 53
Politik und Gesellschaft ... 53
Das »Haus der Herren« ... 54
TIPS: Der Tip zum House of Lords ... 56
Ein seidener Faden: Mehrheitsbeschlüsse ... 56
Weshalb Engländer keine Revolutionen veranstalten ... 58
Mehrheits- kontra Verhältniswahlrecht ... 58
»Taking Liberties«: Seitensprünge im Rampenlicht ... 60
Von der Macht der Presse ... 61
Monarchie auf wankendem Thron? ... 63
Von Gleichberechtigung und Chancengleichheit – Eine spezielle Spezies: Frauen ... 68
Multikulturelle Gesellschaft: Land ohne Ausländer ... 70
TIPS: »Integrations«-Tips für Reisegäste ... 75
Die Engländer und die Iren ... 75
TIPS: Gesprächsthema Nordirland ... 76
Familiäre Umgangstöne ... 77
»Family Values« – Familienbande ... 77
Alltagsroutine zwischen »School«, »Sport« und »Supper« ... 78
»Cool Kids, Cool Adults«: Die kleinen Erwachsenen ... 80
Bildung und Erziehung ... 82
Schule ... 83
TIPS: Hinweise für den Umgang mit dem Thema »education« ... 94
TIPS: An englischen Schulen lehren und lernen ... 95
Studium ... 96
TIPS: Studium an englischen Universitäten ... 101
TIPS für den allgemeinen Umgang mit dem Bildungsthema ... 103
Die Kunst zu unterhalten ... 104
Highlights englischer Kultur ... 104
Gesellschaftsspiele ... 105
TIPS: »Dos and Don'ts«: Gesprächskultur ... 107
»Good Old Britain« ... 108
TIPS: Musik als Brücke ... 118
TIPS: Sonntagszeitungen ... 122
TIPS: Einladungen zu solchen Events ... 123
Im Schatten der Highlights ... 124
TIPS: Aufrichtiges Interesse zeigen ... 125
TIPS: Keine Knauserigkeit in Pubs und Restaurants ... 126
TIPS: Knigge der Leidenschaft ... 127

TIPS: Stellen Sie Ihr Licht unter den Scheffel! 129
TIPS: Über-Lebensmittel 130
Humor: »Serious Stuff« 131
Überlebenswichtig: »Good Sense of Humor« 132
Peinliche Ängste 133
Comedy 134
Mit Worten spielen: »Punning« 136
Entstellter Sinn: »Nonsense« 137
TIPS: Humoristischer Survivalkit 138
»Understatement«, Ironie und Übertreibung 138
Lachen: Eine Begriffshilfe 139
Eine Collage englischer Wirklichkeiten 140
Wie modern sind die Engländer? 140
»Created in England« 143
TIPS: Moderne Zeiten 147
Fortschritt gestern, Fortschritt heute 148
Gentleman: Überarbeitete Auflage 154
TIPS fürs Rollenspiel 156
Auf Thatchers Spuren 156
Postindustrielle Revolution: Dank, Mrs. Thatcher! 162
TIPS: Thema Thatcher 168
Heikles Thema: Europa 168
TIPS: Thema Europa 170
»Cool Britannia«: Visonen des Modernen 170
Geschichte: »How to be a Cool German in England« 173
TIPS für anglo-deutsche Diskussionen 176
Konformität: »Corporate Lives« 178
Arbeitsleben 178
Respekt und Hierarchie 180
Teamwork 181
»Work Hard, Play Hard« 182
TIPS: für »Gastarbeiter« 183
»Home, Sweet Home«: Wohnen in England 185
»My Home Is My Castle« 188
»Landlords and Landladies«: Vom Kaufen und Mieten 190
TIPS: Hausbesuche 191
Liebe und Beziehungen 192
Viele Hochzeiten und kein Todesfall 193
Verzweifelt gesucht: Leidenschaft 193
Sex: »Watch it!« 195
»Love«: Inflation eines Wortes 195
TIPS für Liebeshungrige 196
»You Say You Wanna Revolution ...« 197
Vom Essen und Englands einziger Revolution 197
Lukullisches London 198
Streifzug durch Englands Küchen 199
Kulinarische Multikultur 204
Ein Trauerspiel: Essen in England 207
Immer gut für Überraschungen: Ländliche Pubs 210
TIPS zum Wohl von Magen und Portemonnaie 211
»Survival Guide«: Kulinarische Überlebenshilfen 211
Mehr als Worte: »Let's speak English« 214
Von der Kunst Worte nicht beim Wort zu nehmen 215
Der Ton macht die Musik 217
Von Klasse, Akzent und Dialekt 218
»To Say One Thing ... and Mean the Other« 220
Umgang mit Engländern und unter Engländern 223
»What are Goods Manners?« 223
TIPS: Tun und Lassen in Kürze 224
TIPS: Verhalten bei Einladungen 227
Englisch für Fortgeschrittene: Was Ihre Lehrer Ihnen nie beigebracht haben 231
Lexikon meiner Lieblingswörter 231
TIPS: Sprach-Tip: »actually« 236

Kulturspiel 239

Stichwortverzeichnis 246

Vorwort von Caroline Goernandt: England – so nah und doch so fern

»Wäre die britische Auffassung von Geographie ausschließlich von den Zeitungen geprägt, so käme man zwangsweise zu dem Schluß, daß Amerika etwa dort liegt, wo Irland ist, und daß Frankreich und Deutschland sich ungefähr neben den Azoren befinden ...«, konstatierte amüsiert der langjährige Londoner Außenkorrespondent der *New York Times*, Bill Bryson.

Einen *Reisegast in England* zu schreiben, einen Kultur- und Verhaltensführer für Besucher aus deutschsprachigen Ländern, ist eine Herausforderung: Die Insel liegt fast nebenan, und wir befinden uns in ständigem Kontakt mit der britischen Kultur, z.B. durch den Schulunterricht, durch die Medien, Popmusik und Mode, durch Literatur und Film. Rote Telefonzellen, freundliche Bobbies, liebenswerte Ladies, die kutschenartigen schwarzen Taxis, die Steilküsten und Schafherden ... mit Englands äußeren Reizen sind wir zumeist bestens vertraut.

Englands Reize und Reizworte

Der Blick für das »Fremde«, das »Andere«, für die vielen großen und kleinen Unterschiede zur eigenen Kultur schärft sich, je mehr Zeit man auf dieser so nahen und scheinbar so vertrauten Insel verbringt. Die englische Lebensweise öffnet sich dem Außenstehenden nur langsam, und sie offenbart sich als vielschichtig und subtil, individualistisch und konventionell, als traditionsbewusst und fortschrittswillig, elitär und egalitär zugleich.

Unabhängig von Bill Brysons Übertreibung wird jeder England-Reisende bald erkennen, dass viele Briten trotz ihrer Begeisterung für den europäischen Kontinent eine größere Nähe zu den USA verspüren. Das verwundert nicht, übt Amerika doch allein durch die Sprache stärkeren Einfluss auf die angelsächsische Kultur aus als jedes europäische Land. Durch seine Geschichte der außereuropäischen Orientierung und Mobilität nimmt Großbritannien in der EU zwangsläufig eine Sonderstellung ein. Wir in Deutschland, Österreich und der Schweiz sind geographisch fest in das europäische Festland integriert – mit allen dazugehörigen Komplikationen und kulturellen

Außereuropäische Orientierung als Folge des britischen Imperialismus

Die Autorin in typisch englischer Landschaft

Eigenheiten. In England, wo diese natürliche Einbindung fehlt, prägen anglo-amerikanische Gemeinsamkeiten das Bild, so in den Bereichen Kultur und Ausbildung, in der Medien- und Finanzwelt, in der Serviceindustrie und der multikulturellen Entwicklung. Gleichwohl sind die Traditionsverhaftung, die Identifikation mit Herkunft, Geschichte und Umgebung sowie das gemeinschaftsorientierte Denken durch und durch europäisch. Wer die innereuropäischen Beziehungen betrachtet, wird feststellen, daß es wenige Nationen gibt, deren Bild voneinander stärker zu Klischees verleitet, als die englische und die deutsche. Nicht nur geographische und historische Bedingungen, sondern auch und gerade Verhaltenskultur, Sprache und Denktraditionen machen aus wenigen hundert Kilometern eine Reise in ein fernes Land.

Verhaltenskultur, Sprache und Denktraditionen machen aus wenigen hundert Kilometern eine Reise in ein fernes Land.

Wenn ich im Folgenden über England und die Engländer schreibe, so sollte ich diese verallgemeinernde Definition erklären. Sinnvoll erschien mir, einen weiten Kreis um London zu ziehen, der Essex, Norfolk, Suffolk, Oxfordshire und Shropshire bis an die Waliser Grenze einschließt, außerdem Wiltshire, Dorset und die gesamten südenglischen Grafschaften. Die extrem abseits gelegenen Teile des West Country, also Gebiete Devons und Cornwalls, sowie Nordengland weisen neben vielem »Englischen« höchst eigenständige Charakteristika auf. Wenn es zum jeweiligen Thema beiträgt, erwähne ich lokale Besonderheiten. Ansonsten beziehe ich diese Orte in die allgemeine Betrachtung ein, mache allerdings die dichter besiedelten zentralen Grafschaften zur Grundlage meiner Beobachtungen.

Über die Autorin

Caroline Goernandt, geb. 1961, hat in Berlin und London Germanistik und Anglistik studiert. Seit 1989 lebt sie in London und reist regelmäßig in England und Schottland. Sie leitet eine von ihr aufgebaute Agentur für Übersetzung und Adaption anglo-deutscher Texte und PR-Arbeit. Daneben betätigt sie sich als Autorin, vorwiegend von Reiseliteratur und Kulturberichten.

Was ist typisch englisch?

Was ist typisch englisch? Die Antwort fällt nicht nur Engländern schwer. Von sich selbst behaupten diese gern, sie hätten überhaupt keine Kultur. Statt dessen importierten sie von Küche, Wein bis Mobiliar reichlich von dem, was andere Kulturen hervorgebracht haben. Doch sind dies wirklich die Kriterien, anhand derer sich Kultur beschreiben lässt? Taktgefühl, Klassenbewusstsein und ein großes Maß an Tradition prägen den englischen Alltag sicher ebenso wie ein durch alte und neue Medien getragener kultureller Mainstream, in dem sich die unterschiedlichsten Einflüsse wiederfinden.

Was ist typisch englisch?

Heute prägen nicht nur Taktgefühl, Klassenbewusstsein und Tradition den englischen Alltag.

In diesem Buch ist von den Engländern und von England die Rede. Ein wesentliches Thema fehlt, obwohl es das Land in den vergangenen Jahren mehr verändert hat als jede andere Technologie zuvor: die *e-Revolution*. England lebt und liebt die elektronische Revolution von ganzem Herzen. Sie hat sowohl im »neuen virtuellen Raum« wie in den traditionellen englischen Wirtschaftsbereichen Banking, Business und Medien einen Boom ausgelöst und praktisch jeder wirtschaftlichen Organisation einen neuen Prägestempel aufgedrückt. London wird als Europas Internet-Metropole bezeichnet.

London wird als Europas Internet-Metropole bezeichnet.

Die Unterscheidung von *old* und *new economy* hat weltweit denselben Effekt: Traditionelle Hierarchien werden durch junge, begabte und respektlose Talente aufgebrochen. Je älter und traditioneller die Strukturen, desto stärker macht sich diese Umwälzung bemerkbar. In England (wie natürlich auch bei uns) spürt jeder die Folgen des boomenden *e-business* – jeder schnelle Blick in eine Zeitung offenbart die virulente Bedeutung des Themas Internet.

Diejenigen, die mit neuen Technologien umzugehen wissen und im *WorldWide-Web* zu Hause sind, können sich im neuen Jahrtausend ihren Arbeitgeber aussuchen. Den alten Eliten der englischen Finanzwelt bricht ahnungsvoll (oder bereits panisch) der Schweiß aus, weil der potentielle Nachwuchs nach der Universität lieber in den Cyberspace abhebt als in Bürostrukturen zu sitzen. Berufseinsteiger werden zunehmend vom Establishment unabhängig. Ein geschickter Web-Designer verdient mindestens so viel wie ein ehrgeiziger Anwalt.

Die Erwartungen englischer Arbeitnehmer waren nie so hoch wie heute. Keine Gewerkschaft, keine Labour-Regierung und auch nicht Margaret Thatcher hat die englische Arbeitswelt so nachhaltig beeinflusst wie das Internet. Was ich in diesem Buch über die englische Arbeitskultur geschrieben habe, hat durch das Internet einen wesentlichen neuen Aspekt gewonnen.

Nichts und niemand hat die englische Gesellschaft so beeinflusst wie das Internet.

Da sich in D / A / CH ähnliches entwickelt, werden sich die kommenden Generationen künftig im selben – virtuellen – Raum bewegen und sich gegenseitig stärker beeinflussen als bisher. Die Sensibilität für kulturelle Merkmale, die sich über Jahrhunderte entwickelt haben, bleibt jedoch ein Bonus, der nicht an Wert verliert.

Willkommen im Land des harmonischen und dynamischen Widerspruchs!

Für alles finden Sie in diesem Land ein Gegenteil.

In vielen Lebensbereichen bleiben die Engländer sich selbst sehr treu, und da Offenheit, Internationalität und Innovation seit jeher ein Teil des Lebens auf der Insel waren, ist nicht einmal ein Widerspruch darin zu sehen. Engländer haben trotz ihrer Geschichte der Kontinuität und Traditionsverhaftung eine äußerst flexible, weltoffene und dynamische Seite. Für alles finden Sie in diesem Land ein Gegenteil. Und vielleicht ist es genau das, was England ausmacht.

Erste Annäherungen

»Public Life«: Die Regeln der Freiheit

Wer den kurzen Weg aus deutschsprachigen Landen in die britische Ferne zurücklegt, findet das öffentliche Leben – abgesehen vom Linksverkehr vielleicht – auf Anhieb angenehm unkompliziert. »Please keep left«, »Please take your litter with you«, »Thank you for not smoking« … – wir verstehen beinahe jedes Wort, und das allgegenwärtige *you* wirkt unaufdringlich und direkt zugleich. Verbotsschilder klingen geradezu wunderbar freundlich. Bitten Sie um Hilfe, so erhalten Sie höfliche Unterstützung und Auskunft.

Verbotsschilder klingen geradezu wunderbar freundlich.

Das gelegentliche »All right, love!« oder »Here you are, Darling!« ist, ob an Fahrkartenschalter oder Zeitungsstand, stets freundlich gemeint – niemals anstößig. Überhaupt sucht man nach Aufdringlichkeiten im öffentlichen Leben fast vergebens. Für alt und jung gleichermaßen gilt Respekt als das Vorzeichen für den Umgang miteinander. Ob Sie auf einer einsamen Küstenstraße mit einer Autopanne festsitzen oder sich in der überfüllten Londoner U-Bahn einen Weg zum Ausgang bahnen müssen: Höflichkeit ist in jeder Lebenslage oberstes Gebot. Damit bleiben die Briten bis heute weitgehend ihrem Ruf treu.

Man achtet die individuelle Freiheit des anderen: Niemand wird Sie schief ansehen, wenn Sie die Zeitung auf dem Kopf lesen, Ihr Auto falsch herum parken oder Ihren Großvater huckepack durchs Einkaufszentrum tragen – solange Sie keinem Mit-

In England ist die Polizei wirklich Freund und Helfer.

Man achtet die individuelle Freiheit des anderen.

menschen Schaden zufügen. Langhaarige Bankangestellte in Anzug und Krawatte, gepiercte Rezeptionistinnen und grünhaarige Verkäufer gehören seit langem zum englischen Alltagsbild. Deutschen Besuchern, die mehr an Regeln und Einmischung gewöhnt sind, gibt die britische Toleranz immer wieder Anlass zum Staunen.

Folgender Vorfall begab sich spätabends in einem vollgepferchten Zug auf der Fahrt von London nach Surrey: In stark angetrunkenem Zustand vergnügte sich ein Pärchen miteinander. Es kam zum Äußersten. Die anderen Fahrgäste wandten sich diskret ab, blickten sich an, grinsten allenfalls. Als der Lover sich allerdings nach vollzogenem Liebesakt – im Nichtraucherabteil – eine Zigarette anzündete, wies ihn ein Mitreisender zurecht: »I am sorry, but you are not allowed to smoke in here.«

»Typisch englisch«: Distanz und Emotionslosigkeit

So etwas geschieht in England nicht alle Tage, versteht sich. Diese verwegene Episode ging durch die gesamte Presse. Obwohl einzigartig, wurde sie mit den Worten »typisch englisch« kommentiert, illustriert sie doch höchst anschaulich, zu welcher Distanz und Emotionslosigkeit Briten bisweilen in der Lage sind. Freilich ließe Toleranz sich hier auch als Verklemmtheit auslegen – eine Interpretation, die übrigens von einem Engländer stammt. Ich selbst finde es schwierig, in einer solchen Situation nicht verklemmt zu reagieren. Das allgegenwärtige *embarrassment*, das Empfinden von Verlegenheit und Peinlichkeit, ist die dominanteste Farbe auf der Palette englischer Emotionen.

Mangel an Einmischung bedeutet keineswegs Regellosigkeit. Nur scheinen Regeln in Großbritannien in erster Linie dem Zweck zu dienen, das soziale und öffentliche Leben so angenehm wie möglich zu gestalten. *The public*, die Öffentlichkeit, besitzt ein spezifisches Gewicht.

Eine manchmal bizarre, schrille, aber meist liebenswerte Form der Öffentlichkeit: Speaker's Corner im Londoner Hyde Park

Das Private wird zum Öffentlichen (alter englischer Besitz am Ure River bei Ripon).

Sie steht einer Regierung gegenüber, die sich wegen der dominanten Presse kaum erlauben kann, das *public interest* (öffentliche Interesse) zu übergehen. Im britischen Bewusstsein stellt der Ausdruck *public* einen Kollektivbegriff für »viele Individuen« dar. Der Begriff »Masse« hingegen wird nur spärlich verwandt. Und eine Massenpsyche scheint kaum zu existieren. Obgleich England als Wiege der Pop(ulär)kultur gilt, ist Teil einer Masse zu sein dem individualistischen englischen Wesen weitgehend fremd. Vielleicht bringt unser, dem Wort *public* verwandte Begriff »Publikum«, uns der britischen Auffassung näher, dass »viele Menschen« und »Masse« nicht unbedingt dasselbe bezeichnen.

Teil einer Masse zu sein, widerspricht dem individualistischen englischen Wesen.

Freiheit, Gleichheit und *public spirit*, diese sozialen Grundwerte werden Engländern von Beobachtern und Reisenden seit mehr als zwei Jahrhunderten zugesprochen. Ich würde diese Dreifaltigkeit durch Individualismus ergänzen. Diese Werte liegen jenseits einer Klassengesellschaft, die England ebenso kennzeichnet wie seine emanzipierte Öffentlichkeit. Doch selbst hier ist es den Engländern gelungen, ohne störendes Klassenbewusstsein auszukommen. Das Klassenbewusstsein des einzelnen ist zuweilen sehr ausgeprägt; ob es zu einer Schranke wird, hängt von den persönlichen Umständen ab. Einem *public spirit* steht es indes nicht im Weg.

Auf diese komplizierten Sachverhalte werde ich in verschiedenen Kapiteln detaillierter eingehen.

Schlösser und Höfe, Landhäuser, Gemäldesammlungen und interessante Gärten »are open to the public«.

Die Öffentlichkeit, öffentliche Einrichtungen und *public grounds* finden ihr Gegenstück im großen Anteil von privatem Grundbesitz, der nach dem Zweiten Weltkrieg allmählich der Öffentlichkeit zugänglich gemacht wurde. Schlösser und Höfe, Landhäuser, Gemäldesammlungen und interessante Gärten *are open to the public*, auch wenn sie sich vollständig in privater Hand befinden oder der Eigentümer nur einen Teil der Nutzungsrechte dem National Trust überschrieben hat. Der Grund dafür liegt hauptsächlich darin, dass der Landadel heute vielfach auf die Öffentlichkeit angewiesen ist, um den Erhalt seines Besitzes zu finanzieren. Dies hat wiederum zur Folge, dass man aufwendig und engagiert um Besucher wirbt, so etwa mit Führungen, attraktiven *museum shops* und Cafés. Gelegentlich wurde und wird Kritik an der »Überrestaurierung« der vielen Kulturdenkmäler, der *heritage*, laut. Daher setzt man inzwischen mehr auf reine Erhaltung als auf verfälschende »historische Aufbereitung« – zur größten Zufriedenheit von Experten und Öffentlichkeit.

Privatgelände: Bitte eintreten!

Sie werden sich auf den wanderfreundlichen britischen Inseln vielleicht über die vielen *public footpaths* wundern, die durch private Felder, Parks, Landschaftsanlagen und Gärten führen. Das einzigartige *right of way* in den *counties* (Grafschaften) und *private grounds* (Privatgeländen) in der *countryside* ist, anders als im

Auch diesem Megalithen führt ein »public footpath« (Dartmoor, Devon)

Fall der Kulturdenkmäler, nicht abhängig vom Gutdünken der Eigentümer: Laut einem jahrhundertealten *common law* (Gewohnheitsrecht) hat ein Besitzer, obwohl er daraus keinen Vorteil zieht, sein Land *for the public* begehbar zu halten. Angesichts der riesigen Flächen ungeteilten Privatbesitzes stellt – und stellte – das Betreten von *private land* die einzige Möglichkeit dar, England jenseits der Straßen zu erkunden. Erst wenn nachweislich ein Jahr lang niemand den Weg durch sein Land benutzt hat, darf der *landlord* das Schild »Public Footpath« entfernen und das Wegerecht aufheben. Ich kann mir allerdings nicht vorstellen, dass jemand bei vollem Verstand den Versuch wagen würde, dies nachzuweisen.

Sie dürfen also getrost der Beschilderung quer durch Parks, Schafherden und Weideland folgen und sich als Gast betrachten – selbstverständlich mit gebührendem Anstand. Ähnlich nonchalant überläßt man es Ihnen, ob Sie an einer Steilküste entlangspazieren, brüchige Schloßruinen erklettern oder vom Rand einer Klippe ins tosende Meer blicken wollen: Nicht einmal ein Schild warnt vor dem Abgrund. Man verläßt sich auf Ihren common sense, den gesunden Menschenverstand, der neben Freundlichkeit und Diskretion als Essenz des britischen Gemeinschaftssinns gilt.

Kein Schild warnt in England vor dem Abgrund. Man verläßt sich auf Ihren »common sense«, den gesunden Menschenverstand.

Vom »Common Sense« und anderen stillen Qualitäten

Über den *common sense* lohnt es sich, einige Worte zu verlieren, denn er gibt eine nahezu umfassende Antwort auf alle Fragen zur britischen Lebensart. Bei der Definition dieses Begriffs stößt man auf eine weitere urbritische Eigenschaft, die *fairness*. Fairness ist eine wichtige Voraussetzung für den allgegenwärtigen *common sense*.

Der *common sense* ist Teil des englischen Wesens – neben ausgeprägtem Traditionsbewusstsein, geschichtsbedingter Multikultur, Individualismus und Humor.

Es sind stille Qualitäten, die die englische Art prägen: neben *decency* (Anstand), *fairness* und *common sense* auch der Humor und das *understatement*. Bitte halten Sie mir jetzt nicht die krebsroten, biergefüllten und tätowierten britischen »Kampftrinker« vor Augen, die Ihnen grölend an spanischen Stränden entgegentorkeln können. Es bereitet mir Mühe, diese Auswüchse in mein Englandbild zu integrieren. Daher vermerke ich lediglich, dass es in der englischen Gesellschaft *lagerlouts* und Hooligans, also normsprengendes Massenverhalten, seit langem gibt. Solch vulgäres Verhalten bedeutet weder Sittenverfall noch die Dr.-Jekyll-Mr.-Hyde-Ambivalenz der englischen Art. Es ist vielmehr eine Facette jeder Gesellschaft oder Nationalität.

Es sind stille Qualitäten, die die englische Art prägen.

Zurück zu den stillen Qualitäten. Angenehm ist mir die äußerst zurückhaltende Verwendung des Wörtchens »prinzipiell«. Engländer mögen stille Prinzipien haben, doch verlassen sie sich stets auf ihr persönliches, pragmatisches, situationsbezogenes Urteil. Von seinen Grundsätzen macht ein Engländer wenig Aufhebens. »I don't actually take hitch-hikers very often«, wäre seine subtile und unaggressive Art, seine Gewohnheit und Überzeugung auszudrücken. Auf deutsch: »Ich nehme grundsätzlich keine Anhalter mit!« Eine Aussage wie »We never buy bottled water, we always have it from the tab« (»Wir kaufen nie Mineralwasser, wir trinken immer Leitungswasser«) ist zwar vorstellbar, will aber ebenfalls eher undogmatisch eine Angewohnheit formulieren als belehrend ein Prinzip aufstellen. Es sei denn, es geht um die Disziplinierung von Kindern und Haustieren. Dann heißt es mit bestimmtem Tonfall: »Stay here. We don't carry food around!« Reizend fand ich einen Herrn, der sein Nichtrauchen mit der entschuldigenden Bemerkung erklärte: »It actually makes me cough.« Der Grund, etwas zu tun oder zu lassen, ist in der Tat meist individueller Natur. »Smoking isn't good for you« hört man zwar hier und da, doch stößt in England jede Bevormundung und Prinzipienreiterei auf tiefste Missbilligung.

Jede Bevormundung und Prinzipienreiterei stößt auf tiefste Missbilligung.

Dies belegte besonders anschaulich die öffentliche Aufregung über das Rindfleischverbot. Da nicht auszuschließen war, dass Rindfleisch BSE-Überträger ist, verbannte die britische Regierung es aus dem Lebensmittelhandel. Sie tat dies zum Schutz der Verbraucher – mit der Folge, dass allseits gegen die »Bevormundung« protestiert wurde. Der Verbraucher, hieß es, solle selbst entscheiden dürfen, ob er ein Risiko eingehen wolle oder nicht. Hierzulande würde man sich eher empören, wenn der Gesetzgeber nicht im Sinne des Verbraucherschutzes eingriffe.

Die durch das drohende Verkaufsverbot ausgelösten Hamsterkäufe billigen Rindfleisches – endlich wurde ein T-Bone-Steak auch für sozial schlechter Gestellte erschwinglich – weisen auf Englands Sozialstruktur hin. Auf diese werde ich an anderer Stelle näher eingehen. Sie zeigen auch, wie man in England mit Risiken umgeht, was gleichfalls nicht allein eine Frage der Mentalität ist.

(Noch?) glückliche Kühe (Dartmoor, Hound Tor, Devon)

Kein Warten auf Godot: Von »Charities« und anderen Formen sozialen Engagements

Ein weitere Besonderheit des öffentlichen Lebens wird Ihnen unweigerlich auffallen: die zahlreichen Wohltätigkeitsveranstaltungen, *charities* genannt. Als ich einmal zur Osterzeit im Waliser Bergbaugebiet des insgesamt eher tristen Mountain Ash zu Besuch war, bereiteten meine Gastgeber soeben die jährliche Öffnung ihres außergewöhnlich phantasievollen Gartens vor. Für den kommenden Sonntagnachmittag hatten sie öffentlich zu Tee, Kuchen und Musik auf ihrem Anwesen eingeladen. Die Erlöse sollten der Krebshilfe zufließen. Ich staunte, mit wie viel Mühe und Bedacht die Familie das Fest plante; der Vater, ein vielbeschäftigter Richter, hatte sich dafür sogar eine Woche Urlaub genommen.

Briten verbinden wohltätiges Engagement häufig mit einem *social event*, einer kleinen Veranstaltung, bei der sie Freunde, Bekannte, Kollegen und Nachbarn zusammenbringen. Viele sind übrigens durchaus der Meinung, der Staat komme seiner Verantwortung für Alte und Kranke nicht genügend nach. Doch das sollte in ihren Augen niemanden daran hindern, aktiv einen Beitrag zu leisten. Selbstredend könnte man es bei Geldspenden belassen, doch persönliches Engagement und Spaß an der Sache zählen im Gemeinschaftsleben mehr als der bloße materielle Einsatz. Dabei kommt es nicht so sehr auf das Ausmaß an: »Mega-Events« wie die *Live-Aid*-Konzerte, die Bob Geldorf mit britischen Popstars initiierte, sind von ähnlichem *spirit* geprägt wie kleine, ohne viel Publicity durchgeführte Aktionen.

Briten verbinden wohltätiges Engagement häufig mit einem »social event«.

Die private finanzielle Unterstützung öffentlicher Einrichtungen ist eine britische Tradition, die in der Struktur alter Besitzverhältnisse begründet liegt. Die Tatsache, dass in England 30% der Einnahmen der *national lottery* für wohltätige Zwecke verwendet werden, dürfte daher kaum verwundern. Auf diese Weise haben die Engländer ihrer Wettleidenschaft zugleich sozialen Anstrich verliehen; etwaige Skrupel beim Kauf eines Lottoscheins lassen sich angesichts der »guten Sache« schnell mildern.

Sie werden in England die unterschiedlichsten Formen karitativer Betätigung antreffen: einen Laden in der *High Street* z.B., der Second-hand-Kleidung, Haushaltswaren, Spielsachen, Bücher und vieles andere verkauft, und Schüler, die Ihnen ein gewinnverheißendes Los anpreisen, auf jeden Fall aber garantieren, dass die Einnahmen aussgesetzten Haustieren zugute kommen oder einen neuen Schulcomputer finanzieren helfen.

Basare mit Tee und Kuchen finden in ländlichen Gegenden und Kleinstädten beinahe jedes Wochenende statt – ausgezeichnete Gelegenheiten, mit Einheimischen ins Gespräch zu kommen und etwas über sie und die Umgebung zu erfahren. Wenn eine junge Frau Australien umwandert, City-Anwälte und Banker an einem Sommerabend sieben Meilen durch London laufen, Jugendliche über die Hügel der South Downs radeln, dann verbinden sie dies oft mit einem gemeinnützigen Zweck. Konzerte in Kirchen oder der örtlichen *town hall* mögen zur

Basare finden in ländlichen Gegenden und Kleinstädten beinahe jedes Wochenende statt – ausgezeichnete Gelegenheiten, Kontakte zu Einheimischen zu knüpfen.

Finanzierung eines Jugendorchesters oder der Restauration der Kirchenorgel stattfinden.

Sie werden feststellen, dass sich hinter derlei Veranstaltungen stets ein außerordentliches Engagement verbirgt und die Organisatoren versuchen, das Publikum von der gemeinsamen guten Sache zu überzeugen. Die Begeisterung für Musik und Theater, private Initiative und die Bereitschaft, mit wenigen Hilfsmitteln und hohem persönlichen Einsatz, sogenanntem *commitment*, etwas auf die Beine zu stellen, prägen wesentlich das gemeinschaftliche und gesellschaftliche Leben.

»Good Old Britain«

Vieles in Großbritannien wird Ihnen schlichter als hierzulande, manchmal nahezu altmodisch erscheinen, öffentliche Gebäude und Verkehrsmittel etwa, Kleidung und Autos, Restaurants und Pubs. London macht eine Ausnahme: Dort findet sich, wie später geschildert, größte Vielfalt in jeder Beziehung. Sobald Sie aber *Greater London*, den Großraum London, verlassen, scheint die Zeit stillgestanden.

Der ästhetische Reiz der britischen Inseln liegt nicht zuletzt im Fortbestand des Alten, den »churches«, »castles« und »classic cars«.

Der ästhetische Reiz der britischen Inseln liegt nicht zuletzt im Fortbestand des Alten, den *churches*, *castles* und *classic cars*, um nur einige Stichworte zu nennen. Viele Universitätsstädte, *countryhouses* und *cottages*, die meisten historischen Dörfer und Landhäuser haben glücklicherweise den Zweiten Weltkrieg überlebt und manifestieren nun einen ungebrochenen Umgang mit Geschichte und Tradition. Zahlreiche Kleinstädte dagegen haben leider unter der Bauwut und dem Straßenbau der vergangenen Jahrzehnte gelitten – mit dem Effekt, dass sie zunehmend ähnlich und statt moderner lediglich verbauter aussehen.

Zwei Klischeevorstellungen vom alten England: Gentleman vor dem traditionellen roten Briefkasten (London)

Wirklich Modernes (ein sehr relativer Begriff, wie sich bei einem Kulturvergleich offenbart) findet sich im englischen Alltag wenig – so scheint es zumindest auf den ersten Blick. Sich unentwegt mit dem Allerneuesten auszustatten ist ohnehin extrem unenglisch, vor allem in Kreisen der oberen Schichten. Dass sich die Nouveau-riche-Szene andere Maßstäbe setzt, überrascht nicht; dies ist kein bezeichnend englisches, sondern wohl in den meisten vergleichbaren Kulturen anzutreffendes Phänomen. Gleichwohl ist England, wie ich später aufzeigen werde, trotz seiner insgesamt beständigen Alltagskultur ein in vielerlei Hinsicht äußerst fortschrittliches Land. Vor allem in London haben sich ausgefallenste Formen von »Modernität«, Einkaufsverhalten und Materialismus entwickelt, die ein eigenes Kapitel verdienen. Doch sagen neue Trends nicht unbedingt etwas über die englische Lebensweise und -einstellung aus, die Ihnen in weiten Teilen des Landes begegnen.

Neben dem Eindruck, England sei *old fashioned*, fällt die Faszination für neue Technologien, Wissenschaft und Forschung ins Auge. Lehrer, Wissenschaftler und Journalisten bemühen sich, der interessierten Öffentlichkeit Erkenntnisse aus Wissenschaft und Forschung zu vermitteln. Die BBC z. B. versucht mit zahlreichen Programmen und Dokumentarfilmen ein breites Publikum über das aktuelle Geschehen in Kultur und Wissenschaft zu informieren und eine kompetente Meinungsbildung zu fördern. Die englische Sprache erweist sich bei dieser demokratischen Übung als ungeheurer Vorteil: Sie ist bestens geeignet, selbst komplizierteste Sachverhalte allgemein verständlich auf den Punkt zu bringen.

Die englische Sprache eignet sich hervorragend zur Darstellung komplizierter Sachverhalte.

Distanz schafft Nähe

Wenn sich also, wie zu vermuten, während Ihres Aufenthalts in England ein gewisses Freiheitsgefühl einstellt, so liegt dies vielleicht daran, dass niemand Ihre Lebensweise, Ihre Kleidung und Ihren Status kommentiert. Oder an dem Humor, der Sie stets umgibt und der signalisiert, dass niemand sich selbst allzu ernst nimmt. Möglicherweise rührt es auch aus dem Bewusstsein, sich in einer Öffentlichkeit zu bewegen, die zu vielen Facetten des kulturellen und intellektuellen Lebens Zugang hat. Und fast überall werden Sie das Bemühen erkennen, eine unkompliziert angenehme Umgebung zu schaffen: in Hotels und *Bed-and-breakfast*-Pensionen, in Pubs, Geschäften und Museen, bei Veranstaltungen und privaten Einladungen. Sie werden auf Kuriositäten stoßen, skurrilen Menschen begegnen und abenteuerliche Anekdoten hören.

Vieles andere entdeckt man erst auf den zweiten Blick. Zu lernen, mit dem *understatement*, der Untertreibung, umzugehen und das Indirekte zu verstehen und einzuschätzen, war für mich, die ich alles ziemlich direkt beim Namen zu nennen gewohnt bin, ein mühsamer Prozess. Heute weiß ich, dass die englische Kultur sich erschöpfender offenbart, wenn man zwischen den Zeilen zu lesen vermag.

Persönliche Zurückhaltung ist nach meiner Erfahrung immer der richtige »Türöffner«. Wenn ich zuvor die Zugänglichkeit des öffentlichen Lebens hervorgehoben habe, so bedeutet dies nicht, dass das gesellschaftliche und private Parkett ebenso leicht zu betreten ist. Im Gegenteil: dauerhafte Beziehungen und gar Freundschaften aufbauen kann sich als kompliziert herausstellen. Denn die englische Gesellschaft kennt äußerst viele Regeln und soziale Codes. Fettnäpfchen

Persönliche Zurückhaltung ist immer der richtige »Türöffner«.

Frühstück in angenehmer Atmosphäre bei einem Bed & Breakfast auf dem Bauernhof

Die englische Gesellschaft kennt äußerst viele Regeln und soziale Codes. Fettnäpfchen lauern vor allem dort, wo man sie am wenigsten erwartet.

lauern vor allem dort, wo man sie am wenigsten erwartet. Jovialität und Kumpelhaftigkeit kommen selbst nach dem dritten *pint* (Maßeinheit englischen Bieres) im Pub nicht gut an. Wahrheitsliebe und Direktheit, für viele Deutsche eine Tugend, sowie indiskrete und sehr persönliche Bemerkungen können manche Türen schnell wieder schließen. Ich habe aus Fehlern einiges gelernt und würde mich freuen, wenn es mir gelänge, Ihnen als »Reisegast in England« etwas davon weiterzugeben.

Stadt und Land

Städtische Sehnsucht nach ländlicher Idylle (Clovelly, Devon)

Die Beziehung von Stadt und Land ist heikel. Immer mehr Engländer leben eine Zeitlang in London, immer mehr erfolgreiche Londoner legen sich ein Haus auf dem Land zu. Dies zeitigt nachteilige Folgen wie Zersiedlung und den Verlust der traditionellen Infrastrukturen kleiner Städtchen und Dörfer bei steigenden Immobilienpreisen. Beflügelt von der romantischen Vorstellung ländlicher *community*, kaufen Wochenendbewohner und Pendler sich in Londons Umgebung ein Haus – und bringen damit Unruhe in die Gemeinden.

Vorstadtdasein

Im Londoner Umkreis entpuppt ländliches Idyll sich als Schein und *suburbia*, Vorstadtdasein. Die Widersprüche sogenannter postmoderner Lebensformen treten auch in England immer deutlicher zutage: Das Land, die *countryside*, bildet zunehmend Kulisse für neureiche Barbour-Träger. Freitags und sonntags sind die Arterien verstopft, die vom Herzstück der Metropole ausstrahlen; vier Stunden im Stau zu stehen nimmt ein Engländer längst als notwendiges Übel in Kauf, um seine Sehnsucht nach kultiviertem *country life* zu stillen. Seit Jahren verkünden zuversichtliche Trendbeobachter, dass solche Probleme sich mit der digitalen Revolution erledigen werden. Doch wer tagelang daheim im Grünen vor dem Computer sitzt, braucht zum Ausgleich intellektuelle und kulturelle Anregung: braucht London. Dementsprechend stehen die Metropole und ihr Umland in regem Austausch.

Sehnsucht nach kultiviertem »country life«

Zwischen Stadt und Land besteht ein krasseres Gefälle, als es bei unserer föderalistischen Siedlungsstruktur der Fall ist. Die *countryside* muss sich gegen den Einfall der Städter verteidigen, denn es bleibt nicht beim sonntäglichen Ausflug. Viele Bewohner kleiner Orte im Zwei-Stunden-Radius von Londons Innenstadt können mit der Finanzkraft der Londoner nicht mehr konkurrieren und treten ihr Haus ab. Kleine Läden machen dicht, statt dessen etablieren sich Supermärkte und Antiquitätenhändler. Während ich diese Zeilen schreibe, schließen in Londons Umkreis drei Läden und öffnen zwei neue. Die kapitalintensive Dynamik einer solch zentralistischen Metropole wie London infiziert zwangsläufig das Umland. Um sich Londons Einflüssen tatsächlich zu entziehen, müssen Sie ungefähr so weit reisen wie von Hamburg nach Berlin oder Frankfurt nach München: Erst dort leben und arbeiten die meisten Menschen auch da, wo sie wohnen.

London: Eine englische Metropole?

Auf den allerersten Blick hat London mehr mit anderen Metropolen der westlichen Welt gemein als mit dem Rest des Landes. Mit New York und Paris z. B. verbinden es astronomische Preise, riesige Einzugsgebiete mit Millionen von Menschen, die täglich zwischen Arbeitsplatz und Wohnort pendeln, eine internationale Elite, die in Mode, Design, Lifestyle, Film, Kultur und der »Szene« den Ton angibt, sowie die multikulturellen *communities*, die für das Land eine Bereicherung und zugleich Herausforderung darstellen.

Was macht London trotz seines kosmopolitischen Charakters zu einer englischen Stadt?

Was macht London zu einer englischen Stadt? Sind es die Doppeldeckerbusse und Bärenfellmützen? Die kutschenartigen Taxis? Die vielen Theater des Westend? Die überaus reiche Museenlandschaft? Die Antiquitätenhändler und Auktionshäuser?

London ist alte Empire-Metropole und coole Trendcity zugleich (hier: Schuhgeschäft in der King's Road, Chelsea).

Das eigentümliche Gemisch von historischer Bausubstanz und moderner Architektur? Die coolen Trendsetter oder die nadelgestreiften Banker? Die attraktiven Bars und Restaurants oder die diskreten Clubs? Womöglich ist es auch die vielseitige Stadthistorie, die sich wie ein Konzentrat englischer Sozialgeschichte liest. Wenn New York die älteste moderne Hauptstadt der Welt ist, so ist London vielleicht die modernste alte Metropole: facettenreiches Museum einer grandiosen Vergangenheit, Bühne ungezählter Trends und Traditionen sowie gleichzeitig Schauplatz eines konsequenten Aufbruchs in das 21. Jahrhundert.

London ist vielleicht die modernste alte Metropole.

Wir Europäer vergleichen gern Städte und Länder. Unser Ordnungssinn will im Neuen bzw. Anderen das Vertraute entdecken. Während wir in Paris die städtische Bürgerlichkeit und in New York die klassenlose Modernität erkennen, erweist London sich als echte Herausfordung, die uns neue Begriffe abverlangt. Zu den wenigen Gemeinsamkeiten, die London nach näherer Betrachtung mit Paris und New York verbleiben, zählt die Tatsache, dass es sowohl für seine Bewohner als auch den Rest der Welt einen kulturellen und kommerziellen Fixpunkt darstellt: *London matters*.

London ist der Ort, mit dem das Schicksal des Landes steht und fällt. Einst war London Zentrum der Welt, und die Regierungsgebäude von Whitehall und Westminster funkelten im Glamour des *British Empire*. Als das Weltreich sich nach dem Zweiten Weltkrieg als winzige Insel wiederfand, wurde Londons Empire-Flair zur Kulisse. Erst in den *Swinging Sixties* blühte die Stadt wieder auf. Zum Takt der Beatles-Songs zeigten sich auf ihrem Trendbarometer strukturelle Veränderungen: Die auf gemeinsame Werte und sozialen Zusammenhalt setzende Nation verwandelte sich allmählich in eine Gesellschaft, die talentierte Nonkonformisten und Einzelkämpfer belohnt.

Als ich in den späten 80er Jahren nach London kam, trauerten die Londoner einer Vergangenheit aus Empire- und Popkultur nach. Londons Betrübtheit wirkte ansteckend: Die gesamte Nation litt an dem Unterlegenheitsgefühl gegenüber dem Kontinent, unter dem Untergang der staatlichen Industrien, den fehlenden Zukunftsperspektiven, dem kulturellen Stillstand und der Abwertung des Pfundes. Jeglicher Glanz war verblasst und das allgemeine Lebensgefühl geprägt von Pessimismus.

Londons Betrübtheit

Damals hatte Margaret Thatcher die traditionell englische Konzentration politischer und wirtschaftlicher Macht zum Extrem geführt. Dies konnte nur auf Kosten der einzelnen Regionen geschehen und wirkte sich fatal aus für den Rest des Landes, aber auch die sechs Metropolitan Councils. Der Greater London Council war 1963 von den Konservativen gegründet worden, entwickelte unter der Labour-Regierung jedoch eine in den Augen der »Eisernen Lady« nicht zu billigende Unabhängigkeit. Mit einfacher Parlamentsmehrheit, bei uns verfassungsrechtlich gar nicht möglich, löste man diesen »Stadtrat« auf und beseitigte damit die letzten Voraussetzungen für eine demokratische Londoner Regierung.

London ist cool & trendy (Piccadilly Circus).

Thatchers Zerschlagung regionaler Entscheidungsfreiheit machte London zu einem Paradebeispiel für die Krankheiten moderner westlicher Großstädte – Verkehrsprobleme, Obdachlosigkeit, Polarisierung von Arm und Reich, mangelhafte Infrastruktur in den Wohnbezirken. Das London der Thatcher-Ära sah traurig aus. Es hatte seinen selbstbewussten Esprit verloren, und von jugendlicher Dynamik war nichts zu spüren.

Die »coolste Stadt der Welt«

Beinah über Nacht tankte London Mitte der 90er Jahre frische kosmopolitische Energie. Heute kann die »coolste Stadt der Welt« wieder breitgefächerte Erfolge vorweisen: *streetfashion* und *haute couture*, eine Restaurantszene, die Frankreichs Spitzenköche auf die Insel lockt, eine Banken- und Finanzelite, die 50 % des Welthandels mit ausländischen Aktien abwickelt und Rekordumsätze im Devisenhandel erwirtschaftet, boomende Shopping-Tempel. Ausländische Investoren entdecken in dem Land, zu dessen Anreizen seine Weltsprache und flexiblen Arbeitsbedingungen zählen, neue Standortqualitäten. Die fünf großen Londoner Orchester spielen weiter. Trotz – oder vielleicht wegen – der keineswegs überraschenden Finanzkrise beider Londoner Opernhäuser bleibt der Kulturbereich innovativ und zukunfts- bzw., um weniger zu beschönigen, wettbewerbsorientiert.

»London calling«

Für die Mehrheit junger Briten, die sich beruflich etablieren wollen, ist London die erste Anlaufstelle. Die Kanzleien der Londoner City ziehen wie magisch aufstrebende Anwälte an, die vielen Fringe- und West-End-Produktionen Schauspieler und Bühnenbildner, Sohos Werbeagenturen kreative Köpfe, die Citybanken Finanzgenies, Europas reichste Pop- und Klassikszene Musiktalente, die Lifestyle-Kulissen in Form von Geschäften, Agenturen und Restaurants innovative Designer und Innenarchitekten, die Modewelt Models und Fotografen, Sohos Wardour Street Filmleute, die BBC und großen überregionalen Zeitungen ehrgeizige Journalisten, die Shoppinglandschaft unternehmungsfreudige Einzelhändler, die Restaurantszene Gastronomen …

Für die Mehrheit junger Briten, die sich beruflich etablieren wollen, ist London die erste Anlaufstelle.

Darüber hinaus übt Londons Finanzviertel, die City, starke Anziehungskraft auf eine internationale junge Elite aus. Der Stadtteil, in dem sich 500 Banken aus aller Welt profilieren, Investmenthäuser einander die vielversprechendsten Kandidaten abjagen und über Nacht Millionenumsätze erwirtschaften, ist ein Himmel für aufgehende Sterne. London bietet, was Unternehmer begehren: echtes Metropolenklima, Verbundenheit mit der englischsprachigen Welt und Nähe zum europäischen Festland. An London, scheint es, kommt kaum einer vorbei, der in den internationalen Wettbewerb treten will, ganz gleich in welcher Branche. Wer in London lebt, tut es zumeist aus gutem Grund. Dieser heißt in vielen Fällen Arbeit und Karriere. Zugleich ist das Nightlife ebenso exzessiv wie das Arbeitsleben der Karrieremacher. Zahllose Bars, Clubs und Restaurants sorgen dafür, dass die Stadt bei Nacht mindestens so energiegeladen bleibt wie bei Tag.

Londons Finanzviertel, die »City«

Das Nightlife – ebenso exzessiv wie das Arbeitsleben der Karrieremacher.

Leben und leben lassen

Der Nabel der angelsächsischen Welt hat viele Bewohner auf Zeit. Selten ist er dauerhafte Heimat, obwohl mindestens acht Millionen Menschen in *Greater London*

Zitadelle der wirtschaftlichen Macht: die City

Viel historische Großarchitektur, aber wenig Wohnraum (außer – in diesem Fall – für die Windsors bzw. Hanovers im Buckingham Palace)

Bewohner auf Zeit

leben. Erstbesuchern springt zweierlei ins Auge: die multikulturelle Zusammensetzung der Bevölkerung und die Ähnlichkeit der Stadt mit jenem London, das man aus Büchern und Filmen kennt. Das London der Schulbücher und Postkarten bietet reichlich Empire-Architektur und kosmopolitische Kulisse, aber so gut wie keinen Wohnraum. Mitten in der Stadt zu wohnen ist ein Privileg, für das sich zwischen den Fassaden von Monarchie, Regierung, Kommerz und Konsum nur wenige Nischen finden.

Die meisten Londoner entwickeln heimatliche Gefühle erst in den umliegenden »Dörfern«, den *neighbourhoods*, die sich wie ein schier unendlich breiter Gürtel um Westminster, St. James's, Victoria, das West End, Mayfair, Bloomsbury und die City erstrecken. Wohl dies macht London zu einer typisch englischen Stadt: Es gibt relativ wenige Wohnblocks wie in New York oder großbürgerliche Stadtwohnungen wie in Paris, Berlin und Wien.

Reihenhäuser statt Wohnblocks

Die englische Psyche braucht die eigene Haustür, das eigene Dach über dem Kopf und den Garten als Grundessenz zivilisierter Idylle, ja sie verweigert sich geradezu jeder Form zeitgemäßer urbaner Wohnkultur. Selbst wer sich für ein Leben in der Metropole entscheidet – und das tun angesichts Londons wirtschaftlicher Bedeutung und teils schwierigen Lebensbedingungen weniger Menschen freiwillig, als man annehmen möchte –, bezieht lieber eine Wohnung in einem umgebauten viktorianischen Reihenhaus als ein *purpose-built flat*, eine als solche entstandene Wohnung. Dies ist in Anbetracht Englands wenig schöner moderner Wohnarchitektur tatsächlich oft das kleinere Übel. Bezeichnenderweise imitieren die beliebteren *purpose-built flats* der Jahrhundertwende nicht selten Merkmale ihrer viktorianischen Vorbilder, die der heutige Zeitgeschmack eher als nachteilig empfindet: verbaute kleine Räume mit Erkern, Türen und Kaminen überall dort, wo sich ein moderner Geist eine gerade Wand wünscht. Die wenigen Ausnahmen davon bieten oft ein besseres Preis-Leistungs-Verhältnis. Denn sie kommen eben nicht dem urenglischen Bedürfnis nach Gärtchen und eigenem Dach entgegen, jenem Hauch von *cottage* oder Landhaus, der ein Lebensgefühl vermittelt, das Engländer gern durch rustikales Küchendesign und Puppenstuben-Interieur untermalen.

»My home is my castle.«

In Einklang mit dieser Mentalität pflegen Londons *neighbourhoods* ihren jeweiligen Charakter. Diesen kennzeichnen höchst unterschiedliche ethnische, kulturelle, architektonische und soziale Komponenten, in Knightsbridge und Kensington die zahlungskräftigen *expatriates*, in Fulham die Country-Kinder der schicken *upper middle class*, in Brixton die schwarze *community*, in Notting Hill die erfolgreichen Kreativen, in Ealing die jungen *Middle-class*-Familien ... jeder gute Stadtführer weiß ausführlich über die unzähligen kleinen Welten zu berichten, aus denen sich Londons Kosmos zusammensetzt. Für die Bewohner ist ihr Viertel ein *village* mit intimsten Lebensräumen. Es wäre vollkommen deplaziert, hier von »Großstadtanonymität« zu sprechen. Im Gegenteil kommt der Umzug in eine andere *neighbourhood* mit andersartiger Sozialstruktur und Lebensart beinahe einer Entwurzelung gleich.

Für die Bewohner ist ihr Viertel ein »village« mit intimsten Lebensräumen.

Obwohl diese alte, gar nicht als solche angelegte Großstadt sich laufend verändert hat und weiter verändert, erkennt man, dass ländliche Großgrundbesitzer und die Shopkeeper-Schicht sie geprägt haben. Die identischen gediegenen Stadthäuser z. B., die in Mayfair den Grosvenor Square umstehen, ließ die Familie Grosvenor von ihrem Hausarchitekten bauen. Und Bloomsbury verdankt ganze Straßenzüge der Familie Russell, während der Cadogan Square und fast die gesamte vornehme Bau-

Dieses pensionierte Paar hat sich den englischen Traum vom Landhaus mit Garten erfüllt.

substanz von Belgravia, der Sloane Street und Teile Chelseas sich in Besitz der Familie Cadogan befanden. Es scheint, als hätten Englands führende Familien sich mit dieser flächendeckenden Bausubstanz großartige Denkmäler für die Ewigkeit setzen wollen. Die englische Liebe zum Detail wiederum zeigt sich in den kuriosen kleinen Geschäften der *villages*, die der historischen Architektur Leben einhauchen.

Diese unzähligen Läden und kleinen Betriebe, die Stadtresidenzen des Landadels und Empire-Bauten, die öffentlichen Parks und privaten Gärten, Königshof, Welthandel und Banken, sie geben London sein typisch englisches Gesicht. Wo Bilderbuch-Atmosphäre und weltmännische Selbstverständlichkeit sich paaren, da ist London zutiefst englisch.

TIPS

Leben in London

▶ Weltläufige Toleranz ist bezeichnend für das Londoner Klima. Wo auch immer Sie sich in dieser riesigen Stadt bewegen: Sie dürfen Sie selbst sein. Genießen Sie die fehlende Einmischung ins Leben des anderen als Erholung von unserem öffentlichen Kommentierzwang.

▶ Wie es sich für eine Metropole gehört, wird Ihnen ab und zu *rudeness*, Unverschämtheit, entgegenschlagen. Im allgemeinen aber zeichnet zivilisiertes Benehmen die Londoner Öffentlichkeit aus; wenn man Sie misst, dann daran, nicht an Kleidung, Klasse oder Kultur. Mit höflicher Zurückhaltung ist es also relativ einfach, sich in diese Stadt zu integrieren.

Weltläufige Toleranz und multikulturelle Vielfalt am Trafalquar Square

Eine unurbane Metropole

Sozialgeschichtlicher Rückblick

Der Landadel prägte Londons Entwicklung ungemein. Bis zum späten 19. Jahrhundert monopolisierte die aristokratische Elite die öffentlichen Ämter und die Politik. In London dominierte sie nicht nur das *House of Lords*, sondern interessanterweise auch das *House of Commons*. Bis 1784 gehörten 304 der 558 Mitglieder des Unterhauses dem ländlichen Adel an, und noch 1847 entstammten lediglich 19 Prozent nicht der Aristokratie. Obwohl sich die Abgeordneten des Unterhauses, die MPs *(Members of Parliament)*, zunehmend aus der nichtadeligen Elite rekrutierten, hielten Angehörige der *landed gentry* bis Anfang des 20. Jahrhunderts einen entscheidenden Anteil an Kabinettssitzen.

Der Landadel war prägend für Londons Entwicklung.

1911 wurde die Macht des Oberhauses verfassungsmäßig eingeschränkt. Bis dahin beeinflussten die *traditional ruling classes* – direkte Abkömmlinge des Landadels, Besitzer weiter Ländereien und/oder jene, die dank ihrer Herkunft eine der sieben Eliteschulen des Landes besuchen konnten – allein aufgrund ihres Vermögens und ihrer Schlüsselpositionen in Kultur, Bildung und Wirtschaft Londons Geschicke. Die *City of London* war als Finanz- und Verwaltungsbezirk zwar unabhängig von der Regierung, nicht aber von der Aristokratie und dem »Geldadel«, wie die obere Mittelklasse die erfolgreiche Kaufmannsschicht titulierte.

Die Mitte des 18. Jahrhunderts einsetzende industrielle Revolution und die Urbanisierung veränderten tiefgreifend die englische Gesellschaft, doch beherzigte die Regie-

Lord Mayor's Show vor den Law Courts

rungselite dies nur wenig. (Auf die *ruling classes* des 20. Jahrhunderts komme ich im Kapitel über die Klassengesellschaft zu sprechen.) Es sollte sich nachhaltig auf Londons Sozialstruktur auswirken, dass sich kein städtisches Bürgertum herausbildete, das als selbstbewusster Stand neben dem Adel kommunalpolitische Macht ausübte. Dies und das Fehlen eines Bildungsbürgertums, wie es z. B. für Deutschland typisch ist, haben dazu beigetragen, dass in London noch alte englische Besitz- und Klassenverhältnisse durchscheinen. Das Bildungswesen etwa wurde nicht geprägt von den Interessen einer Bürgerschaft, aus der sich eine durch Steuern finanzierte Stadtverwaltung rekrutiert, sondern von Angehörigen einflussreicher Familien, der Finanzwelt und Elite.

Alte Besitz- und Klassenverhältnisse scheinen in London noch durch.

Anders im Kulturbereich: Es war das Engagement einer breiten wohlhabenden und nichtaristokratischen Mittelschicht, die Londons vielseitiges Kulturleben ermöglichte, so eine vom Hof unabhängige Musikszene und Orchester, die nicht nur Haydn und Mendelssohn anlockten.

Hauptstadt ohne Bürgermeister

Wo kein Bürgertum Stadtgeschichte und vor allem -politik macht, gibt es auch keinen Bürgermeister. Letzteres gilt für London heute noch: Londons gern mit einem Oberbürgermeister in unserem Sinne verwechselter Lord Mayor ist lediglich zuständig für den Bezirk der *City of London* (den so bezeichneten Finanzdistrikt). Heute geben wohlhabende Juristen und Geschäftsleute in der konservativen Vertretung der *City of London* den Ton an. Obwohl diese als eine Art Ältestenrat hauptsächlich nur mehr repräsentative Funktion besitzt, übt sie gelegentlich nicht unwesentlichen Einfluss auf innenpolitische Entscheidungen aus.

Wie bereits erwähnt, riefen die Konservativen zwar den *Greater London Council* ins Leben, doch wurde dieser Verwaltungsrat unter Margaret Thatcher als »sozialistische Hochburg« aufgelöst. Das »Englische« dieser Maßnahme bestand in ihrer höflichen Duldung. Stellen Sie sich vor, ein deutscher Bundeskanzler würde den Hamburger Senat oder die Düsseldorfer Stadtverwaltung abschaffen! Die Bürger würden auf die Barrikaden gehen. Der Engländer genießt und schweigt. Und zahlt. Und weint zu Haus.

Uneinheitliches Stadtbild und Verkehrschaos

Londons uneinheitliches Stadtbild, die unterschiedlichen Gemeindesteuersätze seiner *boroughs* (Bezirke) und völlig chaotische Verkehrsführung künden von dem Mangel kommunalpolitischer Koordination. Umweltprobleme werden selten umfassend behandelt, obwohl die Kohlenmonoxydwerte der Londoner Luft zu den höchsten Europas zählen. Die Londoner erhoffen sich von einem Bürgermeisteramt eine bezirksübergreifende Stadtverwaltung und Verbesserung der Infrastruktur.

Das Markenzeichen britischer Kultur heißt »diversity«.

Besucher jedoch werden entdecken, dass eben dieses unübersichtliche, vielschichtige und chaotische London voller Reize steckt. Das Markenzeichen britischer Kultur heißt *diversity*, Vielfalt. In London findet sie ihr urbanes Kristallisat. Und kulturelle Vielfalt spürt man nirgends so unmittelbar wie in London.

London lieben, London hassen

Und doch: die Beschaulichkeit der *villages* und *neighbourhoods*, das Faible der Londoner fürs Landleben und die relativ großräumige Trennung der Lebensbereiche Wohnen, Einkaufen und Arbeiten machen London für mich zur unurbansten Metropole der westlichen Welt.

Eine unurbane Metropole ist London nicht zuletzt deshalb, weil sich traditionell nur die ihrer *neighbourhood* eng verbundene *working class* zu London bekannte. Für die geschmacksbildende Oberschicht und damit auch die aufsteigende Mittelschicht galt es als soziales Stigma, aus London zu stammen, ohne einen zweiten Wohnsitz jenseits von *Greater London* vorweisen zu können. In London wohnte »man« allenfalls auf Zeit. Schon gar nicht war man dort aufgewachsen. Wer *class* hatte, bezeichnete eine der umliegenden Grafschaften als *home* und lebte zumindest im Kopf und am Wochenende *in the country*.

To be a Londoner oder gar *a Brixton boy*, dies wurde erst unter Premierminister John Major zum selbstbewussten »klassenlosen« Ausdruck sozialer Mobilität, und Londons cooles Image und hohes Preisniveau weichen die überkommene Werteordnung zunehmend auf. Viele Engländer sind stolz auf ihre trend- und traditionsreiche Metropole. Sie gehört allen, nicht nur denen, die mehr oder minder zufällig dort ansässig sind. Und alle gehören ihr. Durch eine seltsame Alchimie lässt sie jeden nach ungefähr einem Jahr zum »Londoner« werden. Für die also zu Londonern gewordenen Engländer zählen beruflicher Erfolg, Kreativität und nützliche Beziehungen heute mehr als ländliche Verbundenheit.

»To be a Londoner« – selbstbewusster »klassenloser« Ausdruck sozialer Mobilität

Um den Engländern gegenüber fair zu sein, die nicht in London wohnen, muss ich mein Urteil zurechtrücken: Für Besucher ist diese »unurbane« Metropole eine der angenehmsten, ihre *»userfriendlyness«* vielbeschworen, die Freundlichkeit gegenüber Fremden immer wieder erstaunlich. Vielen Engländern aber, die in der Provinz (vor allem der nördlichen) leben, sind Londons Menschenmassen, Hektik, Verkehr und Bewohner so zuwider wie Franzosen Paris und Amerikanern New York. London zu hassen ist ein Merkmal der englischen Provinzen. Während Österreicher Wien offen schmähen, artikulieren Engländer ihr Unbehagen weniger leidenschaftlich, empfinden es aber nicht weniger stark. London stört sich daran nicht: Es ist einzigartig *civilized* und unarrogant gegenüber Besuchern aus der Provinz. Großstadtdünkel liegt seinen Bewohnern fern, und die Liebe der Städter zu den *counties* bleibt mustergültig.

London zu hassen ist ein Merkmal der englischen Provinzen.

Arm und reich

Auch die deprimierenden, an Ostberlin erinnernden Sozialbauten *(council houses)* der 60er Jahre südlich der Themse und in den vielen Randbezirken gehören zu Londons Stadtbild. Ein gutes Drittel der Stadtbevölkerung verdient chronisch zuwenig, und die für Sozialhilfe, Schule, Bildung und Wohnen zuständigen Verwaltungen leiden ebenso chronisch an Geldmangel.

Die Art und Weise, wie die Bezirke ihre Finanzprobleme zu lösen versuchen, ist befremdlich und bezeichnend gleichermaßen: Die Bewohner der ärmsten Bezirke zahlen die höchsten Gemeindesteuern, während die *residents* der Nobelviertel mit lächerlichen Beträgen davonkommen. Das Argument, strukturell vernachlässigte Gemeinden benötigten mehr Geld für Sozialwohnungen und öffentliche Einrichtungen wie Schulen und Kindergärten, ist leider nicht ganz so absurd, wie es anmutet. Es erscheint zwar absolut nicht plausibel, dass ausgerechnet die Ärmsten der Gesellschaft solch hohe – einkommensunabhängige! – Steuern zu zahlen haben, und rätselhaft, wie sie diese erbringen sollen. Doch die gutverdienende *middle* und *upper class* halten dagegen, dass sie schließlich die Infrastruktur ihrer Gemeinden in Form von Schulen, Häusern, Clubs und *nannies* selbst finanzieren …

Desinteresse der Oberschicht am öffentlichen Sektor

Das Desinteresse der Oberschicht am öffentlichen Sektor verschärft die Auswirkungen dieses strukturellen Teufelskreises. Die Armen werden immer ärmer, die sich abschottenden Reichen immer reicher: Der Anteil der Londoner, die sich am Existenzminimum bewegen, stieg von »nur« 10 Prozent anno 1980 binnen knapp 20 Jahren auf fast 30 Prozent. Entsprechend hat sich die Zahl der Obdachlosen vervielfacht. Viele Engländer interpretieren dies als direkte Folge von Thatchers Steuersenkung, die öffentlichen Einrichtungen ihre finanzielle Grundlage entzogen habe.

Inzwischen stellt London einen traurigen Rekord auf: Keine westeuropäische Hauptstadt verzeichnet eine extremere Polarisierung von arm und reich. Englands

Liebenswerte Exzentrik: Speaker's Corner, Hyde Park

reichste Stadt hat die ärmsten Bewohner. Armut war in englischen Städten stets ausgeprägter als auf dem Land. Angesichts der überteuerten Lebenshaltungskosten ist es heute eine härteres Los denn je, in London mit Einkommen unterhalb des Existenzminimums auskommen zu müssen. Wege zu einer würdigeren Existenz aufzuzeigen, das fällt selbst im Einzelfall schwer. Um so mehr ist der Optimismus zu bewundern, den die Menschen an den Tag legen. (*The Big Issue*, das Londoner Stadtmagazin der Obdachloseninitiative, fand hierzulande Nachahmung.) Insgesamt kann man nur hoffen, dass der Wille, sich konsequent dem strukturellen sozialen Wandel zu stellen, die Situation verbessert.

Englands reichste Stadt hat die ärmsten Bewohner.

»London Forever«

Trotz der Massen, die sich täglich in das Großstadtgetriebe stürzen, haben Londons Bewohner ein Gefühl von Freiraum: für Besinnung auf ihre persönliche Identität, Herkunft und Interessen. London drängt sich niemandem auf, ist bei aller kulturellen Vielfalt (anders als z.B. New York) stets diskret. Reichtum, Exzentrik und Extravaganz – keine Stadt absorbiert diese Merkmale so gekonnt, ohne ihr *public appeal* zu verlieren.

London ist unaufdringlich und diskret.

Nichtsdestotrotz vermag London wie eine Droge Stimmungslagen zu exaltieren: Wer erfolgreich und selbstbewusst im »Hype« der Metropole schwingt, will nie wieder an einen anderen Ort. Wer sich hingegen vom Leben vernachlässigt fühlt, wird dies in London besonders bitter spüren. Die vielen Bilder von Erfolg und Scheitern, von Gewinnern und Verlierern, können verzweifelte Existenzkämpfer restlos entmutigen. Kein Wunder, dass Londons Dauerbewohner sich ihr Nest in einem der vielen Dörfer bauen, um dem aggressiven Erfolgsdruck und allgegenwärtigen Kommerz zu entfliehen.

Wer längerfristig in London leben will, muss außer einem prall gefüllten Geldbeutel und Geduld drei Voraussetzungen mitbringen: Initiative, Initiative, Initiative. Die Bewältigung des Londoner Alltags – von der Fortbewegung bis hin zur halbwegs gesunden Balance von Arbeits- und Privatleben – kann sich als außerordentlich schwierig herausstellen. Andererseits hat die Stadt ungemein viel zu bieten; eine Aufzählung sei Ihnen hier zugunsten aufschlussreicher Reiseliteratur erspart.

Geldbeutel, Geduld und Initiative – drei unverzichtbare Voraussetzungen um länger in London zu überleben.

Der britische Empire-Löwe nimmt's gelassen.

TIPS

Tips für Reisegäste in London

Vielleicht gelangen Sie zu dem weitverbreiteten Schluss, dass London nicht England ist. Das ist sicher wahr. Das Leben in dieser Themse-Stadt, die allein durch ihre Größe überwältigt, hat wenig gemein mit dem in Cambridge, Bristol, Manchester und den *counties*. Gleichwohl ist London, wie ich zu zeigen versucht habe, durch und durch englisch. London ist die Hauptstadt einer Nation, nicht einer Region. London gehört zur britischen Identität wie der Tee und die Queen.

Auskunft

▶ Es gibt kaum etwas, was London nicht bietet. So chaotisch London ist und so ausgefallen Ihre Interessen und Probleme sein mögen: sachverständigen Rat finden Sie fast immer. Sie müssen nur suchen. *Last not least* sind die Londoner im allgemeinen äußerst hilfsbereit beim Lösen logistischer Probleme. Aktuelle Informationen sollten Sie in Hülle und Fülle in Reiseführern und Stadtmagazinen wie *Time Out* finden.

Unterkunft

▶ Wer einige Monate oder länger in London verbringen will, sollte bei der Unterkunftsuche Vor- und Nachteile gut abwägen. Milieu, U-Bahn-Anschluss, Parkmöglichkeiten und Entfernung zum etwaigen Arbeitsplatz werden Ihr London-Erlebnis entscheidend beeinflussen. Kurzfristige Unterkünfte und *flat shares* (Mitwohngelegenheiten) kann man zwar recht schnell auftreiben, weniger leicht aber eine Bleibe, in der man sich wohlfühlt.

Fortbewegung

▶ Autofahren in London ist tagsüber anstrengend (und Parken teuer), abends ein Vergnügen, gelegentlich eine Notwendigkeit.

▶ Radfahren ist gefährlich und aufgrund der Abgase für die Lunge weniger gesund als für die Beine. Londoner sind in der Regel gute Autofahrer, allerdings kaum an Radler gewöhnt und daher nicht allzu rücksichtsvoll. Ausgewiesene Radwege gibt es – noch – so gut wie gar nicht. Allerdings deutet sich eine Trendwende an und immer mehr Radler finden Mittel und Wege, Strecken strampelnd zurückzulegen.

▶ Das unkomplizierteste Verkehrsmittel ist die gute alte *Tube*, wie die Londoner ihre U-Bahn nennen. »Newcomer« sollten das Doppelte der gewohnten Zeit einplanen. Fahrten mit der U-Bahn dauern immer länger, als Sie denken.

▶ Die *black cabs*, schwarzen Taxis, zeichnen sich schon allein durch den kulturellen Erlebnis-, ihre Fahrer häufig durch ungemeinen Unterhal-

TIPS

Radfahrerlungen als Katalysatoren für Autoabgase im Londoner Verkehr? Dieser Gentleman verdient den Order of the Empire.

tungswert aus. Diese scheinbar schwerfälligen Kutschierkabinen können sich übrigens um ihre Achse drehen und so in den kleinsten Gasse mühelos wenden, was die – erstaunlich ortskundigen – Taxler wegen des dichten Verkehrs oft vorführen.

Cafés und Clubs

▶ Dem Fehlen des städtischen Bürgertums ist vermutlich auch das einer gewachsenen Kaffeehaus-Kultur zuzuschreiben, die ich in meinem Londoner Leben schmerzlich vermisse. Die *coffee houses* des 17. und 18. Jahrhunderts haben in London keine tiefen Spuren hinterlassen. Traditionell trafen die *gentlemen* sich im Club, die *working classes* im Pub. Die *middle class* wiederum gab wenig auf innerstädtisches *social life* – sie lud häufiger ins eigene Haus ein. Seit einigen Jahren bereichern eindrucksvolle Imitationen kontinentaler Cafés die Londoner Szene und erfreuen sich wegen ihrer köstlichen Patisserie größter Beliebtheit. Leider geht diesen profitorientierten »Ersatzcafés« die Gemütlichkeit ihrer Vorbilder ab.

▶ Besagte Gemütlichkeit finden Sie – in Kleinstädten und auf dem Land öfter als in London – in ausgewählten *tea rooms*, einer Spezialität der englischer Gastlichkeit.

▶ Den alten Clubs der *upper class* könnte man dieselbe selektive Diskretion zusprechen wie den englischen Privatschulen. Ihre Teesalons, Bibliotheken, Bars und *dining rooms* bilden einen Kokon, der den Clubmitgliedern die Berührung mit dem gemeinen Durchschnitt erspart. Der kulturelle Erlebniswert für Nichtengländer ist hoch – schlagen Sie Einladungen auf keinen Fall aus!

Klassengesellschaft

Die kompliziert strukturierte englische Klassengesellschaft ist immer wieder für Überraschungen gut.

Es war bereits dunkel, als ich an einem Freitag durch die Gassen des Wohnviertels von Westminster ging. Abends, besonders an Freitagen, wenn die Schüler der Westminster School zum Wochenende ausschwärmen und die Parlamentarier sich in ihre Wahlkreise zurückziehen, sind die Straßen in Westminster menschenleer. Gedankenverloren eilte ich in Richtung St. James's Park, um einigermaßen pünktlich zum Essen bei Freunden zu erscheinen. Die kleine Seitenstraße führt geradewegs zum Parliament Square. Von dort aus ist es eine halbe Minute zur U-Bahn. Meine Schritte waren das einzige Geräusch. Milde Märzluft blies mir ins Gesicht. »Have a wonderful evening, young lady!« tönte es plötzlich lautstark neben mir. Ich fuhr zusammen. Entgeistert starrte ich in ein Augenpaar, das zwischen zotteligen, verfilzten Haaren hervorlugte. Es gehörte einem Obdachlosen, der es sich mit Zeitung und einer Flasche Fusel auf einer Bank bequem gemacht hatte. Er merkte sofort, wie sehr er mich erschreckt hatte: »Oh, dear, I am awfully sorry, I didn't mean to frighten you, my love.« »It's all right ...«, antwortete ich verwirrt. »I do apologize, my young lady, I honestly did not want to scare you ... are you all right, my dear?« »Yes, I'm fine, thanks, good evening«, erwiderte ich und hastete verdutzt weiter. Seine Worte gingen mir nach. Was hatte mich an ihnen so verwundert? Als ich im U-Bahnhof die Stufen hinunterlief, fiel es mir wie Schuppen von den Augen. Natürlich! Dieser Mann hatte im gepflegtesten *upper class accent* gesprochen, der mir seit langem zu Ohren gekommen war! Unglaublich. Weshalb war er auf der

Westminster

Straße geendet? Womöglich war er ein Ex-MP *(Member of Parliament)*, der sich nach einem Skandal und vergeblichem Versuch, seinen Ruf zu retten, in Würde in ein Pennerschicksal gefügt hatte. Aus Sentimentalität lagert er auf dieser Parkbank in Westminster und verfolgt zynisch Berichte über die Verfehlungen der jetzigen Amtsträger. Oder vielleicht ein Schauspieler oder ein Geschäftsmann, im Existenzkampf durch die Maschen des sozialen Netzes gefallen? Ein Portier oder Butler, nach einem Schicksalsschlag dem Alkohol verfallen und gekündigt? Meine Erklärungsversuche blieben dilettantisch.

Fehlspekulationen, Krankheit, Fatalismus ... ich muss beschämt gestehen, nicht zu wissen, welches Missgeschick Engländer mit höherer *education* zu Obdachlosen macht. Dieses Fallbeispiel soll andeuten, dass die überaus kompliziert strukturierte englische »Klassengesellschaft« immer wieder Überraschungen bereithält. Eine Faustregel lässt sich aus ihm ableiten: Kleidung allein verrät selten etwas über die soziale Herkunft.

Dress Codes

TIPS

► Hüten Sie sich grundsätzlich, den gesellschaftlichen Status von Engländern nach unseren Maßstäben einzuschätzen, und schließen Sie nicht von der Kleidung auf Herkunft und Rang.

»Class«: Versuch einer Begriffsbestimmung

Als Reisegast in England werden Sie sich früher oder später über den Begriff *class* den Kopf zerbrechen. Was bestimmt im Fall einer modernen Gesellschaft, in der die Titel der feudalistischen Vergangenheit noch aktiv in Gebrauch sind, die »Klasse«? Das Einkommen? Nein, denn dann stünde ein Nachtklubbesitzer sozial höher als ein Theologieprofessor. Die *education*, also Bildung und Ausbildung? Schon besser, aber unbefriedigend, denn dieses Kriterium erweist sich heutzutage als zu komplex für exakte Abgrenzungen. Doch bleibt *education* in England, wie in anderen Gesellschaften auch, ein wichtiges Vehikel für all diejenigen, die ohne nennenswertes Vermögen aufsteigen wollen. Dem werden seit Margaret Thatchers Karriere nicht einmal die mittelständischen Unternehmer wiedersprechen, die ihre Betriebe auch ohne »Oxbridge« (Oxford- oder Cambridge-Studium) erfolgreich führen. Und ihr Vorbild zeigt an, dass die Maßstäbe Besitz und Ausbildung zu ergänzen sind durch immaterielle Werte wie Unternehmergeist, *aspiration* (den Willen, etwas zu erreichen) und Berufsperspektiven. Letztere fallen in einer Meritokratie, einer Leistungsgesellschaft, wie dem modernen England mindestens ebenso ins Gewicht wie eine »erstklassige« soziale Herkunft.

Immaterielle Werte wie Unternehmergeist, »aspiration« (den Willen, etwas zu erreichen) und Berufsperspektiven fallen in einer Leistungsgesellschaft, wie dem modernen England mindestens ebenso ins Gewicht wie eine »erstklassige« soziale Herkunft.

Diese Postbeamtin und der Polizist sind noch beneidenswert (?) fest kategorisierbar: von der Kleidung her zu identifizieren, vom Gehalt her untere Mittelklasse, bleibende Anstellung (Conistone, North Yorkshire).

Am einfachsten wäre es, zu den *aspiring middle classes* all diejenigen zu rechnen, die weder eindeutig der Aristokratie (1%) angehören noch jener Arbeiterschicht (1%), die sich nicht am sozialen Wettbewerb beteiligt. Gegen diese Zuordnung spricht, dass sie mehr soziale Mobilität suggeriert als in England vorhanden. Die deutlichen Klassenschranken der vergangenen Jahrhunderte mögen gefallen sein, aber höhere und niedere soziale Barrieren bestehen weiterhin, und ihr Überwinden hängt in einer leistungsorientierten Gesellschaft von den kleinen und großen Vorteilen ab, die der Einzelne mitbringt.

Einleuchten könnte eine Einteilung der sozial mobileren *middle classes* nach beruflichen Laufbahnen: in eine politische, kulturelle und wirtschaftliche Führungsschicht und in die *professional classes* (höheren Berufsstände) wie Ärzte, Juristen und Banker, neben denen sich Kulturschaffende, Kreative, Intellektuelle, Wissenschaftler und Akademiker finden. Freie Unternehmer, Ingenieure und Ausbildungsberufe könnten eine Gruppe bilden, Angestellte in Institutionen, Lehrer und Personalleiter, darunter Verwaltungsbeamte und Angestellte eine andere. Gänzlich befriedigt auch eine solche Klassifizierung nicht. Immer mehr Menschen – nicht nur in England – arbeiten freischaffend oder projektbezogen, lernen um, ändern ihre Vorhaben und wechseln den Beruf. Sie entziehen sich festen Kategorisierungen. Angesichts dessen werden gemeinsame Ziele, Lebensentwürfe und berufliche Interessen schon bald bindender sein als herkömmliche, chronisch überholungsbedürftige Vorstellungen von Klassenzugehörigkeit. Zur Zeit scheint alles zugleich zu existieren: Klassen und Klassenlosigkeit, Schranken und Schrankenlosigkeit, elitärer Dünkel und egalitärer *spirit*.

Immer mehr Menschen entziehen sich festen Kategorisierungen.

Die Schranken in den Köpfen

Im Eingangskapitel *Erste Annäherungen* habe ich behauptet, das Klassenbewusstsein der Engländer sei individuell bedingt. Die Regeln und Schranken der *classes* sind in der Tat nicht starr und äußerlich schwer erkennbar. Empirisch aber sind sie selbstredend von Bedeutung: Wer in die *upper class* geboren und in Eton und Oxford erzogen wird, hat statistisch wesentlich bessere Aussichten auf eine herausragende Position als der Sprössling einer Arbeiterfamilie. Illustre Ausnahmen wie Margaret Thatcher, John Major und Lordkanzler Lord Irvine zeigen, dass einzelne sich durchaus über Klassengrenzen hinwegsetzen können. Genauer müsste man also sagen: In England individualisiert der einzelne die empirische Wirklichkeit: Er bestätigt sie hier, bricht mit ihr dort, eifert einer Vorstellung von sozialem Prestige nach oder folgt dem Ruf seiner Begabung, nutzt Klassenvorteile für sich oder ignoriert sie vollkommen.

Dem englischen Klassenverständnis liegt ein Code zugrunde, der auf einem allgemein vereinbarten Zeichensystem beruht. Zur Lebensrealität des einzelnen wird, was er mit Hilfe dieser Zeichen formuliert. Mit anderen Worten: die Klassenstrukturen prägen zwar die Gesellschaft als Ganzes, aber wie das Individuum sich zu ihnen verhält, entscheiden sein Selbstverständnis, seine Persönlichkeit und seine Werte. Finanzielle Mittel sind bei der Entwicklung des Selbstverständnisses nicht unwesentlich. Allerdings sind Geld und »Klasse« im modernen England nicht mehr zwangsläufig verbunden. Die ehemals nur der Oberschicht zugängliche Privatschulerziehung etwa stellt heute kein aussagekräftiges Klassenmerkmal dar, sondern lässt lediglich auf die »finanzielle Herkunft« schließen. Sozial bedeutsam ist der Privatschulbesuch vielerorts kaum noch, wohl aber wegen der besseren Ausbildung geschätzt. Ein gewisses elitäres Image wird Privatschulen vermutlich nie ganz verloren gehen, so wie die Zugehörigkeit zur aristokratischen Oberschicht bei aller Käuflichkeit gesellschaftlicher Privilegien einen sentimentalen, symbolischen Wert besitzt.

Die ehemals nur der Oberschicht zugängliche Privatschulerziehung stellt heute kein aussagekräftiges Klassenmerkmal mehr dar.

Den obigen Ausführungen widerspricht nicht, dass die englische Gesellschaft sich durch ein allgegenwärtiges Klassenbewusstsein auszeichnet. Für dieses möchte ich drei Tatbestände anführen. Erstens geben Akzent und Wortwahl wie in kaum einem anderen Land Aufschluss über die *education* des Sprechers. Zweitens bestehen die aus der Feudalzeit überkommenen Ränge und Titel uneingeschränkt fort; auch wenn der Wandel der Macht- und Besitzverhältnisse der Aristokratie ihre Vorrechte genommen hat, kann man ihr einen Hauch von Glamour und Würde nicht absprechen. Drittens speist das Erstgeburtsrecht, nach dem der älteste Sohn den Titel erbt, in England nicht nur das Selbstverständnis der kleinen Gruppe des Hochadels, sondern wegen der vielfältigen verwandtschaftlichen Verflechtungen auch jenes der oberen *middle class*. (Die Grenzen zwischen den oberen Schichten sind traditionell fließend; Angehörige der *landed gentry*, des niederen Landadels, konnten z. B. ohne weiteres bürgerliche

Sprache, Wortwahl, Bildung und Geschmack haben in England außerordentliche Bedeutung.

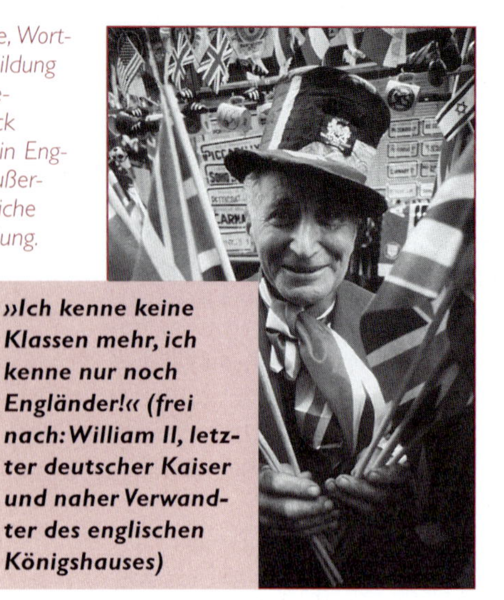

»Ich kenne keine Klassen mehr, ich kenne nur noch Engländer!« *(frei nach: William II, letzter deutscher Kaiser und naher Verwandter des englischen Königshauses)*

Berufe in Armee, Kirche, Justiz- und Bankwesen ergreifen.) Dem engen Netz von Beziehungen zwischen oberer Mittelschicht und niederem Adel verdankt die englische Gesellschaft einen bis heute typischen Wesenszug: Es sind vorwiegend soziale, nicht »ständische« Aspekte, die *class* definieren. Dies erklärt, weshalb in England Kriterien wie Sprache, Wortwahl, Bildung und Geschmack außerordentliche Bedeutung genießen.

Der Glanz der oberen Schichten wirft auch den Schatten sozialer Ungerechtigkeit, der bei uns gelegentlich mehr Widerwillen auslöst als in England. Engländer wissen Ihnen unendlich viele Beispiele von Menschen anzuführen, die Klassenschranken ignoriert oder überwunden haben. Ihre eventuelle Schlussfolgerung, dass keine Schranken bestünden, würde der Wirklichkeit nur halb entsprechen, aber allzu deutlich die unterschiedliche Herangehensweise belegen: Engländer überzeugt eher der Einzelfall, uns die gesamtgesellschaftliche Realität. Beide Ansätze haben ihre Grenzen.

Gesellschaftliche Mechanismen als Brettspiel

Man könnte die Mechanismen der englischen Gesellschaft anhand eines Brettspiels verdeutlichen. Ziel der Teilnehmer ist es, von der oberen Unterschicht in die untere Oberschicht aufzusteigen. Ausgestattet mit bestimmten Startbedingungen – Persönlichkeit, Originalität, Veranlagung, Elternhaus u. ä. –, versuchen die Spieler, zusätzliche Qualifikationen wie Bildung, besondere Leistungen, Ideen etc. zu erwerben. Ein solches »Gesellschaftsspiel« könnte glänzend vorführen, welch ungeahnte Verbindungen sozialer Hintergrund, materielles Vermögen und individuelle Fähigkeit bisweilen eingehen.

Bezeichnend für das England unserer Tage ist vermutlich der individuelle Umgang mit bestehenden sozialen Barrieren. Nichts ist unmöglich! Das gilt auf der Insel ebenso wie »im Land der unbegrenzten Möglichkeiten«, allerdings nicht als gesamtgesellschaftliches, sondern als individuelles Leitmotiv.

… und ich sage dir, was du bist: Klassenverhältnisse

Sie werden den Begriff *class* also eher verstehen, wenn Sie sich von der Vorstellung trennen, er bezeichne ein System. Das Gegenteil ist der Fall – und das macht die Betrachtung so schwierig. Wenn es nämlich so ist, dass der Einzelne entscheidet, welche gesellschaftlichen Normen er anerkennt, dann definieren individuelle Festlegungen Klassenzugehörigkeit treffender als die Normen: »This class thing is all rubbish!« – »Dieses Klassengetue ist totaler Blödsinn!« schimpft eine Cambridge-Absolventin der *middle class*, der das bornierte Landhausgehabe ihrer reich verheirateten Schulfreundin auf die Nerven geht. Ihr bedeutet eine Karriere bei der BBC mehr als die Gesellschaftsspiele der *upper class*. Sie schlägt die Geschmacksnormen der prätentiösen Society locker in den Wind, da sie ihnen eigene Werte entgegenzusetzen hat – auch dies freilich ein für viele Engländer unerreichbares Privileg.

»This class thing is all rubbish!«

Aus umgekehrtem Blickwinkel heraus hat Cilla Black, Moderatorin der erfolgreichen (in Deutschland unter dem Titel *Herzblatt* kopierten) Gameshow *Blind Date*, sich ihrer Kindheit erinnert. Sie wuchs als Tochter einer Liverpooler Bergarbeiterfamilie in einer Wohnung auf. Ihre Mutter litt stets unter den Wohnverhältnissen, da ein eigenes Haus, mag es noch so klein sein, in England hohen Symbolwert besitzt. Als Cilla – übrigens ohne den Akzent der *upper class* – zum reichen Medienstar aufstieg, kaufte sie ihr ein schönes freistehendes Haus mit weitem, üppiggrünem Garten. »Where is the busstop?« war die erste Reaktion der entwurzelten Mutter. »Where are the little shops and the laundry? ...« In einem großen Haus im Grünen zu leben ist eine Lebensform der Mittelklasse – ich würde es nicht einmal Privileg nennen. Cillas Mutter war der vertraute Lebensraum entzogen, die Bushaltestelle und der Waschsalon als Kontaktstellen der *community*, der nachbarlichen Gemeinschaft. Cilla hatte dieses essentielle Bedürfnis übersehen. Das *social life* der *working class* findet beim Bäcker, im Bus und im Pub statt, nicht am heimischen *dinner table*.

Zunehmend differenzierte Schichtungen überlagern traditionelle Klassenzugehörigkeiten.

Zunehmend differenzierte Schichtungen überlagern traditionelle Klassenzugehörigkeiten. Ein Kind der *working class* wie Cilla Black mag sich ökonomisch in

Früher Privileg der müßiggehenden Upper Class: Picknick im Park

die Ränge der Oberschicht einreihen. In Cillas Fall könnte man vielleicht besser sagen: in die Ränge der Berümtheiten. Schließlich gab Cilla weder ihre Identität auf noch ihren Akzent. Im Gegenteil: der Akzent trug bei zu ihrer beispielhaften, selbstbewusst unprätentiösen *Working-class*-Erfolgsstory. Dabei halfen Trends der Sixties wie Anbruch des Medienzeitalters und der Popkultur, die in Radio und Fernsehen erstmals die *working classes* zu Wort kommen ließen.

» Them and us«: Die »working classes«

Ich möchte zunächst auf die *working class* eingehen, auch wenn Sie als Reisegast, wie bei zeitlich begrenzten Aufenthalten in westeuropäischen Ländern meist der Fall, vermutlich nur vereinzelt mit der »ungelernten Arbeitswelt« in Berührung kommen werden: im *corner shop*, im Waschsalon, im Taxi, in Ihrer *neighbourhood*, wenn Sie mit dem Auto liegenbleiben oder es durch Ihr Dach regnet. Vielleicht bedient Sie im Reisebüro eine *Working-class*-Blondine, unverkennbar am Akzent, dem abgebröckelten Nagellack und dem etwas lethargischen Entgegenkommen: »Oi'f dunn that foooor you now, it's booked, roight, Monday, free firty, roight, that's o'roight now. 'Cooourse you can pay viiisa, luvlay, fanks ...«

Wie das oben angeführte Beispiel der BBC-Journalistin andeutet, herrschen in den beweglichen *middle* und *upper classes* wesentlich kompliziertere Identitätsverhältnisse als in den *working classes*. Die *middle class* will sich, vereinfacht (!) gesagt, meist mit Vorbildern der nächsthöheren Schicht verbinden. Angehörige der unteren *working class* hingegen, ob ungelernte Arbeitskraft, niederer Bediensteter oder Hafenarbeiter, verfügen über eine weit eindeutigere Identität. Die Grenzen der Lebensbedingungen gelten ihnen weitgehend als Rahmen der Lebensziele.

Die »them-and-us«-Einstellung (»die da oben, wir hier unten«) schied lange Zeit »blue-collar workers« (Arbeiter) und »white-collar workers« (Angestellte).

Die sogenannte *Them-and-us*-Einstellung (»die da oben, wir hier unten«) schied lange Zeit *blue-collar workers* (Arbeiter) und *white-collar workers* (Angestellte). Margaret Thatcher hat dieser extremen Abgrenzung zumindest psychologisch entgegengewirkt, indem sie durchsetzte, dass selbst jene ein Häuschen erwerben können, die wenig mehr besitzen als ihre Arbeitskraft. Hausbesitz fördert das Bewusstsein, ein *citizen* mit Rechten und Pflichten gegenüber der Gemeinschaft zu sein, außerdem Selbstverantwortung und Ehrgeiz: Wer eine Hypothek aufnimmt und erstmals an Besitzmehrung Geschmack findet, wird nicht seelenruhig seinen Job an den Nagel hängen und staatliche Sozialversorgung in Anspruch nehmen. Trotz hoher Hypothekenbelastung empfinden die meisten das Eigenheim als wesentlichen Schritt in die persönliche Unabhängigkeit. Vermutlich zu Recht: die Bank mag zwar die eigentliche Eigentümerin sein, doch wird sie den Status des Hausbesitzers nicht angreifen, solange die Zahlungsverpflichtungen eingehalten werden. Besonders eifrige Soziologen werden einen solchen Status als Illusion entlarven und auf die ökonomische Realität verweisen. Psychologisch aber hat diese Illusion die obere Unterschicht den mittleren Schichten näher gebracht.

Sie werden bemerken, dass der Begriff *working class* häufig im Plural gebraucht wird. Das liegt daran, dass er mehrere Schichten umfasst: die untere der ungelernten Kräfte (Hilfsarbeiter und Dienstboten) sowie die höhere, zu der vor allem niedere Dienstleistungsberufe und untere Ränge bei Post, Bahn und kommunalen Dienstleistungsbehörden zählen. Anders als in Deutschland gehören in England die letztgenannten kleinen Angestellten und Beamten zu den *working classes*. Sie repräsentieren jenen dienstleistenden Teil der oberen *working classes*, der aufstrebt und deshalb Wert auf Schulbildung und Universitätsabschluss legt. Mit ihren Vorstellungen von Recht, Ordnung und *community* – eine feste Stelle mit Pensionsanspruch, ein kleines Häuschen, Unbescholtenheit – ließen sie sich vielleicht vergleichen mit dem deutschen Kleinbürgertum.

Die unteren *working classes* haben etwas mit der Aristokratie gemein: Sie ändern sich kaum. Ihr Platz in der Gesellschaft ist im Prinzip durch Geburt festgelegt – so zumindest das feudalistisch anmutende Selbstverständnis. Ob und wie weit jemand sich von seiner ursprünglichen *class* entfernt, wenn er seinen Platz verlässt, hängt davon ab, wie er zu seiner Herkunft und unter neuen Voraussetzungen zu den Menschen steht, mit denen er aufgewachsen ist. Im Popzeitalter der 60er Jahre konnten Personen wie Brian Jones und Cilla Black zu Stars werden, ohne ihren Akzent abzulegen. Premierminister wird dagegen nur, wer seine Sprache der des Establishments anpasst.

Die unteren »working classes« haben etwas mit der Aristokratie gemein: Sie ändern sich kaum.

Wenn englische *soap operas* gern die *working class* glorifizieren, dann huldigen sie unterschwellig der konservativen Auffassung, man werde in seinen »Stand« hineingeboren. Nicht zufällig lieben gerade die untersten Schichten, die nicht als *social climbers* (Aufsteiger) den ihnen zugewiesenen Platz verlassen, den aristokratischen Glamour der oberen englischen Familien. Sie teilen mit der Aristokratie, die wie sie am äußersten Rand des gesellschaftlichen Spektrums angesiedelt ist, den Mangel an sozialem Ehrgeiz. Das Klischee des niederen Bediensteten, der sich nichts anderes vorstellen kann, als zu dienen, ist nicht völlig aus der Luft gegriffen. Das emsige Ringen um Status, Lebensstandard und soziale Anerkennung zeichnet die *middle classes* aus, denen laut offizieller Statistik mittlerweile 98 Prozent der englischen Gesellschaft angehören. Diese Zahl ist allerdings verwirrend. Denn viele zählen heute aufgrund materieller Kriterien wie eigenes

Das emsige Ringen um Status, Lebensstandard und soziale Anerkennung zeichnet die »middle classes« aus.

Flirtet er mit »working class accent«? (London, Trafalgar Square)

Haus/Wohnung, Schulbildung, Arbeitsvertrag, Minimum an Sozialleistungen und Aufstiegsmöglichkeiten ökonomisch zu den *middle classes*, besitzen aber einen *background*, also »Kinderstube« bzw. im modernen Soziologenjargon »Sozialisation«, der soziologisch jenem der *working class* entspricht. Aus dieser Perspektive bezeichnen Engländer also eine Menge Leute der unteren Mittelschicht als working class. Nicht die Kombination Opel Manta + Friseuse + Goldkettchen weist die *working class* aus, sondern an erster Stelle ein unverkennbarer Akzent, der weitere Merkmale wie Ford Escort und Dauerwelle überflüssig erscheinen lässt.

Die Zugehörigkeit zur Arbeiterklasse steht und fällt mit der Akzenthürde.

Die Zugehörigkeit zur Arbeiterklasse steht und fällt mit der Akzenthürde. Wer es geschafft hat, mittels *education* den »vulgären« Akzent auszubügeln, reiht sich sozial in die *middle class* ein. Dort erwarten ihn einige »Mittelklässler«, die ihr Plätzchen durch bissiges Herabwürdigen anderer zu sichern versuchen – Anzeichen dafür, dass der *middle class* die Herkunft weit mehr Schwierigkeiten bereitet als jenen Angehörigen der *working class*, die ihren Akzent beibehalten. Dazu nämlich gehört ein gewisser Stolz. Und meist, zumindest im Rückblick, eine glückliche Kindheit: »We didn't know we were poor, because everybody else was. And we had a very happy childhood.«

»We didn't know we were poor, because everybody else was. And we had a very happy childhood.«

Natürlich haben die Biographien der *working classes* auch persönliche Tragik aufzuweisen. Doch ich möchte behaupten: Tragik hat mit Klasse nichts zu tun, das Identitäts- und Zugehörigkeitsgefühl der *working class* dagegen sehr viel. Vermutlich mache ich es mir zu einfach, wenn ich sage: Den Lern- und Aufstiegsmotiven der *working class* liegt ökonomisches Streben zugrunde, jenen der *middle class* gesellschaftlicher Ehrgeiz. Dementsprechend bewahrt sich die Arbeiterklasse eine stabilere soziale Identität als die Mittelschicht, die aufgrund ihrer Identitätsprobleme viel störanfälliger ist: Die postmodernen Neurosen, die Angst, sozial nicht mithalten zu können, und die prätentiosen Attitüden finden Sie in Restaurants und *dinner tables*, nicht in *cafs* und Pubs. Und auch die »mittelklassige« Bewunderung für die »High Society« ist, wie sich noch zeigen wird, nicht ganz so unschuldiger Natur, wie die Verehrungsrituale der *working classes* es sind.

Die »Upper Classes«

Der waschechten *upper class* gehört, wie zu ihrem Äquivalent am entgegengesetzten Ende des gesellschaftlichen Spektrums, ungefähr ein Prozent der englischen Bevölkerung an. »Waschecht« meint den Hochadel, dessen Titel so präsent sind wie vor Jahrhunderten: Duke (Herzog) und Duchess (Herzogin), gefolgt von Marquis(e) (Markgraf bzw. -gräfin), Earl (Graf) und Countess (Gräfin), Viscount (Vizegraf) und Baron/ess (Baron/in). Der niedere landbesitzende Adel zählt mit den Titeln Baronet (erblicher Ritterstand) und Knight (ernannter Ritter) ebenfalls dazu, während man die direkte titellose Verwandtschaft bereits der oberen Mittelschicht zuordnen könnte. Gebraucht man dagegen den Begriff Oberschicht im Plural, was vermutlich sinnvoller ist, so rechnen die oberen Ränge des Nichtadels ohne weiteres zu den *upper classes*.

Bis Ende des 19. Jahrhunderts konnte die Aristokratie allein aufgrund materieller Mittel die politische Macht in ihren Händen monopolisieren. Ihr politisches und ökonomisches Gewicht hat sie im Zuge der Demokratisierung der Gesellschaft verloren. Heute geht Englands wirtschaftliche Dynamik zunehmend von der Aktivität einer breiten, gebildeten Mittelschicht aus, nicht den – kostenintensiven – Besitztümern des Hochadels.

Ihr politisches und ökonomisches Gewicht verlor die Aristokratie im Zuge der Demokratisierung. Heute geht Englands wirtschaftliche Dynamik zunehmend von der Aktivität einer breiten, gebildeten Mittelschicht aus.

Und doch besitzt in diesem Zeitalter, in dem sich das Volksvermögen anders verteilt, die mittleren Schichten sich in Aktionäre verwandeln und Zins und Zinseszins nicht mehr allein mit Reichtum erklären lassen, die Aristokratie etwas, was andere nicht haben. Ein schlichter englischer Satz trifft es genau: »*They are more colourful.*« Englands Adel hat sich unter anderem deshalb Symbolwert erhalten, weil er unter seinen Dächern wertvolle historische und persönliche Reichtümer angesammelt hat. *Noblesse oblige*, und daher konkurriert echtes »altes Geld«, *old money*, nicht mit »neuem Geld« (hier: Neureichen). Der Adel ist mit derselben geheimnisvollen Patina behaftet wie ein kostbares altes Möbel: Unterbringen könnte man seine Siebensachen genauso gut oder gar besser in einem Schrank von Habitat. Die seltene Antiquität aber rührt an Empfindungen: Der eine erkennt in ihr ein Stück Nostalgia, der andere konservative Werte aus vordemokratischen Tagen, der dritte ein geschmackliches Vorbild.

Good breeding, »gute« Herkunft, zählt seit Jahrhunderten zu den irrationalen Maßstäben der englischen Aristokratie. Kein Wunder, denn im Gegensatz zu den meisten Inselbewohnern kann ein Hochgeborener tief fallen, wenn sein blaues Blut sich mit »schlechter Gesellschaft« mischt. Wachsende Offenheit und Familienkrisen in eigenen Reihen weichen dieses exklusive Prinzip allmählich auf: Es mag genügen, aus einer *good family* zu stammen.

»Good breeding«, gute Herkunft, zählt seit Jahrhunderten zu den Maßstäben der englischen Aristokratie. Im Gegensatz zu den meisten Inselbewohnern kann ein Hochgeborener tief fallen.

»They are more colourful.«

Colourful meint auch die Vielfalt von kulturellen und persönlichen Leistungen, Attitüden und Selbstverständnis. Extrem klassensüchtige Snobs bestücken Englands »oberes ein Prozent« ebenso wie jene Aristokraten, die das Klischee des *understatement* verkörpern, wie es im Buche steht. Obwohl diese Vertreter der *inverted snobbery*, des Anti-Snobismus, sich einen Bentley samt Chauffeur leisten könnten, knattern sie im rostigen Volvo durch die Landschaft und tragen die fadenscheinigen Jacketts ihrer Väter auf. Über ihre Herkunft müssen sie in der Regel kein Wort verlieren: Die verzerrten Konsonanten am Ende eines *oh dear* und englischer Kennerblick entlarven den Grafen auf der Stelle. Was die interessante Frage aufwirft, ob der Anti-Snobismus immer noch so attraktiv wäre, wenn ausschließlich Butler, Barbour (legendäre englische Wachsjacke) und Bentley die Klassenzugehörigkeit verrieten … Letzteres ist aber nun mal nicht der Fall ist. Und das spricht dafür, dass *snobbery* und *inverted snobbery* zwei Seiten derselben Medaille sind. Wohl deshalb kopiert die *middle class* so beflissen den Anti-Snobismus. »He bought his own furniture!«

»Snobbery« und »inverted snobbery« – zwei Seiten derselben Medaille?

Die Bewohner dieses Anwesens haben ihre Möbel gewiss nicht selbst gekauft. (Sandringham, Norfolk)

urteilte der sich öffentlich bekennende Snob Alan Clarke abfällig über einen Kollegen. Möbel erbt man selbstverständlich, weshalb der Aufsteiger vor Clarkes traditionsgeprägtem Werteverständnis nicht bestehen konnte.

Die vielfältigen Verbindungen zwischen der Aristokratie und den Bürgerlichen, also der oberen Mittelschicht, wurden bereits erwähnt. Sie mögen sich fragen, weshalb Engländer sich am Lebensstil der oberen Schichten so wenig stoßen, ja sogar an ihm orientieren. Einen Grund habe ich schon angesprochen: das ungewöhnlich wohlerhaltene Gut des Hochadels. Kultivierte Servicekultur der »guten alten Zeit«, Gesellschaftsklatsch und Glamour, Lords in öffentlichen Positionen, wohlbewahrte Monarchen, Schlösser, Landsitze … im Alltag keiner westeuropäischen Industrienation stößt man auf mehr Zeugnisse traditioneller Hierarchien als in England. Kein Wunder, dass viele Mittelklässler gern die Glanzbilder kopieren. Und Höflichkeit ist vielleicht deshalb eine vielbeschworene englische Tugend, weil es noch einen Hof gibt, der an die Manierlichkeit seiner Untertanen appelliert. *Well*, theoretisch zumindest. Ob im Königshaus wieder einmal die Alarmglocken läuten oder nicht: die nostalgische Liebe zu den Symbolen einer vergangenen Gesellschaftsordnung bleibt ein urenglischer Wesenszug. Die High Society, die Royal Family und die Landsitze der Aristokraten, sie verkörpern nach wie vor ein Stück englischer Identität. In ihnen destilliert sich trotz verblassender Leuchtkraft und verschwimmender Konturen die englische Lebensart des 18. Jahrhunderts, deren Essenzen Landleben und Kunstliebe, soziales Niveau und Bildung bis heute als Geschmacksideal dienen – zwar nicht mehr als einziges, aber immerhin als ein beständiges.

Die nostalgische Liebe zu den Symbolen einer vergangenen Gesellschaftsordnung bleibt ein urenglischer Wesenszug.

Der Verlust der politisch-ökonomischen Führungsrolle macht so manchen Aristokraten zu schaffen. Einige versuchen ihn zu kompensieren, indem sie die Vergangenheit kultivieren. Anderen Abkömmlingen renommierter Familien, die seit Generationen den wenig ambitionierten Lebensstil der *landed gentry* führen konnten, fällt der Einstieg in die junge Leistungsgesellschaft offensichtlich schwer. Doch es heißt endgültig Abschied nehmen von der Vorstellung, dass sich das Establishment aus den Gentlemen der *upper class* rekrutiert. Um im Klima der Leistungsgesellschaft zu überleben, genügen Titel und Verbindungen nicht. Brillanz und Vielseitigkeit sind zwar eine wesentliche Voraussetzung, aber keineswegs mehr Monopol der oberen Schichten.

Titel und Verbindungen genügen nicht, um im Klima der Leistungsgesellschaft zu überleben.

Die »Middle Classes«: Obere Arbeiterklasse, untere Mittelklasse ...

Wie erwähnt, zählen niedere Bedienstete und untere Angestellte bei Post und Bahn sowie kleine Einzelhändler, die hierzulande zum kleinbürgerlichen Mittelstand gehören, zu den *working classes*. Auch ihnen gilt der Schulbesuch als wichtiger erster Schritt zur Weiterbildung an der Universität.

Mit Blick auf die Ausbildungschancen bezeichnen wir die englische Gesellschaft gern als Zweiklassensystem: Eine dünne Oberschicht genießt die Privilegien einer hochwertigen Schulerziehung, während eine breite mittlere und untere Mittelschicht sich mit einer vergleichsweise elementaren Schulbildung bescheiden muss. Über die diversen sozialen Gruppen der breiten englischen Mittelschicht verrät diese etwas undifferenzierte Klassifizierung natürlich wenig. Sie ist trotzdem zeitgemäß, weil sie *education* als Kriterium der Emanzipation von ökonomischen und langfristig auch sozialen Grenzen in den Mittelpunkt stellt. Das Universitätsstudium ist ein *must* für jeden, der trotz beschränkten Vermögens und/oder Unternehmergeists avancieren will. Ein Privatschulabschluss ist dabei äußerst nützlich, aber längst nicht mehr die Freikarte ins Establishment.

Schulerziehung als Kriterium der Emanzipation von ökonomischen und sozialen Grenzen

Von der unteren in die obere Mittelschicht

Wie könnte die Karriere eines Angehörigen der unteren Mittelschicht aussehen? Nehmen wir den Sohn eines Briefträgers, dem es gelungen ist, auf einer guten Universität zu studieren. Dabei hat er seinen Akzent geschliffen und sich durch Leistung und Kontakte eine Plattform für sein berufliches und gesellschaftliches Weiterkommen geschaffen. Damit ist er von der *lower middle class* in die *middle middle class* aufgestiegen. Er macht Karriere in Industrie, Business oder Banking. Als vermögender Mann macht er sich schließlich um das kulturelle Leben verdient, richtet eine Musikschule für Hochbegabte ein, eine Stiftung für junge Autoren oder im Verein mit einem namhaften Museum einen Bildungsgang für Museumspädagogik. Spätestens jetzt hat sich die Klassenfrage erledigt. Er ist in die Nähe des Establishments aufgerückt. Womöglich werden seine kulturellen Verdienste ihm

Der aufgestiegene Mittelstand macht sich um Kultur und Wissenschaft verdient und adelt sich somit selbst. (National Gallery, London)

sogar den Titel Sir eintragen. Wichtig vor allem aber ist: Er ist hier und jetzt wohlhabend und erfolgreich. Man nimmt ihn als wohlhabend und erfolgreich wahr und sucht nicht nach Spuren seiner Sozialisierung. Seinen Aufstieg hat er sich erarbeitet. Er zählt nicht mehr zur *working class* seiner Eltern, ist in seiner Rolle als Schirmherr der Künste eine Figur des öffentlichen Lebens, erwirbt vielleicht einen komfortablen Landsitz und schickt seinen Sohn nach Eton. Vergessen allerdings wird er schwerlich, woher er kommt. Seine Souveränität wird sich daran zeigen, ob er seine Herkunft überspielt oder zu ihr steht. Sein Image dürfte kaum leiden, wenn er sich zu ihr bekennt. Die englische Öffenlichkeit reagiert nämlich empfindlicher auf Emporkömmlinge, die die *working class* »verraten« und sich in angeberische Snobs verwandeln.

Bildungsreformen der 1960er und 1970er Jahre verbreiterten die Zugangsmöglichkeiten zu den Universitäten.

Dieses Beispiel ist ein Einzelfall, aber keine Ausnahme, welche die Regel bestätigt. Im englischen Establishment und kulturellen Leben finden sich nicht wenige solcher Lebensläufe. Die Bildungsreformen der 1960er und 1970er Jahre verbreiterten die Zugangsmöglichkeiten zu den Universitäten. Daher gehören inzwischen nicht wenige Abkömmlinge der *working class* soziologisch für kürzere oder längere Zeit einer zwar besitzlosen, aber *educated class* an. Durch kommerziellen und gesellschaftlichen Erfolg gelingt es einigen, sich in die höhere Mittelschicht oder das Establishment zu befördern. Margaret Thatcher, die (vor den Bildungsreformen) als erstes Mitglied ihrer Familie in Cambridge studierte, blieb trotz eines solchen Aufstiegs ideologisch stets ihrem Stand der fast kleinbürgerlich zu nennenden *shopkeeper* treu, ja sie förderte die Kleinunternehmer nach Leibeskräften. Nicht sonderlich beliebt war sie indessen bei jenen blaublütigen Konservativen, deren Standesbewusstsein sich aus landadeligen Wertvorstellungen der gewachsenen *upper class* nährt – Sie wissen schon: denen, die ihre Möbel nicht selbst kaufen.

Wie ausgeführt, machen *education*, Sprache und ein gewisser Ehrgeiz ein wesentliches Vehikel der beweglichen neuen *middle class* aus. Da der Aufstieg aus der *lower middle class* zunehmend selbstverständlich wird, hat sich die Frage nach der Herkunft entspannt. Es scheint Wichtigeres zu geben, und Persönlichkeit zählt allemal mehr. Manch einer mag noch *a chip on his shoulder* tragen, d.h. unter seiner sozialen Herkunft leiden. Im allgemeinen gilt: Je erfolgreicher jemand beruflich und privat ist und je gelassener er damit umgeht, desto weniger stellt *class* ein Problem dar. Oder, wie ein englischer Freund gern spottet: »The interest in class is in inverse proportion to a person's intelligence.« (»Das Interesse an der sozialen Herkunft steht im umgekehrten Verhältnis zur Intelligenz eines Menschen.«) Ich fürchte, ich kann dies bestätigen.

Je erfolgreicher jemand beruflich und privat ist und je gelassener er damit umgeht, desto weniger stellt »class« ein Problem dar.

Soziale Mobilität, wenn sie denn nun stattfindet, legt in England nicht selten erhebliche Strecken zurück. Immer mehr Mitglieder der *lower middle class* erringen gut bezahlte Posten in Dienstleistung oder Industrie. Dies mag außer an der Struktur der englischen Arbeitswelt daran liegen, dass der schwierige Weg aus einer Schicht, die keine Bildungsvorteile genießt, an die Universität ein hohes Maß an Fleiß und Ehrgeiz erfordert. Ein solcher Kandidat ist für den beruflichen Wettbewerb bestens gerüstet und arbeitet hart. Bildung kann sich bar auszahlen, dessen sind sich Englands weniger privilegierte Studenten durchaus bewusst. Ich habe mich gewundert, wie deutlich bereits 14jährige Schüler »getting a good job and earning more money than my father« zu ihrem Lebensziel erklärten.

»A Silver Spoon in their Mouth«: Die obere Mittelschicht

Als Hauptvorteile der oberen Mittelschichten würden Engländer nennen: *exposure* und *positioning* – hier: »Ausgesetztsein« im Sinn von Zugang haben und »Positionierung«. Diese sozialen Privilegien können die oberen *middle classes*

Margret Thatcher brachte es hierher ins elitäre Cambridge – blieb aber stets dem ideologisch fast kleinbürgerlichen Stand der »shopkeeper« treu, aus dem sie stammte.

mit Familientradition für sich verbuchen (niederer und titelloser Adel sowie mit dem Adel verwandte Familien gehören, wie gesagt, zur oberen Mittelschicht). Geschäftsleute und Banker, die *professional classes* (höheren Berufsstände) und Akademiker, die erfolgreich Kreativen, Kulturschaffenden und Intellektuellen sind wie selbstverständlich Teil eines *networks* der elitären Kontakte. Wer aufwächst mit Literatur, Musik, einem reichen gesellschaftlichen Leben und Talentförderung, ist natürlich besser *connected*, wie Engländer jemanden mit Schlüsselkontakten nennen, als *newcomer* aus den unteren und mittleren Mittelschichten.

Geld ist nicht alles – »Networking« ist unbezahlbar.

Geld ist in der Tat nicht alles. Es gibt genügend wohlhabende Familien des Mittelstands, deren Lebensstandard sich kaum von dem der *upper classes* unterscheidet. Eines indes können sie ihren Kindern nicht bieten: *a sophisticated network*. »Networking« hat sich gewissermaßen zur gesellschaftlichen Kunstform entwickelt, denn die »richtigen« Kontakte sind in England unbezahlbar. Ihr Wert im gesellschaftlichen Leben ist kaum zu überschätzen. Jedoch: Karrieristen dienen die Kontakte nur beim Start. Die Zeiten, in denen der Sohn eines Spitzenanwalts mit Abschluss des Studiums ein gemachter Mann ist, sind vorbei. Zu viel leistungsfähige Konkurrenz wartet auf den nächsten freien Posten.

Aber: die Konkurrenz schläft nicht.

Manchen steigt die Selbstverständlichkeit, mit der sie Privilegien in Anspruch zu nehmen gewohnt sind, zu Kopf. Das wird nicht gern gesehen. Engländer verlieren nämlich bei aller klassengesellschaftlichen Wirklichkeit selten ihre Vorliebe für Anstand, *spirit*, Intelligenz und Einsatzbereitschaft. Wer eigene Erfolge verbuchen kann, steht im Rampenlicht letztendlich besser da als ein *spoilt brat*, ein verwöhntes Kind.

Als Touristen (hier vor dem dem Buckingham Palace) sind Sie »personae incognitae«, unbekannte Wesen – Sie sind damit nicht für das Klassenraster identifizierbar.

TIPS

Umgang mit der Klassengesellschaft

▶ Um es abschließend noch einmal zu betonen: die englische »Klassengesellschaft« ist eine Gesellschaft der Einzelfälle. *You never know* ... Und die Geschichte einer Person wiederum besteht aus vielen Facetten, die Engländer zu deuten verstehen, Außenstehende hingegen nicht. Da Sie nie wissen können, wie jemand zur Klassenfrage steht (100 Fragen ergeben ungefähr 40 verschiedene Antworten), machen Sie sich am besten zum Beobachter. Lesen Sie die Romane von Jane Austen! Sehen Sie sich den Film *Educating Rita* (deutscher Titel: *Rita will es endlich wissen*) an mit Michael Caine in der Rolle eines Literaturprofessors, dessen Intellektualität eine Studentin der *working class* herausfordert. Auch jüngere Werke wie *Vier Hochzeiten und ein Todesfall* verrät manches über die Verhaltensrituale der *middle classes*. Mike Leighs Filme erzählen indes von der *working class*, wie sie leibt und lebt. *Enjoy them!*

▶ *Community* und *neighbourhood* prägen stark die Wertvorstellungen der *working classes*. Eine anschauliche Vorstellung davon geben die erfolgreichen TV-Seifenopern *Neighbours* und *East Enders*. Bei Kontakten mit Handwerkern, Zeitungsverkäufern oder Automechanikern fällt Ihnen vielleicht auf, wie gut diese ohne die glatten Floskeln der *middle* und *upper classes* auskommen. Genießen Sie solche Gespräche (endlich einmal wissen Sie, woran Sie sind) und den netten Witz des Mechanikers, der Ihre Autopanne behebt. Den Weisheiten der Kettenraucherin aus dem Waschsalon werden Sie kaum wiedersprechen können – Sätze enden übrigens grundsätzlich mit *darling*. Taxifahrern sollten Sie genau zuhören, wenn Sie mehr über England erfahren wollen: Es gibt kaum etwas, worüber ein englischer Taxifahrer noch nicht nachgedacht hat.

▶ Sie sind als *foreigner* ziemlich gefeit vor den heiklen Aspekten der englischen Klassengesellschaft. Da Engländer Sie und Ihren Hintergrund nicht genau einzuschätzen wissen, werden sie Sie anhand aussagekräftiger Persönlichkeitsmerkmale wie Intelligenz, Unterhaltsamkeit, Interessen und gesellschaftliche Umgangsformen zu taxieren versuchen. Wenn Sie auf Jobsuche sind, werden Ihre Laufbahn und Interessen für sich sprechen.

▶ Auch wenn das Problem der *class* Außenstehende nicht direkt betrifft, so werden Sie doch viele Verhaltensformen bemerken, die mittel- oder unmittelbar mit *class* zu tun haben. Da es in England wichtiger ist als bei uns, etwas über die Menschen zu wissen, mit denen man umgeht, lohnt es, Besonderheiten von Verhalten, Auftreten, Gestik u.ä. zu registrieren und korrekt deuten zu können. Derlei Details können Signale sein, die Ihnen wertvollen Aufschluss über Ihr Gegenüber geben und Ihr Handicap, *foreign* zu sein, ein wenig ausgleichen, wenn Sie sich ins gesellschaftliche Leben stürzen. So verrät z.B. ein Siegelring am kleinen Finger der rechten Hand gehobenes Familienbewusstsein, aber auch konventionel-

TIPS

le Anerkennung sozialer Rangordnung (für mich Schwachsinn, aber ich bin ja glücklicherweise kein Maßstab ...). Manirierter Akzent bedeutet ebenfalls, dass jemand sein Klassenbewusstsein pflegt.

▶ Engländer bringen eine Person gern mit einer Firma, Organisation, Institution, Branche oder Tätigkeit in Verbindung. Einfach nur zu existieren ist in England unmöglich. Eine Antwort auf die Frage »And what do you do?« sollten Sie parat haben, und sei's nur zur Beruhigung Ihres Gesprächspartners.

▶ Erkundungsmöglichkeiten zur Einschätzung anderer kennen die Engländer viele. Frauen suchen gern in den Schmuckstücken anderer Frauen Antworten auf Fragen, die sie nicht zu stellen wagen: Ist sie verheiratet? Verlobt? Mit wem? Hat er Geld? Hat ihre Familie Geld? usw. Diese weibliche Untugend fühlt sich am wohlsten bei halboffiziellen Anlässen. Besonders in der Londoner Society fallen häufig Bemerkungen, die Grenzen ziehen: wo man wohnt (ganz wichtig), was man macht, wen man kennt ... Aussagen und Fragen, die in diese Richtung zielen, dienen dazu, Personen einzuschätzen. Und nicht selten dazu, jemandem ein Preisschild aufkleben zu können. »He is worth 60 million pounds«, tuschelt man auf der Cocktailparty über einen betuchten Gast. Wieviel Geld und Einfluss jemand besitzt, ist heute in gewissen Kreisen aufregender zu wissen als der Name der Schule, die er besucht hat. Zum Glück schöpfen viele Engländer in ihren zwischenmenschlichen Kontakten aus einem interessanteren Repertoire ...

Politik und Gesellschaft

Die Engländer und ihre Politiker: Eine Beziehung ohne falschen Respekt

»Irgendwie mögen Engländer ihre Politiker. Politiker gehören zum Alltag. In der Politik ist ständig was los, hat sich jemand einen Skandal geleistet oder daneben benommen«, antwortet manch einer auf die Frage, welche Rolle die Politik im Leben der Engländer spielt.

Es stimmt: irgendwie mögen Engländer ihre Politiker. Seit die TV-Kameras an den Debatten teilnehmen dürfen, ist das Parlament in geradezu intime Nähe gerückt. Mögen heißt nicht, dass Engländer ihre Politiker immer respektieren. Aber sie stehen ihnen näher, als es in den meisten anderen Ländern der Fall ist. Viele Amerikaner z.B. sind, sieht man von der »hohen« Politik in Washington und den Präsidentenskandalen ab, schlecht informiert über die Vorgänge im Lande und kennen kaum die Namen ihrer Abgeordneten. In Japan hält man Politiker für korrupte Clowns, die nicht imstande sind, irgend etwas zu verändern. Die meisten mitteleuropäischen Demokratien sind in ihren Koalitionen auf ein parlamentarisches System der Stabilität und gleichzeitiger Lähmung festgelegt, weil kaum jemand wirkliche Veränderungen durchsetzen kann. Und in Diktaturen wiederum bedeutet jegliche Respektlosigkeit gegenüber den Staatsoberhäuptern persönliches Risiko.

Irgendwo dazwischen könnte man den englischen Parlamentarismus ansiedeln: Politiker haben unmittelbaren, konkreten Einfluss auf die Lebensverhältnisse ihrer Wählerschaft, wesentlich mehr jedenfalls als bei uns; ihre Leistungen und Misserfolge im Parlament können schwerwiegende Folgen nach sich ziehen. Anders als in Frankreich reißt man sie hemmungslos vom Sockel, wenn sie sich Fehltritte leisten.

In England lebt man mit seinen Politikern, denn sie sind ständig präsent. Täglich werden stundenlang Debatten übertragen (so in der Sendung *Today in Parliament* von Radio 4), Zeitungen prägen ihren Lesern die politischen Köpfe durch zahlreiche und vergleichsweise große Abbildungen visuell ein. Das Parlament nimmt einen festen Platz im öffentlichen Leben ein: Es ist die Bühne, das Forum, das politische Zentrum angelsächsischer Politik.

In England lebt man mit seinen Politikern, denn sie sind ständig präsent.

Starkes Rückgrat: Eine gewachsene Parlamentskultur

Über 900 Jahre alt ist die englische Monarchie und im Verhältnis dazu das Parlament mit 700 Jahren nicht viel jünger. Älter noch als das Parlament ist die Magna Carta aus dem Jahr 1215, der zum Grundstein des englischen Parlamentarismus gewordene »große Freibrief«.

England hat keine Verfassung, sondern historisch gewachsene Ersatzstrukturen.

Und wo bleibt die Verfassung? »Die Engländer haben keine Verfassung. Das muss doch, man denke bloß an die Gesetze, Chaos stiften«, wird aus unserer Sicht oft vorgebracht. Es stimmt. Die Engländer sind verfassungslos. Allerdings müssten eher sie sich wundern: Schließlich ist unsere Verfassung im Verhältnis zum englischen Parlamentarismus blutjung, ein Resultat bürgerlicher Emanzipationsgeschichte aus der Aufklärung. Sie dagegen erfreuen sich einer Vielzahl historisch gewachsener Ersatzstrukturen, unter denen sich hundert Jahre früher als bei uns erste Bürgerrechte entwickelten.

Mit der Bill of Rights wurde 1689 der Grundstock für die Bürgerrechte im 19. Jh. gelegt.

Das heutige englische Modell der konstitutionellen Monarchie wurde im Wesentlichen vor über 300 Jahren festgelegt. 1689 unterzeichnete Wilhelm III. von Oranien die Bill of Rights, das Staatsgrundgesetz, in dem er auf die Prärogativrechte verzichtete. Fortan verfügte der Souverän nicht mehr über jene zentralistische Macht, die England zum Land der Kings und Queens gemacht hatte. Zwar blieb das Parlament ausgesprochen aristokratisch, doch war der Rahmen für den allmählichen Ausbau weiterer Bürger- und Wahlrechte im 19. Jh. geschaffen. Und 1911 wurde, bis auf ein aufschiebendes Vetorecht, auch die Macht des House of Lords beschnitten. Heute betrachten viele Engländer das House of Lords als eine historische Anomalie. Eine »eigentümliche Veranstaltung von Freigeistern« charakterisierte ein Journalist es recht treffend.

Das »Haus der Herren«

Nein, so kann man das House of Lords, das Oberhaus, natürlich nicht übersetzen. Schließlich gibt es auch einige weibliche Lords im Club freidenkender *life peers* (ca. 430 Lords, davon derzeit 82 Ladies) und *hereditary peers* (ca. 650, davon derzeit 16

Symbole der englischen politischen Kultur

Frauen). Erstere sind aufgrund nobler Verdienste »nur« *peers* (Mitglieder des Adels mit Recht auf Sitz und Stimme im House of Lords) auf Lebenszeit und können ihre Titel nicht vererben. Angehörige der letzteren finden sich seit Jahrhunderten in der Kammer ein: der Familie von Lord Torphichen seit 1564, von Lord Vernon seit 1762 und des Earl of Stair seit 1703. Wie Graf von Onslow – seine Sippe ist seit George IV. (reg. 1820–30) im Oberhaus vertreten – spöttelte, sei es eigentlich kaum zu rechtfertigen, dass er die britische Bevölkerung herumkommandieren dürfe, nur weil einer seiner Vorfahren »George IV. bei Besäufnissen Gesellschaft leistete«.

Das House of Lords beaufsichtigt heute nur mehr das Gerichtswesen und prüft Gesetzentwürfe.

Nun, kommandieren darf das Oberhaus freilich längst nicht mehr, aber immerhin noch das Gerichtswesen beaufsichtigen und Gesetzentwürfe prüfen.

Der feudalzeitliche Erbadel wird im 21. Jh. vermutlich Privilegien abgeben müssen. Seit Jahren ist die Rolle der *peers* umstritten. Befürworter verweisen auf die relative Unabhängigkeit der Lords. Oft fänden sie Fehler und Schwächen, die den Unterhäuslern im Eifer parteipolitischer Gefechte entgangen sind. Weniger gebunden an Parteiprogramme und bedacht auf distinguierte Behandlung gesellschaftlicher Fragen, stellten sie eine kompetente Instanz der Kurskorrektur dar. Im Oberhaus gehe es, dem Himmel sei Dank, nicht so grob und unflätig zu wie im Unterhaus: »Arguments are informed and graceful; elegance and wit are much appreciated; mock modesty is a popular tone ...« – »Die Argumente werden differenziert und gekonnt vorgetragen; man weiß Eleganz und Verstand zu schätzen, und gespielte Bescheidenheit ist der bevorzugte Sprachstil ...«

Die relative Unabhängigkeit der Lords

Man kann sich diese Damen und Herren lebhaft vorstellen, wie sie in ihren Roben in Rot, Weiß und Gold im »vornehmsten britischen Altersheim« thronen. Die rund zwei Drittel erblicher *peers* sind nicht nur durch den Regierungswechsel des Jahres 1997 vom Aussterben bedroht: Zwei satte Drittel von ihnen sind über 60 Jahre, davon je ein Viertel über 70 und über 80 Jahre alt. Daher bemühen sich viele nicht zu Sitzungen und Abstimmungen in die Metropole – es sei denn, das Thema liegt ihnen besonders am Herzen. Nur ein Viertel erscheint regelmäßig, doch längst nicht zu allen Sitzungen. Bezahlt werden sie nicht für ihre Anwesenheit, dürfen aber – liebenswert demokratisch-bürokratisch – Spesen geltend machen, derzeit: 78 £ für Übernachtung, 34.50 £ Tagegeld, 33.50 £ für administrative Hilfe.

Das vornehmste britische Altersheim

Knapp die Hälfte der Lords entstammt der landbesitzenden Schicht. Der Rest ist oder war im höheren öffentlichen Dienst, Industrie, Armee, den *professions* (höheren Stellungen in Handels-, Bankenwesen und Jurisprudenz) und anderen gehobenen Berufen tätig. Und, man höre und staune, vier von hundert gehören der *working class* an. Verhältnisse sind das! Fast wie im richtigen Leben ... Zwei Drittel aller konservativen *peers* – und konservativ sind die meisten – verbrachten ihre Kindheit in Eton und sind Mitglieder in einem *gentlemen's club*. Ja, es gibt sie noch, die *old boys*, wenn auch ihre Präsenz allmählich nachlässt. Nicht alle sind gut und *decent*. Der erste *peer* der Brocket-Familie z.B. kaufte seinen Titel, der zweite war ein verhasster schottischer Landbesitzer und Nazi-Sympathisant, und der dritte kam wegen Versicherungsbetrugs vor den Kadi: Er hatte ein paar Ferraris in einem See versenkt und gehofft, sein Titel würde ihn vor den Versicherungsdetektiven schützen …

Wunderbare Welt, in der überholte Institutionen ein Weilchen weiterleben dürfen. Die Briten tun sich schwer damit, eine altehrwürdige Einrichtung wie das Oberhaus mir nichts, dir nichts aus der Welt zu schaffen. Vollkommen unverständlich ist dies nicht. Zum einen manifestiert das Oberhaus ein Stück englischer Demokratiegeschichte. Es ist ein altes Gerüst, unsichtbar gestützt von jenem historischen Konsens, der bislang eine geschriebene Verfassung erübrigt hat. Zum anderen ist die Struktur seiner Nachfolgerin, einer zweiten Kammer ohne erbliche *peers*, ein noch zu lösendes Problem. Ein bisschen geht es den Engländern mit ihrem House of Lords wie mit der Monarchie: Sie wissen, dass beide Institutionen im Grunde Anachronismen sind – und ihre Abschaffung Trennungsschmerz verursacht. Dass smarte Journalisten an den *common sense* zeitgenössischer Politik appellieren, versteht sich, denn gutmütig auf das Oberhaus zu blicken ist nun mal nicht ihre Aufgabe. Wie dem auch sei: für manchen Engländer ist und bleibt das House of Lords *quite quaint and colourful*, ein »farbenfrohes, geradezu malerisches« Relikt einer Ära, in der England nationale Größe und Selbstbewusstsein erfuhr.

Das House of Lords als farbenfrohes Relikt einer Ära, in der England nationale Größe und Selbstbewusstsein genoss.

TIPS

Der Tip zum House of Lords

▶ Englands exquisites Parlamentsfossil lässt nur einen Rat zu: Besuchen Sie das »Haus der Herren«, solange es noch tagt …

Ein seidener Faden: Mehrheitsbeschlüsse

Die parlamentarischen Mehrheitsverhältnisse auf der Insel sind uns ebenfalls nicht recht geheuer. Anders als bei uns beunruhigt in diesem Punkt weniger die Praxis als vielmehr die Theorie: Nach britischem Wahlrecht reichen 30 Prozent für die *save majority*, die sichere Mehrheit. Das heißt, dass eine Regierung mit nur 30 Prozent der Stimmen aus den unterschiedlich großen Wahlkreisen das Parlament dominieren und fünf Jahre lang theoretisch tun kann, was sie will. Wäre dem tatsächlich so, würde die Opposition wohl heftig protestieren, die Regierung hemmungslos angreifen und ihre Verfehlungen öffentlich dramatisieren. Weit mehr als die parlamentarische aber fürchtet jede Regierung die Opposition der Medien. Wenn diese sich gegen sie wenden, verliert sie ihren wichtigsten Verbündeten.

Kontrollmechanismen für die Politik

Die Medien einerseits und die Mischung aus *common sense*, Traditionsbewusstsein und Selbstzensur andererseits kontrollieren die Politik in stärkerem Maße, als eine Verfassung oder ein ausgewogeneres Mehrheitsprinzip es könnte. Vermutlich deshalb ist es noch nie zu folgendem theoretisch möglichen Szenario gekommen: Das House of Commons, das Unterhaus, ist mit 40 anwesenden Mitgliedern beschlussfähig. Es gibt kein Gesetz, das nicht durch eine Parlamentsmehrheit abgeschafft werden kann; das gilt selbst für Grundrechte, die bei uns nicht einmal mit einer Zweidrittelmehrheit angetastet werden dürfen. Rein rechnerisch könnten also 21 Abgeordnete ein Gesetz verabschieden oder abschaffen. Bedenkt man überdies, welch geringe Wählerschar diese 21 Abgeordneten möglicherweise repräsentieren, erscheint ein derartiges Vorgehen für unser Demokratieverständnis absurd. Doch obwohl die gesetzliche Grundlage dafür gegeben ist und der einzelne Politiker mehr Einfluss genießt als bei uns, hat ein solcher denkbarer Extremfall sich noch nie bewahrheitet. Denn die starke gesellschaftliche Kontrolle schließt die vermeintliche Lücke im Sicherheitsgefüge.

Dieses hypothetische politische Fallbeispiel kann für die generelle Trennung von Theorie und Praxis stehen. Was *in theory* möglich ist, berührt Engländer kaum. Ausschlag gibt, ob es praktischen Wert hat. Wenn ja, lohnt sich eine Debatte. Andernfalls kann man das Thema getrost zu den Akten legen.

Was »in theory« möglich ist, berührt Engländer kaum. Ausschlag gibt, ob es praktischen Wert hat.

Um das beschworene Exempel zu veranschaulichen, sei Tony Blairs abgeschmetterter Vorschlag aufgegriffen, die Unterstützung alleinerziehender Mütter zu kürzen. Wie gesagt, könnten 21 Abgeordnete über Wohl und Weh Zigtausender von alleinerziehenden Müttern entscheiden. Sollte eine dermaßen bedeutende »Reform« überhaupt je zur Abstimmung kommen, wäre es unvorstellbar, dass die Parlamentarier nicht in großer Zahl erscheinen. Vermutlich könnten wir mit einem Abstimmungssystem, das schriftlich fixierter Einschränkungen und Detailvorschriften entbehrt, schlecht leben. Angelsachsen fällt allerdings zu Recht das Vertrauen in ihre Geschichte leichter als uns in unsere Vergangenheit.

Whitehall, das Zentrum der politischen Macht

Mehrheits- kontra Verhältniswahlrecht

Auch die Einteilung in Wahlkreise oder *constituencies* ungeachtet ihres Anteils an Wählerstimmen stößt hierzulande auf Unverständnis. Ihr zufolge zählt das Wahlergebnis eines Wahlkreises mit 3500 genauso hoch wie das eines Wahlkreises mit 10.000 Wahlberechtigten. Über die Einführung des Verhältniswahlrechts – bislang gilt in Großbritannien das Mehrheitswahlrecht – bei den *general elections*, dem Äquivalent zu unseren Bundestagswahlen, denkt man immer wieder nach. Doch besteht kein unmittelbarer Anlass, es zu tun. Dies würde sowohl eine Zersplitterung der Labour Party und der Konservativen als auch eine Einschränkung der Macht der Regierungspartei bewirken. Außerdem: wer sollte angesichts der gegebenen Umstände das Verhältniswahlrecht einführen, wenn nicht die Regierung? Und die wird wohl kaum an dem Ast sägen, auf dem sie sitzt …

Früher war die politische Landschaft sehr viel klarer konturiert.

Die Zeiten, in denen die Wähler sich nach Klassen- und Besitzverhältnissen polarisierten, sind vorbei. Früher war die politische Landschaft sehr viel klarer konturiert: Die Labour Party vertrat die Interessen der *working classes* und Armen, während die konservativen Tories die Wähler aus den *professional classes* und der smarten *country side* anzogen. Überraschenderweise zeigte das echte Establishment – also Angehörige des *civil service* (der höheren Beamtenschaft, des auswärtigen Amts etc.), des Richterstands, der intellektuellen Elite u.ä. – sich stets gespalten. Diese Polarisierung begann unter Thatcher aufzuweichen. Denn Margaret Thatcher bewies durch ihren persönlichen Werdegang, dass die *ordinary people*, die einfachen Leute, es sehr wohl zu etwas bringen konnten. Überdies deckte sie auf, dass die Gewerkschaften den hart arbeitenden *blue-collar workers* wirtschaftliches Wachstum vorenthielten. Inzwischen scheint die extreme Rechts-Links-Orientierung sich, wie in anderen Demokratien auch, weitgehend aufgelöst zu haben. Labour, Liberale und Konservative bieten mehr oder minder dasselbe Programm bzw. richten sich an der politischen Mitte aus. Dafür rücken die Persönlichkeit von Parteivertretern und ihre Inszenierung zunehmend in den Vordergrund.

In England jedenfalls scheint eine Epoche der Personality-Shows die Tage des politischen Dogmas abzulösen.

Man kann sich darüber streiten, ob unsere großen Koalitionen zu Zeiten ausgeprägterer Rechts-Links-Verhältnisse Englands klarem Zweiparteiensystem überlegen waren. Heute, da die Parteien einander so ähnlich geworden sind, erübrigt diese Überlegung sich fast. Selbstverständlich gibt es in England links wie rechts einige *die-hards*, so wie bei uns der Starrsinn mancher Alt-Achtundsechziger nur langsam ausstirbt. In England jedenfalls scheint eine Epoche der Personality-Shows die Tage des politischen Dogmas abzulösen. *Well, we will see …*

Weshalb Engländer keine Revolutionen veranstalten

Man spricht von einer Thatcher-Revolution. An dieser »Revolution« hatte der Zufall mehr Anteil als kühles Kalkül. Gewiss war Margaret Thatcher eine erbitterte Gegnerin der Gewerkschaften und der Verstaatlichung von Schlüsselindustrien, doch stand der Begriff Thatcherismus anfänglich für wenig mehr als für »Maggys« grundsätzliche Ablehnung eines staatlichen sozialen Auffangnetzes. Die Premierministerin musste einige Durststrecken überstehen, so den fast einjährigen, im März 1985 ergebnislos abgebrochenen Streik der Bergarbeiter. Ein zweiter Streik dieses Ausmaßes hätte ihre Position vermutlich stark untergraben. Dieser blieb indes aus, denn selbst die Geschichte hat zuweilen Humor. Damals lehrte sie Wiederholungstäter: *Timing is everything*. Wer einen Kohlestreik anzettelt, möge es bitte im Winter tun und nicht im April, wenn Osterglocken Augen und Herz erfreuen und die Vöglein munter zwitschern ... Es war der einziehende Frühling, der 1985 der »Eisernen Lady« half, den vereinten Kampfgeist der Bergarbeiter zu brechen. Die durch Thatchers Privatisierungsmaßnahmen ausgelöste »Revolution« war eine der Individualisten – also nicht beseelt vom allgemeinen Auflehnen gegen monopolisierte Macht, sondern von der »Befreiung des unternehmerischen Individuums«.

Der Begriff Thatcherismus stand anfänglich für wenig mehr als für »Maggys«.

Nach echten Revolutionen muß man in der englischen Geschichte ohnehin lange suchen. Selbst die folgenreiche Glorious Revolution von 1688 (*glorious*, »glorreich« genannt, weil der Thronwechsel unblutig verlief) war keine Revolution im eigentlichen Sinn, da sie die staatliche und soziale Ordnung nicht grundlegend veränderte. Viele Engländer gestehen ihr widersprüchliches Verhältnis zur Politik ein: Einerseits sind sie von ihr fasziniert, andererseits völlig unpolitisch, weil nicht initiativ. Der Sinn für große politische Bewegungen scheint in der angelsächsischen Psyche nicht programmiert. Und damit sind wir wieder dort, wo wir begonnen haben: Der respektlose, antiautoritäre und individualistische *spirit* und vor allem die Freiheitsliebe der Engländer lassen sich nicht vor einen politischen Karren spannen – es sei denn, um ganz pragmatisch eine Krise zu überstehen und die Welt vor noch schlimmerem Übel zu bewahren. So zeigt es zumindest die Geschichte des 20. Jahrhunderts.

Der Sinn für große politische Bewegungen scheint in der angelsächsischen Psyche nicht programmiert.

Mit dem positivistischen Denken, der intellektuellen Anarchie und dem nüchternen Pragmatismus der Engländer lässt sich außerdem nur schwer Missbrauch treiben. Dazu ist diese Nation, so simpel es klingen mag, vielleicht auch zu *relaxed*. Sie besitzt, gefördert durch die vergangenen 300 Jahre ihrer Geschichte, ein stilles Selbstbewusstsein. Dem Einzelnen liegt zwar ungemein daran, den angemessenen Eindruck zu erwecken. Im Kollektiv einer Nation aber schert es Engländer herzlich wenig, ob man sie für konservativ, europafeindlich oder *politically incorrect* hält. Ein dermaßen entspanntes Verhältnis zur nationalen Identität erschüttern selbst Krisen nicht so schnell. Gleich in welcher Phase der wirtschaftlichen Konjunktur Sie Engländern begegnen: klagen werden sie kaum. Und erst recht nicht nach großen Antworten suchen. Idealismus verstellt ihnen nicht den nüchternen Blick auf die Zusammenhänge dieser Welt. Damit fehlt – sofern man dies überhaupt als Verlust hinstellen will – den Engländern die wichtigste Voraussetzung zum Revolutionieren.

Idealismus verstellt den Engländern nicht den nüchternen Blick auf die Zusammenhänge dieser Welt.

»Taking Liberties«: Seitensprünge im Rampenlicht

»Blair's trip clouded by Cook's love life« – »Cooks Liebesleben überschattet Blairs Reise«, lautete die Schlagzeile einer Zeitung. Nein, nicht einer der *tabloids*, wie Englands Regenbogenpresse genannt wird, sondern einer seriösen, überregionalen Zeitung mit internationalem Renommee.

Rufen wir uns die Geschehnisse in Erinnerung: Es fliegt auf, dass Außenminister Robin Cook eine Affäre hat. Premierminister Tony Blair mahnt ihn zur Disziplin und verlangt eine Entscheidung. Cook verlässt seine Frau und erklärt im Rampenlicht der Medien, er werde seine Geliebte heiraten. Damit ist fast alles in Butter. Gäbe es nicht die empörte Öffentlichkeit, die sich moralisch über ihn erhebt. Rücktritt! fordern einzelne Stimmen sogar. Enthüllungen über Cooks gescheiterte Ehe und seine Affäre nehmen überdimensionalen Raum in den Nachrichten ein. Nicht, dass man in England aufrichtig entrüstet oder gar überrascht wäre. Dazu genießt man derlei recht häufig vorkommende Szenarien viel zu sehr. Vielmehr spiegelt die ritualisierte Empörung wider, was man im puritanischen England, »für richtig halten zu müssen glaubt«. Sie läuft ab wie ein Schauspiel mit den festgelegten Rollen des fremdgehenden Politikers, des mahnenden Premiers, der zensierenden Presse und der kopfschüttelnden Öffentlichkeit, in der Stimmen zur Disziplinierung aufrufen.

Das obsessive Interesse am Liebesleben politischer Führungskräfte mutet in den meisten Ländern des europäischen Kontinents nahezu exotisch an.

Dieses obsessive Interesse am Liebesleben politischer Führungskräfte mutet in den meisten Ländern des europäischen Kontinents nahezu exotisch an. Und in Cooks Fall erscheint die Forderung nach Rücktritt besonders unverständlich. Cook stand nie auf der Kanzel und predigte gesittetes Familienleben; dann hätte man seinen

Königin Viktoria (St. Paul's) – die rigide Moralstifterin ihres Zeitalters wurde erst nach dem Tod ihres geliebten Coburger Prinzgemahls Albert so sittlichkeitsversessen. Zuvor war sie eine lebens- und liebeslustige Frau.

»Ehebruch« durchaus skandalös nennen können. Es war ein Außenminister, der sich in eine Liebesaffäre verstrickte. Und Außenminister wurde Cook nicht aufgrund eines vorbildlichen Privatlebens, sondern weil er nach Ansicht vieler Briten ein äußerst scharfsinniger und für dieses Amt geeigneter Mann ist. Warum also sollte er zurücktreten? Warum soll er sich überhaupt öffentlich für etwas rechtfertigen, was in jeder zweiten oder dritten Familie vorkommt?

Es stimmt, Engländer leben mit ihren Politikern. Diese stehen im Land der Doppelmoral unter stärkerem Druck als der Rest der Nation. Nicht nur sind sie als Politiker weit mehr Versuchungen ausgesetzt als der Normalbürger. Sie werden auch noch auf Schritt und Tritt von der Presse verfolgt, die sich bei jeder moralischen Verfehlung ins Fäustchen lacht und zur richtenden Instanz erhebt. Dem gegenüber wirken Bemerkungen deutscher Bürger über Gerhard Schröders Privatleben liebenswert provinziell: »Schon die vierte Ehe. Und dann diese Frisur ...«

Land der Doppelmoral

Vor 150 Jahren verirrte sich der hochgeschätzte Außenminister Lord Palmerston auf der Suche nach seiner Geliebten ins falsche Schlafzimmer, als er als Gast auf Schloss Windsor weilte. Er wurde gerügt, dass sich die Balken bogen. Das war zu Königin Viktorias Zeiten. Heute erscheint die viktorianische Moral anachronistisch und ihr Druck auf politische Führungskräfte wie ein hypokritisches Gesellschaftsspiel. An die Gefühle der Hauptfiguren, die Schmerzen einer Ehekrise oder Scheidung z.B., denken die Teilnehmer so gut wie nicht. Sonst würden die Medien wohl kaum noch mehr Öl ins Feuer gießen dürfen. Sie werden entdecken, dass die Einmischung der Medien ein heißes Eisen ist.

Sie werden entdecken, dass die Einmischung der Medien ein heißes Eisen ist.

Von der Macht der Presse

The fourth estate, der vierte Stand, wird die Presse oft genannt. Auch wir bezeichnen sie als »vierte Gewalt«, doch erscheint Englands Presse ungleich mächtiger. Allerdings relativiert sich diese Macht in dem Moment, in dem jeder um sie weiß und über sie spricht. Anlässlich von Lady Dianas Tod reflektierte die Nation abermals ihr Verhältnis zur Presse. Eine Presse, die Nachrichten zur *soap opera* degradiere, sei beschämend, hieß die Kritik. Zeitungen hofieren nun einmal ihre Leser, lautete das Gegenargument: Warum lest ihr Klatsch über die Königsfamilie, wenn er euch angeblich nicht interessiert? Englands Öffentlichkeit und Presse können sich in der Disziplin der Doppelmoral durchaus das Wasser reichen.

Neu ist die Popularisierung von Neuigkeiten nicht. Der öffentlichen Unterhaltung dienende *popular papers* gibt es seit Jahrhunderten. Unter Cromwell gerieten die Sensationsblätter unter puritanische Aufsicht. Dieser Trend hielt jedoch nur 40 Jahre, bis zur Glorious Revolution, an. Davor und danach ließen die Zeitungen an Üppigkeit und Extravaganz wenig zu wünschen übrig.

»Popular papers« gibt es seit Jahrhunderten.

Kein Wunder also, dass – ob links, liberal oder rechts – auch die *serious national papers* wie *The Guardian*, *The Independent*, *The Observer*, *The Telegraph* und

The Times auf Unterhaltungswert achten – was nicht mit derselben Zwangsläufigkeit wie bei uns mit geringer Qualität einhergeht. Niedriges, reißerisches Niveau ist indes die Masche von *tabloids* wie der umstrittenen *Sun*, der Klatschpresse, die im Bildzeitungsstil ihre Leser aufheizt.

Engländer gehen mit der Presse wesentlich selbstverständlicher um als wir.

Es darf vor diesem Hintergrund nicht erstaunen, dass Engländer mit der Presse, ja den Medien überhaupt, wesentlich selbstverständlicher umgehen als wir. Souverän und geübt liest die postmoderne Öffentlichkeit ihre Zeitung und vergisst dabei selten die Gänsefüßchen: Wo hast du das gelesen? Wer hat das geschrieben? Ach so, typisch *Telegraph* ..., kein Wunder, dass der *Guardian* sich daran hochzieht ...

Der Konkurrenzkampf um die Nachrichten verschlingende Nation ist hart und Zeitungmachen ein ebenso auf Profit zielendes *business* wie alle anderen. Entsprechend konsumorientiert ist das Produkt – und seine Moral. Realitäten werden erst durch Journalisten zu *news*. Die auch bei uns mitunter gestellte Frage »Warum schreiben die Zeitungen nicht mal was Gutes?« erübrigt sich vor angelsächsischem Hintergrund ganz und gar: »Was Gutes« *are no news*, Trauer und Unglück um so mehr. Im gefühlsarmen England lassen sie sich besonders leicht als Sensation verkaufen.

Es wird sehr wohl kritisiert, dass nicht Überzeugungen die Stoßrichtung der Zeitungen bestimmen, sondern populärpolitische Trends. Doch es macht nicht »betroffen«.

Und da nur *news* sich auszahlen, mag ein Geschäftsmann wie Großverleger Rupert Murdoch sein politisches Fähnchen binnen 24 Stunden nach einem neuen Wind richten. Murdochs Geschäftsinteressen lassen sich nun mal nicht mit Verlierern durchsetzen. Dass nicht Überzeugungen die Stoßrichtung seiner Zeitungen bestimmen, sondern populärpolitische Trends, wird sehr wohl kritisiert. Doch es macht nicht »betroffen«, und schon gar nicht kämen waschechte Angelsachsen auf die Idee, ob der hässli-

Die Engländer sind intensive und kritische Zeitungsleser.

chen Auswüchse des Medienzeitalters das Ende zivilisierter Intelligenz heraufzubeschwören. Wer allerdings den Bogen überspannt, den schützen weder Macht noch Reichtum vor einer öffentlichen Abreibung. Diese wurde Murdoch verpasst, als er sich weigerte, das in Teilen die Volksrepublik China kritisierende Buch von Chris Patten, dem letzten Gouverneur von Hongkong, zu verlegen. Da Murdoch gigantische Geschäfte mit China anbahnte, wollte er kritische Töne aus seinem Hause vermeiden. Etwas zu offensichtlich – hier hatte er eindeutig den englischen Sinn für Fairness unterschätzt.

Die Öffentlichkeit hat ein besonders ausgeprägtes Gespür für Manipulation.

So wie Verlegerpersönlichkeiten die Zeitungslandschaft prägen, so verdienen auch einzelne Journalisten sich öffentliche Sporen. Über der Kommerzialisierung der Presse sollte man nicht übersehen, dass unabhängige Journalisten wesentlich zur Attraktivität einer Zeitung beitragen. Stärker als bei uns sind englischen Lesern ihre Reporter, Kommentatoren und Kolumnisten ans Herz gewachsen, und Verleger würden sich hüten, etablierte Stimmen ihres Hauses zu sehr zu knebeln. Die emanzipierte Öffentlichkeit lässt sich nicht blindlings an der Nase herumführen. Ihr Gespür für Manipulation ist so selbstverständlich ausgeprägt wie die Liebe zu ihren Zeitungen und Stars. Bekannte Journalisten werden übrigens, da Figuren des öffentlichen Lebens, gelegentlich selbst Opfer der Klatschpresse.

Monarchie auf wankendem Thron?

Die Trauer um Lady Diana als Nachweis einer neuen Dimension im britischen Gefühlshaushalt?

Genau zu beurteilen, ob und wie Lebensgefühl und Werte der britischen Nation sich gewandelt haben, ist selbst für den talentiertesten Beobachter ein komplexes Unterfangen. Gern deutete man in England die Trauer um Lady Diana als Nachweis einer

Gekrönter britischer Löwe vor dem Buckingham Palace

neuen Dimension im britischen Gefühlshaushalt. Einem einfachen Geist wie mir gewährten die Trauertage um Diana unverdienten Einblick in die nationale Psyche. In den Tagen und Stunden vor der Beerdigung war London voll von fassungslosen Menschen. »It's like loosing your best friend«, dieses Gefühl schien alle ethnischen und sozialen Gruppen, ja die gesamte Nation vereint zu haben. Das vermittelten jedenfalls die Fernsehbilder und -moderatoren. Kein Wunder, denn von denen, die sich von dem inszenierten Betroffenheitskult distanzierten, gab es nicht viel zu berichten, gab es keine eindrucksvollen Bilder. Und von denen, deren Bilder um die Welt gingen, mochte man kaum glauben, dass es sich um Engländer handelte: Ihnen fehlte jegliche Spur der vielbeschworenen zugeknöpften Distanz. Es schien, als hätte Diana die Leidensfähigkeit gesellschaftsfähig gemacht.

»Lipstick and Landmines«

Universalidol Diana

So lautete die Headline eines Artikels einer großen englischen Tageszeitung zum »Phänomen Diana«. Im unterkühlten Klima angelsächsischer Selbstverantwortung fand Dianas wohltätiges Engagement einzigartigen Widerhall. Diana war ein Universalidol, das wie eine Märchenprinzessin alle im Lande ansprach, die Armen und Kranken durch ihre Fürsorgebereitschaft, die Frauen als Vorbild, die Monarchisten durch ihren royalen Glamour, die Männer durch ihre Schönheit, die Sentimentalen durch ihre Leidensfähigkeit etc. Es fragt sich, ob alle um dieselbe Diana trauerten oder jeder um sein Bild von ihr …

Erstmals versagte bei der gesamten Nation die bewährte »stiff upper lip«.

Dass man Trauer derart öffentlich zeigte, empfanden viele als »unenglisch«. Durchaus englisch dünkt mir, dass es scheinbar alle taten – eine sozusagen populärkulturelle Emotion, die also wieder einmal diese Nation der Individualisten vereint hat. Ein Novum war zu verzeichnen: das kollektive Versagen der bewährten *stiff upper lip*. Selbst jene formulierungsbegabten Briten, die niemals die Kontrolle über eine Situation zu verlieren pflegen, entdeckten ihre Sprachlosigkeit, aber auch ihre unbewusste Verehrung jener Bilder, die ihnen die Medien täglich ungefragt ins Haus brachten. In London, dem Zentrum der angelsächsischen Welt, in dem schon so manche Krönung und Hochzeit die Nation in Hochstimmung versetzt hat, wirkte Dianas plötzlicher Tod berauschend und ernüchternd zugleich. In dieser Situation stockte den Briten nicht nur der Atem, sondern auch die Konsumlust. Das spricht in England für eine gewisse Gefühlsechtheit. Der Einzelhandel verzeichnete Einbußen in Millionenhöhe – Blumenhändler ausgenommen.

»Since Diana, we are a different nation …«. Das mag ja gut klingen …

Doch dürfen wir von diesem Trauerfestival auf eine grundlegende Veränderung des englischen Gefühlshaushalts schließen? Gewiss, sozio-psychologische Schlussfolgerungen machen in Verbindung mit markanten Ereignissen besonderen Eindruck: *Since Diana, we are a different nation* … Klingt gut. Aber dass dem tatsächlich so ist, scheint inzwischen äußerst fraglich.

Flirt mit der Presse: »Diana for Everyone«

Ohne die Medien hätte es die Bilder von der trauernden Nation ebensowenig geben können wie jene, die Diana zur Ikone erhoben. Diese Ikone verkörperte alles, worin sich das England des späten 20. Jh. wiederfinden konnte. Sie repräsentierte monarchistische Kontinuität und aristokratischen Glamour einerseits, Leidensfähigkeit andererseits. Dazu war sie eine moderne Schönheit, die im Lauf der Zeit Stil und Geschmack entwickelte, wie andere Frauen ihres Alters ins Fitness-Studio ging und sich in ihrer Rolle als Mutter von der rigiden traditionellen Palastetikette distanzierte.

Diana war eine perfekte Zielscheibe der Medien.

Damit war sie perfekte Zielscheibe der Medien. Diana bot ihren besessenen Jägern all das, was sich zu Geld machen lässt: Glanz und Glitter von Monarchie und High Society, Schönheit, Familienleben, Güte, Hilflosigkeit und Emanzipation. Schon im ersten Ehejahr klagte die 21jährige über die hartnäckige Verfolgung durch Journalisten und Journaille, so dass der Palast zum Respekt ihrer Privatsphäre mahnte. Im Lauf der folgenden 15 Jahre aber entwickelte sie eine zwiespältig-symbiotische Beziehung aus Abhängigkeit und Verachtung zur mächtigen Instanz der Medien. Sie lernte schnell, sich zu inszenieren und mit dem Auge der Kamera zu spielen. Doch sie war psychisch zu instabil, um dieses Spiel unter Kontrolle zu halten.

Nachdem die Windsors, abgesehen von einigen Eskapaden, die Fassade eines »anständigen« Familienlebens einigermaßen hatten wahren können, zog mit Diana allmählich das Medienzeitalter in den Palast ein. Das störte den Hausfrieden, versteht sich. Nach ihrem Verstoß aus der *royal family* zog Diana mit den Linsen und Objektiven auch die Sympathien der Öffentlichkeit auf sich. Dahinter verblichen die Windsors wie Statisten nach Abgang der Hauptdarstellerin. Ein interessanteres Medienobjekt gab Diana allemal ab, vor allem als sie mit frischem Tatendrang und Sendungsbewusstsein ihre karitative Rolle kultivierte. Dass nicht nur Publicity Motiv ihrer *Charity*-Einsätze war, bekunden zahlreiche Quellen; allein und unbeobachtet schlüpfte sie regelmäßig um 6.30 Uhr durch den Hintereingang eines Krankenhauses. Neu-Gier förderte die Nachfrage nach Bildern von Diana in Angola, von Diana mit Aidskranken, Diana im OP ... Zyniker mögen ein schwarzes Baby in Dianas Armen als modisches Accessoire deuten, andere zollten und zollen ihrem Engagement hohen Respekt.

Die schillernde Figur Diana zu interpretieren, das hat sich kaum einer nehmen lassen – nicht nur profilsüchtige Journalisten, sondern auch all jene, die sie von Bildern, aus Klatsch und Nachrichten kannten. »Lady Di« war Thema, Produkt, Star. Und, immer gut für *news*, unglücklich. Mit ihrer Kritik an der mangelnden Flexibilität der königlichen Familie und ihren Zweifeln an Charles' Eignung zum King bugsierte sie sich endgültig ins feindliche Lager. Als sie, die Mutter der Kinder des Thronfolgers, sich dann auch noch die Freiheit herausnahm, einen Muslim zu »daten«, war ihr die abgrundtiefe Missbilligung der Queen gewiss.

Der Blick der Briten auf das Königshaus wurde durch Diana verändert.

Was auch immer man von Diana hält, eines lässt sich schwerlich bestreiten: Sie hat den Blick der Briten auf das Königshaus verändert. Ihr Aufdecken der verstaubten, gefühlskranken Palastverhältnisse musste die britische Öffentlichkeit faszinieren. Bereitwilliger denn je erörterten prominente Zeugen der Krisen im Königshaus, ob eine Monarchie noch up-to-date sei. Rechtfertigen könne man diese Institution kaum mehr, oder? Aber abschaffen ...?

Wie lehrt man Monarchen Mores?

Earl Spencer bemerkte bei Dianas Beerdigung sinngemäß, seine Schwester habe keinen königlichen Titel gebraucht, um Herzen zu erobern. Dies war ein deutlicher Seitenhieb gegen das Königshaus, der angesichts der Empörung über die verspätete Trauerbekundung des Hauses Windsor vielen aus der Seele sprach.

Ist es nicht eine verkehrte Welt, in der die Medien dem Volk und das Volk seiner Königin das Trauern vorschreiben? Weniger als man meinen könnte. Schließlich erwarten die Briten von der Queen als ihrer höchsten Repräsentantin Sensibilität. Sie wollen sich in ihr wiederfinden. Dass der Union Jack nicht pünktlich auf Halbmast saß, war der mehr als sprichwörtliche Gipfel des Eisbergs: Das Königshaus sei nicht mehr *in touch with the people*, habe den Kontakt zum Volk verloren, lautete der Vorwurf – und die *message*, dass Diana die natürliche Noblesse einer Monarchin besaß. Die Queen solle sich gefälligst bemühen, mit zeitgemäßem Empfinden für Würde und Anstand dem Volk zu dienen. Dies sei ihre Aufgabe in einer parlamentarischen Monarchie.

Das Königshaus residiert in jenem Winkel der britischen Psyche, in dem sich nationale Identität lokalisiert.

Die selbstbewusste öffentliche Forderung an die Queen, Trauer zu zeigen, illustriert die Traditionsverhaftung der Briten. Rational ist diese schwer erklärbar: Das Königshaus residiert in jenem Winkel der britischen Psyche, in dem sich nationale Identität lokalisiert. Die immensen Summen, die sein Erhalt die Bürger kostet, sind äußerst selten Diskussionsthema. Aber wehe, wenn die – heute steuerpflichtige – Monarchin und der verwöhnte Kronprinz nicht Volkes Stimmungen beherzigen! Die Empörung im Todesfall Diana ist nachvollziehbar: Die *royal family* hat den Job, als oberster Würdenträger aufzutreten, und niemand, auch sie nicht, darf sich unprofessionelles Verhalten ungestraft leisten. Die Drohung lautete: Wozu noch Privilegien für eine politisch machtlose Monarchie, wenn sie ihre repräsentative Rolle nicht würdevoll spielt? Die Entrüstung war durchaus berechtigt, aber nicht vollkommen fair. Denn die Queen war öffentlich stets äußerst souverän und unirritiert von »Familienklüngel« aufgetreten.

Trotz alledem schafft die *royal family* als Institution ein Gefühl von Kontinuität, das wir Deutschen als »Produkte« einer jungen Republik nie erfahren haben. Premiers und Regierungen kommen und gehen. Die Königsfamilie bleibt. So war und ist es – noch: Die Kinder der Queen sind weit schärferen Urteilen ausgesetzt, da es vielen Briten scheint, als verwechselten sie Monarchie mit *showbiz* und *soap opera*.

Pomp statt Power

Dass die Monarchie keine politische Macht mehr ausübt, bedeutet also nicht, dass sie keine Funktion erfüllt. Im Gegenteil. Zum einen sorgt sie auf der parlamentarischen Bühne für eine dauerhafte Perspektive. Politiker blicken selten über den Tellerrand der nächsten Wahlperiode hinaus. Die Monarchie hingegen verleiht den Kurzsichtigen historische Tiefenschärfe. Zum anderen erweist sie der Demokratie den Dienst, zwischen repräsentativem Pomp und politischer Macht zu trennen. George Orwell sprach 1944 die Vermutung aus, dass Figuren wie Hitler oder Stalin unter solchen Bedingungen kaum Führer hätten werden können. Der Gedanke leuchtet ein, wenn man sich Hitlers selbstherrliche Inszenierungen vor Augen hält.

Die Monarchie hilft der Demokratie, zwischen repräsentativem Pomp und politischer Macht zu trennen.

»The monarchy is the only truly popular institution«, schrieb Lord St. John ein Jahr nach der Hochzeit von Lady Diana und Prince Charles. Gut 15 Jahre später waren Anne, Andrew und Charles geschieden. Damit schien der Verfall des Königshauses eingeläutet. Oder auch nicht, wenn man sich die Historie vorknüpft. Bedenkt man nämlich, dass die Scheidung von Henry VIII. zur Gründung der Church of England (die Queen ist ihr nominelles Oberhaupt) führte und nicht wenige seiner Nachfolger mehr oder minder offen ihre Liebesaffären und Ehedramen auslebten, so kommt man zu dem Schluss, dass eine »intakte« königliche Ehe wie die der Queen und Prinz Philipp keineswegs die Norm ist. Eine moralische Kehrtwende vollzog sich erst im Viktorianismus. Seitdem beäugt das Volk schärfer das Königshaus – und seine Politiker.

Ladykiller Heinrich VIII.

Der höfische Pomp macht den Monarchen zum »super salesman«.

Die vermutlich am wenigsten beachtete Rolle des englischen Monarchen ist die des *super salesman*. Manch ausländischer, im Verhandeln hartgesottener Staatsbesucher, der von der Queen empfangen wird, bekommt angesichts des höfischen Pomps weiche Knie.

Von Gleichberechtigung und Chancengleichheit
Eine spezielle Spezies: Frauen

Womöglich werden Sie staunen, wie selbstverständlich Engländerinnen ihr Leben in die Hand nehmen. Ob verheiratet, geschieden, verwitwet oder *single*, ob Mutter, MP oder Managerin: die Freiheit der Frau stellt niemand in Frage. Kein gesellschaftlicher moralischer Druck und kein geschlechtspezifischer Rollenzwang lastet auf dem weiblichen Gewissen.

Die Versorgung der Familie ist kaum Lebensinhalt einer Engländerin.

Engländerinnen werden Ihnen in den unterschiedlichsten Rollen begegnen – als Lady, Emanze (selten aber als die bei uns häufigere humorlose Vollblutemanze), als Intellektuelle, Kulturschaffende, *businesswoman*, Schriftstellerin u.v.m. Eine Variante allerdings werden Sie selten antreffen: die Hausfrau und Mutter. Diese Rolle mag vielleicht für einige Jahre, solange die Kinder klein sind, vorherrschen. Doch die Versorgung der Familie ist kaum Lebensinhalt einer Engländerin. Gewiss besteht im Einzelfall der Konflikt zwischen Beruf und Kindererziehung. Die öffentliche Meinung aber konfrontiert arbeitende Mütter nicht mit dem Vorwurf, ihre Kinder zu vernachlässigen. Schliesslich hat die englische Gesellschaft vorgesorgt: mit Ganztagsschulen, Internaten und allen möglichen Einrichtungen, die Frauen Freiräume schaffen helfen.

Die Schwestern Brontë (National Portrait Gallery, London). Die drei Schwestern Charlotte, Emily und Anne brachen vor der Mitte des 19. Jh. mit ihren Romanen aus puritanischer Enge in die Welt großer Leidenschaften aus.

Technically speaking (»rein technisch gesehen« – eine äußerst praktische Ausdrucksform, die Sie sich merken sollten und meist soviel heißt wie »genau genommen«), werden Frauen noch stark »diskriminiert«. So beschloss der Marylebone Cricket Club erneut, dass Frauen nicht Mitglieder werden und nur in Begleitung ihrer Ehemänner auf der Terrasse erscheinen dürfen – was freilich öffentlichen Protest auslöste. Der konservative Carlton Club verweigerte Frauen lange Zeit gänzlich den Zutritt. Mancherorts sind die Bars und Bibliotheken von Clubs weiblichen Mitgliedern weiterhin verschlossen. In Politik, Kirche und Hochschulwesen erlangten Frauen vergleichsweise spät – wenn überhaupt – gleiche Rechte.

Frauen und Männer erleben und kultivieren häufig getrennte Lebensbereiche.

In England hat sich die *Single-Sex*-Kultur erhalten: Männer und Frauen entwickeln sich in vielen Lebensbereichen getrennt. Während der Schulzeit ohnehin, aber auch während des Studiums durch die männliche Tradition des Club- und Vereinslebens.

Wo die »politisch korrekte« Deutsche aufschreit, sagt die Engländerin achselzuckend: Männer brauchen das nun mal. Frauen verstehen es, sich auch ohne die absichernden Grenzen eines Clubs ein gleichwertiges *social life* zu verschaffen. Sie zeigen sich gänzlich unbeeindruckt von der männlichen Neigung, die Lebensbereiche zu trennen. Diese gelassene Toleranz hat es ihnen vermutlich erleichtert, eigene Aktivitäten selbstbewusster zu entwickeln.

In der englischen Literatur, im kulturellen Leben und in den Medien wie der BBC und den großen Tageszeitungen fällt der starke Anteil fähiger Frauen auf. Augenscheinlich haben Engländerinnen die Zeit zu nutzen verstanden, und zwar weniger durch gesellschaftlichen Kampf gegen männliche Vorherrschaft als durch Ausbau

Englische Frauen sind selbstbewusst und entwickeln – neben der ihrer Männer – eine eigene weibliche Sozialkultur.

ihrer Rolle. Feministisches Bewusstsein hat sich durchaus etabliert. *But it doesn't take over*, es dominiert die allgemeine Diskussion nicht unnötig. Darin zeigt sich wieder einmal der Ideologien abholde englische Pragmatismus. Männern lässt frau souverän ihren Freiraum, statt sie zu etwas zu zwingen, was letztlich keine der beiden Seiten will. Männer sind eben manchmal lieber unter sich. Wozu sollen Frauen, zumal sie eigene Lebensräume haben, ihre Zeit in exklusiven Männerzirkeln verschwenden?

Der Kampf für die Gleichberechtigung findet hauptsächlich im ökonomischen Bereich statt.

Daraus zu schließen, es gäbe keinen Kampf für Gleichberechtigung, ist falsch. Die Fawcett Society z. B. setzt sich landesweit für die »Gleichheit von Frauen und Männern« ein. Da die Benachteiligung von Frauen wesentlich ökonomisch bedingt ist, gilt ihre Aufmerksamkeit vor allem der Verbesserung der Arbeitssituation und Beseitigung von Armut. »Was Löhne und Gehälter angeht, so hat sich in allen Schichten der *middle classes* die Kluft zwischen Männern und Frauen verringert«, so die Leiterin der Fawcett Society. »Doch bei den schlechtest Bezahlten dieser Gesellschaft klafft eine große Lücke.« Schlecht bezahlte Frauen werden in der Tat äußerst schlecht bezahlt – und weit schlechter noch als schlecht bezahlte Männer. Sie bilden die unterste Schicht der arbeitenden Bevölkerung. Die Oberschicht der sehr gut verdienenden Arbeitnehmer besteht dagegen ausschließlich aus Männern. Die sozialpolitischen Implikationen sind ein heißes Thema: Auch die Gleichberechtigung von Mann und Frau setzt voraus, dass die ungesunden Extreme der englischen Gesellschaft überwunden werden.

Multikulturelle Gesellschaft: Land ohne Ausländer

»Richtige« Ausländer gibt es in England eigentlich nicht, werden Sie vielleicht sagen. Stimmt, so recht eignet der Begriff Ausländer sich nicht für die vielen *foreigners*, die man auf der Insel antrifft. Warum? Uns lässt er oft immer noch unwillkürlich an den Urtypus des »Gastarbeiters« denken, der keinen deutschen, österreichischen oder Schweizer Pass besitzt, abhängig ist von seinem hiesigen Arbeitsplatz und getrennt von seiner Familie in der Heimat. Bei den *foreigners* in England dagegen handelt es sich um Einwanderer mit britischem Pass. Das ist zum großen Teil ein Erbe der kolonialen Vergangenheit und steht nicht in Widerspruch zur vielzitierten Fremdenfeindlichkeit der Engländer. Denn asiatische, schwarzafrikanische und andere *foreigners* prägen zwar die britische Bevölkerung, nicht aber die englische Gesellschaft.

Das Erbe der kolonialen Vergangenheit

»Foreigners« prägen die britische Bevölkerung, nicht aber die englische Gesellschaft.

Die britische Bevölkerung setzt sich aus diversen *communities* zusammen, die beinahe erscheinen wie kulturell selbstversorgerische Gesellschaften. Mitglieder der *foreign communities* besitzen etwas, das »unseren« Ausländern fehlt.

Das ist zunächst der britische Pass. Inder etwa besitzen noch mehr: als Inhaber von Reisebüros, *cornershops* oder Computerläden eine unternehmerische Existenz,

Britische Asiatinnen und englische »Ureinwohner« (vor den Haymarket Theatres, London)

dazu eine Familie und eine *community*, eine eigene Sprache und sogar ein eigenes Establishment. Die asiatischen *communities*, aber auch jene der Araber, Griechen und Zyprioten z.B., gehören nicht nur dem arbeitenden Teil der britischen Bevölkerung an, sondern haben überdies jeweils eine Handels- und Bildungselite aufgebaut. Nicht zu Unrecht lässt sich behaupten, dass diese Gemeinden sogar eine eigene Klassenstruktur aufweisen. Die asiatischen *communities* zeichnen sich, ähnlich wie in New York, durch eine hohe Zahl an Existenzgründern aus. Ihr Wettbewerbsvorteil besteht, so zumindest das Klischee, in der traditionellen Bereitschaft, individuelle Interessen dem Familien-Business unterzuordnen.

Die »foreign communities«

Immer mehr Angehörige der *ethnic minority businesses* steigen auf. Die zweite oder dritte in England lebende Generation verfügt über hervorragende Sprachkenntnisse, geht an die Uni und schlägt angestellt oder selbständig höhere Laufbahnen ein. Die Tochter eines Einzelhändlers mag Ärztin werden, der studierte Sohn eines Computerhändlers mit zwei Kollegen eine Steuerkanzlei gründen.

Unkonventionelle Maßstäbe setzen die neuen Multi-Kulti-Trends. Als echt cool gilt die junge anglo-asiatische Popszene (die Liverpooler Band Cornershop singt auch für weiße Fans in Punjabi). Die britisch-asiatische BBC-Comedy *Goodness Gracious Me* wurde ein Riesenerfolg. Die jungen asiatischen *foreigners* brechen mit den Werten ihrer *community* wie dem Respekt vor ihrer angestammten Kultur, vor Bildung, einer *professional career* als Lebensziel u. ä. Ikonoklasten sind *hip*, rauchen *dope* und erobern sich die Popwelt. Auch die afro-karibische Szene ist Trendsetter der Jugendkultur. Weiße *working class kids* finden es cool, mit jamaikanischem Akzent zu sprechen. Nicht zuletzt haben die Youngsters dieser ethnischen Gruppe neben der Musik eine tragende Säule britischer Kultur erobert: den *football*.

Multi-Kulti liegt im Trend.

Für Schwarze scheint – trotz afrokaribischer Pop-Trends – das Leben schwieriger zu sein als etwa für Inder und Chinesen.

Schwerer haben es laut einer Studie zum Thema *Ethnic Minorities in Business* die afro-karibischen Unternehmer – die genauen Gründe bleiben allerdings offen. So klagen viele schwarzafrikanische Existenzgründer über die Schwierigkeit, Darlehen aufzunehmen; ob aufgrund diskriminierender oder rein sachlicher Vorbehalte der Banker, ist eine noch zu klärende Frage. An dieser Stelle sei daran erinnert, dass die Zahl schwarzer Todesopfer in Polizeigewahrsam in England seit Jahrzehnten über dem statistischen Durchschnitt liegt. Interpretationen dieses Phänomens überlasse ich lieber denjenigen, die sich in der Materie auskennen. Als einzige Weisheit bleibt mir zu sagen: Rassismus und Diskriminierung lassen sich in der englischen Gesellschaft schlecht messen, obwohl – oder weil? – Großbritannien die schärfsten Antidiskriminierungsgesetze in Europa aufweist.

Rassismus und Diskriminierung sind in England schwer messbar.

Tatsache ist, dass unternehmerische Einzelkämpfer und junge Talente aus Kreisen der *foreigners* sich allmählich in den wirtschaftlichen und kulturellen Mainstream ergießen. *Ethnic businesses* tragen entscheidend zum britischen Bruttosozialprodukt bei. Ihre wirtschaftliche Integration unterscheidet sich durch nichts von der anderer sozio-ökonomischer Gruppierungen. Sicherlich bewegen sich viele Angehörige der *ethnic minorities* oder ethnischen Minderheiten (Inder und Chinesen im Schnitt weniger) noch in den unteren Einkommensschichten. Doch es scheint, als sei nicht mehr die Hautfarbe Hauptursache von Diskriminierung, sondern Religion bzw. Glaubensgemeinschaft. Fixe Größen sind beide Faktoren nicht mehr: Religionen und Rassen mischen, assimilieren und entwickeln sich mehr denn je. Die wachsende ökonomische und kulturelle Präsenz von *foreigners* spricht dafür, dass die angelsächsische Welt von Intelligenz, Geld und Pragmatismus regiert wird und nicht von Diskriminierung.

»Ethnic businesses« tragen entscheidend zum britischen Bruttosozialprodukt bei.

Integration: Ein fragwürdiges Konzept

Jetzt will ich noch eine These wagen: So wie es deutsche und englische »Ausländer« gibt, so gibt es eine deutsche und englische Integration. Wenn die evangelische Kirche einen »Tag des ausländischen Mitbürgers« veranstaltet, folgt der gute Deutsche dem Ruf ins Gemeindehaus, wo Kuchen, Kurden und Kopftücher auf ihn warten. Unter Integration versteht er Mitmenschlichkeit und Nähe. Ihr hehres Ziel ist der Abbau der »Angst vor Unterschieden«. Wenn dann noch zum Volkstanz aufgespielt wird, platzen deutsche Mitbürger vor Toleranz aus den Nähten. Leider haftet solch inszenierter Friedfertigkeit stets etwas Provinzielles an, wenn nicht sogar unterschwellig arroganter Exotismus.

Deutsche und englische Integrationsbestrebungen im Vergleich

Das deutsche Gemüt eifert einem zutiefst romantischen Ideal von Integration nach. Integration erscheint geradezu als Goldenes Kalb der bundesdeutschen Gesellschaftsidee. Als müssten die Erben der Blut-und-Boden-Phantasten zwanghaft alles »Fremde« absorbieren, hoben einige Ideologen des verspäteten Widerstands die Ausländersentimentalität aus der Taufe, die sich wie selbstverständlich in die Integrationsdebatte eingeschlichen hat. Eher hilflos wehrt sich diese gut meinende Bewegung gegen abstrakte und gefährliche Begriffe wie »Überfremdung«. Doch kämpfen viele ihrer Anhänger gegen den bösen Dämon der Diskriminierung ähnlich überheblich wie jene Fanatiker, denen es um die Reinheit des arischen Blutes zu tun ist – nämlich mit der romantisch verklärten Forderung: »Ausländer« müssen »integriert« werden, ob sie wollen oder nicht. Diese Integration verlangt in ihrer moralischen Konsequenz die Selbstaufgabe von »Gast« und »Gastgeber«. Mir behagt sie nicht. Muss ich ausländische Mitbürger mit meiner Freude an ihren Volkstänzen vereinnahmen und ihnen so meine Ausländerfreundlichkeit beweisen? Eine solche Toleranz ist nicht souverän, im Gegenteil. Sie entspringt, wie andere romantisch beseelte Ideale, einem Mangel an Selbstbewusstsein.

Sikh als Fahrer im Doppeldecker

Engländer leiden diesen Mangel nicht. Integration meint für sie nichts anderes als Gleichberechtigung im Sinn von Chancengleichheit, *equal opportunity*, und ist eine entfernte Verwandte der *fairness*. Basiert unsere Interpretation von Gleichberechtigung auf bürgerlicher Innerlichkeit, so die englische auf dem Gegenteil: *Ethnic minorities* sollen dieselben Chancen haben wie *middle-class*-Engländer.

Integration – Gleichberechtigung im Sinn von Chancengleichheit

Dazu gehören, ganz pragmatisch, Schule, Wohnhäuser, Ausbildungschancen, Begabtenförderung – schlicht die nötige Infrastruktur. Dies ist nicht die soziale Wirklichkeit, aber das Ziel.

Leben und leben lassen

Unabhängig davon heißt englische Integration: Leben und leben lassen. Möglichst mit Abstand. Vielen Engländern sind die *ethnic minorities* ziemlich egal: *»I don't mind the people, I like their food …«*, hört man gelegentlich. Man hätte lieber englische Nachbarn, abstrakt gesprochen. Am liebsten aber hat man *nice neighbours*, d.h. lieber einen netten Zyprioten zum Nachbarn als einen unsympathischen Engländer. *Nice* ist immer gut. Solange man die Nachbarn nicht kennt, zieht man englische vor. In England liebt und hasst man konkret und individuell. Kollektiv lehnt man nur ab, was man nicht kennt: *foreigners* zum Beispiel. Vielleicht sogar *the Germans*. Aber dann wird man Sie kennenlernen … Und Ihnen wird Ihre »Integration« leichter fallen, wenn Sie wissen, das man in England darunter nicht sentimentales »Miteinander«, sondern zivilisiertes Nebeneinander versteht. Politiker, die im Diktum einer Integrationsromantik soziales »Miteinander« predigen, würden auf der Insel bestenfalls bedauerndes Kopfschütteln ernten.

Zivilisiertes Nebeneinander statt sentimentalem »Miteinander«

Jenseits der *political correctness* leisten Engländer sich gern den Luxus, unter sich zu bleiben. Es ist gar nicht so einfach, Freundschaften zu Engländern aufzubauen. Diese Erfahrung löst bei manchen *foreigners* Selbstzweifel aus. Ich bin mit der Zeit zur Erkenntnis gelangt, dass den meisten Menschen eines gemein ist: Sie umgeben sich gern mit Leuten, mit denen sie Gemeinsamkeiten haben. Ob Ähnlichkeiten von Charakter, Interessen, Humor oder Lebenserfahrungen, Hauptsache ist, man teilt etwas. Meine Ansicht ist zugegeben sehr angelsächsisch, weil ganz und gar empirisch begründet. Ihre Zuspitzung lautet: Am meisten haben Engländer mit Engländern

Freundschaft mit Engländer/innen schließen: Viel Glück dabei!

gemeinsam, mit denen sie etwas gemeinsam haben – ein Grund übrigens, weshalb sich Klassen erhalten. Dass die englische Gesellschaft außerdem eine sehr komplexe eigene Welt darstellt, hilft *foreigners* nicht gerade, in den Humor, die *debates* und den *general spirit* einzusteigen, mit anderen Worten: sich zu integrieren.

TIPS

»Integrations«-Tips für Reisegäste

▶ Trotz der genannten Schwierigkeiten, sich als *foreigner* auf der Insel wie ein Fisch im Wasser zu bewegen: Verzagen Sie nicht. Einmal in England, haben Sie sehr viel mit anderen »Ausländern« gemeinsam – auf jeden Fall mehr, als Sie es zu Hause mit Ausländern haben. Dann verwirklichen sich endlich die heimatlichen Integrationskonzepte: Im fremden Britannien gehören wir alle zusammen. *Sorry*, ich treibe gemeine Späße. Aber etwas Wahres ist dran.

▶ *Don't*: Manche Besucher, die es für ein oder zwei Jahre nach England verschlägt, wollen sich schnellstmöglich in Super-Engländer verwandeln. Eifrig versuchen sie, akzentfrei Redensarten, Kleidungsstil und andere Gewohnheiten ihrer angelsächsischen Vorbilder zu imitieren. Das geht meist ziemlich daneben.

▶ *Do:* Lesen Sie dieses Buch bitte aufmerksam durch, und beachten Sie möglichst genau sämtliche Anregungen.

Die Engländer und die Iren

Einer meiner ersten Aufträge im schreibenden Geschäft bestand in der Übersetzung des Drehbuchs von Neil Jordans Film *Michael Collins*. Liam Neeson, Alan Rickman und Julia Roberts spielen die Schlüsselfiguren der irischen Widerstandsbewegung. Der leidenschaftliche Freiheitskämpfer Michael Collins (1890–1922) organisierte als einer der ersten den bewaffneten Kampf gegen die Briten. Im Lauf seiner politischen Karriere erkannte er jedoch, dass der Weg der Gewalt Irland nicht zur Unabhängigkeit verhilft. Er entschied sich für eine Politik des Kompromisses, entzweite sich mit dem unerbittlichen Kämpfer und Sinn-Fein-Führer Eamon De Valera und starb als Opfer des Bürgerkriegs. An Michael Collins scheiden sich in Irland bis heute die Geister.

Der irrationale Konflikt zwischen den protestantischen und katholischen Iren und den Briten

Schon sechs Jahre hatte ich in England gelebt. Doch erst durch dieses Buchprojekt gewann ich halbwegs Einblick in den emotional belasteten, von außen betrachtet irrationalen Konflikt zwischen den protestantischen und katholischen Iren und den Briten. Weshalb so spät? Weil so gut wie nie darüber gesprochen wird. Irland hat im Haushalt englischer Alltagsthematik keinen Platz.

Den inner- und anglo-irischen Auseinandersetzungen liegt eine dermaßen komplexe Geschichte zugrunde, dass dem Autor eines England-Kulturführers nur zwei

Möglichkeiten bleiben: Entweder widmet er diesem Thema ein sehr ausführliches Kapitel. Oder er klammert es aus. Ich habe mich für letzteres entschieden. Die Gründe dafür habe ich bereits angeschnitten. Erstens müsste man Hintergründe und Situation sehr genau darlegen, um diesem emotionsgeladenen Thema gerecht zu werden. Zweitens, und das gibt den Ausschlag, besitzt es im englischen Alltag so gut wie keine Bedeutung.

Die Irlandfrage nimmt im öffentlichen Leben eine bemerkenswerte Sonderstellung ein: Sie macht in den Medien zwar fast täglich Schlagzeilen, doch werden Sie kaum je Zeuge eines Gesprächs darüber. Engländer erklären diesen Widerspruch mit *intense embarrassment* – Irland ist ein Thema, bei dem die große Nation nicht glänzt. Es ist die Achillesferse englischer Politik, über die man lieber nicht spricht. Hinzu kommt die Scheu, seinem Ärger über die hohen Kosten des Terrors Luft zu machen und sich mit der Irrationalität dieses Konflikts und dem leidenschaftlichen Hass auseinanderzusetzen, der sich dahinter verbirgt. Irland ist kein Thema, das Engländer individualisieren. Sie verbannen es auf die Ebene kollektiver Politik. Die Auseinandersetzung wird vom englischen Alltagsbewusstsein gewissermaßen boykottiert. Und wissen Sie, woher der Begriff Boykott kommt? Aus Irland. 1880 wurde der englische Gutsverwalter Boycott (1832–97) wegen seiner skrupellosen Ausbeutung der irischen Pächter von der irischen Landliga gebannt mit dem Ziel, dass man ihn weder belieferte noch für ihn arbeitete oder mit ihm verkehrte. Als Schlagwort ging *boycott* auf Weltreise, um sich in vielen Sprachen zu etablieren.

Irland ist kein Thema, das Engländer individualisieren. Sie verbannen es auf die Ebene kollektiver Politik.

TIPS

Gesprächsthema Nordirland

▶ Der Nordirland-Konflikt ist trotz seiner Verbannung aus dem Alltag kein Tabuthema. Wer sich dafür interessiert, kann sich anhand einer Fülle von Büchern und Filmen informieren. Sie können Engländer getrost nach ihrer persönlichen Meinung fragen. Man wird Ihnen ohne weiteres antworten. Ein Lieblingsthema ist dieses heiße Eisen allerdings nicht.

»Family Values« – Familienbande

Familiäre Umgangstöne

»We are all very close ...« Bei einer solchen Beteuerung taucht vor meinem geistigen Auge ein Geschwisterpaar auf, das noch im Alter von zwanzig Jahren unzertrennlich ist und täglich wahnsinnig besorgt um die Mutter miteinander telefoniert. In England jedoch ist die Bedeutung von *close* gänzlich unsentimental.

»We are very close«, so charakterisierte meine erste englische Freundin die Beziehung zu ihrer Mutter. Ich müsse ihre Mutter unbedingt kennenlernen. »Mum and David are sooo much looking forward to meeting you!« beteuerte Jane. Ich war gerade ein knappes Jahr in England, nahm Worte also noch beim Wort. Gespannt folgte *the new German friend* der Wochenend-Einladung in das Farmhaus auf dem Land, in dem Janes verwitwete Mutter und ihr Stiefvater wohnten. Das Haus war ungemein weitläufig und bildschön – *Elle Decoration* ließ grüßen.

»We are all very close ...«

»How do you do?« hieß uns die kühle Mutter nach zwei Küssen auf Janes Wange willkommen. »Did you have a pleasant journey?« Ja, vielen Dank. »Do make yourselves comfortable and then come down for tea. David is just finishing in the garden.« Brav machten wir es uns in den puppenstubenartigen Kinderzimmern des ausgebauten Dachstuhls »comfortable« und erschienen kurz darauf frisch und freundlich zum *tea*. David und Beth, wie die beiden genannt werden wollten, servierten Tee und dazu eine Art Carpaccio von Sandkuchen. (Wir hatten eine mehrstündige Reise ohne Lunch hinter uns ...) Zu Tee und Kuchen hatten wir das Vergnügen einer gezähmten Konversation über *gardening*, die Qualität der *Sunday Times* und das Thema *»These days it is not that pleasant any more to come up to London«*. Danach flog das Paar zu einer frühabendlichen Vernissage aus. Zum frugalen, aber köstlichen Dinner saß man schließlich wieder beisammen. »There were an awful lot of common people there. I don't know about this modern stuff ... I certainly wouldn't call it *art*«, parlierte es prätentiös. Die Plauderei passte vorzüglich zum blumig-antiken Dekor des Speisezimmers. Eineinhalb Stunden später beschloss man, dass der gemeinsame Teil des Abends vorüber sei: »What are your plans for tomorrow?« gab uns das Signal, und wir flüchteten auf einen letzten Drink in den *village pub*. Jane gestand mir mit ernster Miene, dass ihre Mutter und sie in Davids Gegenwart nie ein persönliches Wort wechseln. Ich dachte, ihr versteht euch so gut? »Well, we do. The problem is, David is always around ...«

We are very close bedeutet in den meisten Fällen: Man versteht sich im Rahmen der Familienetikette. Janes Familie zeichnet sich durch ein besonders unterkühltes Klima aus – nicht nur, weil sie mit einem Stiefvater aufgewachsen ist. Und da keine offenen Konflikte bestehen, stimmt rein äußerlich die Harmonie. Wenn die vier

Kinder gelegentlich zum Wochenende einfallen, passen sie sich an das Interieur und den Tagesplan ihrer »Gastgeber« an. Nach mütterlichem Interesse an den Kindern, wie überhaupt nach jeglicher Form von Fürsorge, ja selbst nach Freude über ein Wiedersehen sucht man in Familien wie der von Jane vergebens. Man könnte behaupten: Je höher der soziale Status einer Familie, desto distanzierter ist ihr Umgang untereinander. Selbst wenn man diese Betrachtung beiseite lässt und das Beispiel der Familie von Jane extrem sein mag, zeigt es doch den wesentlichen Unterschied zu unserem Familienleben auf: Die englische Familienkultur der *middle classes* besitzt eine ritualisierte Struktur, die gesellschaftsfähig ist und sich daher recht gut einfügt in das Verhaltensrepertoire dieser Schicht.

Je höher der soziale Status einer Familie, desto distanzierter ist ihr Umgang untereinander.

Englische Eltern sind selten »nur« Eltern. Sie nehmen ihr Anrecht auf ein eigenes Leben und eigene Interessen selbstverständlich wahr. Hobbys wie – ein Favorit! – *gardening*, das Gärtnern nämlich, Musik, Literatur, Sport, Bridge und unzählige Beschäftigungen mehr haben neben der Familie Platz in ihrem Leben. Erwachsene Kinder passen sich bei Besuchen den Eltern an und übernehmen zu gleichen Teilen Verantwortung für den Haushalt. Selten finden Sie eine Mutter, die ihre Kinder schon mittwochs am Telefon fragt, was sie ihnen am Wochenende kochen soll. Familiären Beziehungen haftet eine gewisse Diskretion an. Heftiger Streit und offen ausgetragene Konflikte sind tabu – nicht nur zwischen Eltern und Kindern, sondern auch zwischen Geschwistern. Das verwundert nicht, wenn man bedenkt, dass Erziehungsaufgaben englische Familien ungleich weniger belasten als bei uns. In England vermögen Schule und Gesellschaft selbst schwere Defizite des Elternhauses auszugleichen.

Heftiger Streit und offen ausgetragene Konflikte sind tabu.

Alltagsroutine zwischen »School«, »Sport« und »Supper«

Geschliffenes soziales Verhalten besitzt in der englischen Erziehung wesentlich mehr Gewicht als bei uns. Schon früh entwickelt ein Kind Umgangsformen und ein *social life*, besucht Veranstaltungen und Kinderpartys. In der Regel ist es ab dem Alter von fünf Jahren zwischen 8.30 und 16.00 Uhr außer Haus, da fast sämtliche Schulen Englands Ganztagsschulen sind. Obgleich eine wichtige Basis, muss die Familie bei der Erziehung nicht alles leisten. Denn die Schule erfüllt den Auftrag, neben rein sachlichem Wissen moralische Werte, Ethik, sowie die Regeln des zwischenmenschlichen Umgangs zu vermitteln. Freilich ist wie überall auch der englische Schulalltag nicht frei von kindlicher Grausamkeit und die Anpassung weder zwang- noch konfliktlos. Doch macht sich schon in jungen Jahren die bereits mehrfach erwähnte hochentwickelte Fähigkeit der Engländer bemerkbar, soziale Rollen korrekt zu spielen und Kompromisse einzugehen.

Fast alle englischen Schulen sind Ganztagsschulen.

In diesem Zusammenhang hat mich eine kleine Engländerin beeindruckt, die kaum sechsjährige Klara. In der Klasse von Klaras *primary school* gab es ein Mädchen, das ständig gehänselt wurde. Es gehörte sozusagen zum guten Ton, auf ihm herum zu hacken. Und wie es in Gruppen so ist, schaukelten die Kinder sich in

St. James Park, London

ihrer Gehässigkeit hoch. Klara fühlte sich dabei nicht so recht wohl. Weil sie dem Mädchen einerseits ihre Sympathie zeigen, andererseits nicht ihre Freundschaften aufs Spiel setzen wollte, sagte sie ihm unter vier Augen: »Ich mag dich. Was ich zu dir sage, wenn die anderen dabei sind, meine ich nicht so.« Bemerkenswert ist dabei mehreres: Erstens, dass Klara einen Kompromiss suchte und fand, zweitens, dass dieser ausgesprochen individualistisch anmutet und drittens – der wesentliche Punkt – nach der goldenen Mitte zwischen Zivilcourage und Anpassung strebt. Den abermaligen Ausruf »Typisch englisch!« will ich mir an dieser Stelle verkneifen, aber zugeben, dass mich ein derartig feines soziales – sozial im Sinn von Mitmenschlichkeit und gesellschaftlichem Auftreten – Gespür bei einem Kind dieses Alters erstaunt. Typisch englisch ist allerdings sehr wohl, dass Zivilcourage *per se* einen weniger hohen sozialen Wert darstellt als bei uns. Wen wundert's? In England bestimmt *civilized behaviour* das Klima des gesellschaftlichen Lebens. Und das macht unser dramatischeres Prinzip der Zivilcourage gewissermaßen überflüssig.

Englische Kinder lernen früh soziale Rollen korrekt zu spielen und Kompromisse einzugehen.

Immer weniger Frauen in England sind »nur« Hausfrau und Mutter und finden, falls sie den Beruf ganz oder teilweise zugunsten kleiner Kinder zurückgestellt haben, wieder einen Einstieg ins Arbeitsleben oder andere Aktivitäten. Wie andernorts ausgeführt, pflegen die *middle classes* nach dem Vorbild der *landed gentry* die Kindererziehung einer *nanny*, einem Kindermädchen, zu überlassen. Das erleichtert Müttern dieser Schicht, einem Beruf nachzugehen. Doch selbst wenn sie nicht arbeiten und zu den *ladies who lunch* zählen, die Zeit vertreibend das Gehalt ihres Mannes verprassen: ab einem gewissen Einkommen gehört eine *nanny* zum Standard des *family life*. Entsprechend selten heißt das Leitmotiv englischer Familien »Kinder = Lebenszweck«. Zu unseren Vorstellungen von einer gutbürgerlichen

Kinder sind selten Lebenszweck.

Familie gehört, dass Frauen ihren Beruf zugunsten der Mutterrolle zumindest vorübergehend an den Nagel hängen. Bei uns hüten sehr viel mehr gut ausgebildete Frauen nach Geburt des ersten Kindes das Haus als in England. Dort verschaffen gesellschaftliche Strukturen Müttern beruflichen Freiraum.

Nicht nur deshalb sieht sich die Familie weniger als bei uns üblich: Viele Kinder gehen regelmäßig ein oder zwei außerschulischen Aktivitäten wie Cricket, Klavier- oder Ballettunterricht nach. Ihre Freizeit ist ebenso strukturiert und eingebunden in einen Rahmen wie der Schulalltag. Im allgemeinen ist ihr Leben mehr bestimmt von Konformität und Regeln, doch besteht innerhalb dieser Regeln auch mehr Freiheit.

Schlechtes Benehmen ist »intolerable«.

Schlechtes Benehmen ist *intolerable*. Wer das zu Hause nicht »checkt«, lernt's in der Schule und im geselligen Leben. Ansonsten schauen sich, wie überall auf der Welt, die meisten braven Kids echte *social graces* wie Gastfreundschaft von *mummy* ab. Schon eine Vierjährige mag die Fensterputzer fragen: »Would you like a cup of tea?« Eine solch formvollendete – und durchaus nutzbringende – Höflichkeit käme selbst erwachsenen Deutschen kaum in den Sinn, geschweige denn flüssig über die Lippen, wenn der lange erwartete Handwerker endlich die Waschmaschine repariert.

Auch in England wird der Verfall der Familie beklagt.

Klingen Ihnen diese Ausführungen zu sehr nach harmonischem gesellschaftlichen Konsens? Seien Sie be(un)ruhigt: Die Wirklichkeit ist facettenreicher. Die Medien beklagen den Verfall der Familie. Es gibt immer mehr Scheidungen und alleinerziehende Mütter, Single-Haushalte liegen voll im Trend. Wachsende Raten von Schulschwänzern und Kriminalität sowie die europaweit höchste Quote von *teenage pregnancies* (Schwangerschaften unter Teenagern) zeugen von der weniger intakten Seite der englischen Gesellschaft. Sie müssen nur durch die entsprechenden Wohngebiete von London ziehen – dort lebt ein anderes England. Eine betrübliche Faustregel bewahrheitet sich in England mehr als hierzulande: Wo die Verhältnisse »besser« sind, sind sie sehr viel besser, und wo sie schlechter sind, einfach dramatisch.

»Cool Kids, Cool Adults«: Die kleinen Erwachsenen

Marks Zimmer ist sein ganzer Stolz. Es gibt Farbfernseher, HiFi, Computer, Telefon. »Alles selbst verdient«, kommentiert er. Rasenmähen bringt 5 £, Autowaschen 5.50 £, Fensterputzen 15 £. Familienfeiern? Die sind ihm eher lästig, vor allem wenn gerade die Fußball-WM übertragen wird. Wichtige Medienereignisse haben allemal Vorrang.

Mark ist eines von 10.000 englischen Kids, die für eine vergleichende Studie des Lebensstils europäischer Kinder und Jugendlicher zwischen 6 und 16 Jahren Auskunft über sich gaben. Die Studie belegte, dass junge Briten materialistischer und eigennütziger denken als ihre kontinentalen Altersgenossen. Sie fragte, welche Ziele sie anstreben. Ein glückliches Familienleben? Ja sagte nur jeder vierte 15–16jährige Brite, dagegen über die Hälfte der Italiener. Einen interessanten Job? Oh ja, das wünscht sich mehr als ein Drittel der Briten, aber nur ein Viertel der

Deutschen. Und wie steht's mit der Bildung? Das zählt am meisten, meinte jeder fünfte britische, jeder zehnte deutsche und nicht einmal jeder zwanzigste italienische Befragte. Erste Moral von der Geschicht': Es gibt nationale Unterschiede in den Wertvorstellungen, die wir statistisch messen können.

Junge Briten denken materialistischer und eigennütziger als ihre Altersgenossen auf dem Kontinent.

15–16jährige, so ihre Selbstauskunft, interessieren sich zusehends für Medien und Computer. Der Freundeskreis zähle weniger. Wie man Freunde gewänne? Edel sei der Mensch, hilfreich und gut? *Yes*, hilfsbereit und nett sollte man sein, bekräftigen die jüngeren Kids, die noch unter dem Einfluss der Elternhäuser und sozial ausgerichteten Erziehung stehen. In seiner – kaum wahrnehmbaren – Pubertät jedoch glaubt jeder zweite Brite, Freunde dadurch zu gewinnen, dass er die »richtigen« Kleider trägt und die aktuellsten Statussymbole besitzt. Das klingt alles andere als englisch, oder? Wen diese statistischen Erhebungen betrüben, der sei beschwichtigt.

Konformitätszwang bestimmter Altersgruppen ist nicht neu und außerdem universal. Er mag nicht überall gleichermaßen extrem ausgeprägt sein. Der angelsächsischen Kultur wohnt traditionell der Wunsch, dazu zu gehören, inne und setzt sich im Erwachsenenleben fort. Ausgeprägter Individualismus gleicht ihn – bislang jedenfalls – irgendwann wieder aus.

Noch etwas soll Sie mit dieser ernüchternden Statistik versöhnen: Fast zwei Drittel der jungen Briten gilt ein *good sense of humor* als wichtigste positive Eigenschaft!

»A good sense of humor« gilt als wichtigste positive Eigenschaft!

Als historischer Einstieg in die tieferen Abgründe des beschworenen Wertewandels empfiehlt sich die Regierungsära Thatcher. Ab dieser Zeit wurde den Briten gepredigt, sich nur auf sich selbst zu verlassen. Kein Wunder, dass ihre Kinder zunehmend selbstbezogen werden und sich für den Überlebenskampf rüsten.

Schräges Outfit als Uniform (Schaufenster in der King's Road, Chelsea, London)

Bildung und Erziehung

Das einzigartige Bildungswesen, insbesondere die Einrichtung der *public schools* (Privatschulen), bildet einen wesentlichen Bestandteil der britischen gesellschaftlichen Anatomie. Die private *education* unterliegt dem sozialen Wandel weniger als der von Reformen und Finanznöten gebeutelte öffentliche Sektor. Sie hat sich in den vergangenen beiden Jahrhunderten bei stetiger Erneuerung als bemerkenswert stabile Tradition erhalten – und damit die Polarisierung von Elite und dem »Rest«. Dieser Rest gewinnt allerdings zunehmend Boden unter den Füßen. Inzwischen bietet das staatliche Bildungswesen teils ernstzunehmende Alternativen zu den Privatschulen. Das gesellschaftliche Ansehen einer klassischen englischen Privaterziehung werden gute Staatsschulen und *colleges* aber wohl schwerlich unterminieren können. Privatschulen wie Eton und Winchester besitzen Weltruhm. Der eine oder andere Nobelpreisträger ist dieser Elite entsprungen, und es ist weithin bekannt, dass die hohe englische Erziehung denen, die sie genießen durften, Tür und Tor öffnet.

Privatschulen wie Eton und Winchester besitzen Weltruhm.

93 Prozent der englischen Schulkinder besuchen indes zunächst staatliche Schulen. Und diese schneiden im europäischen Vergleich recht schlecht ab. Kein Wunder, denn um ihr Wohlergehen bekümmern sich die in Bildungsfragen einflussreichen Schichten wie höhere Beamte, Ärzte, Anwälte und Wissenschaftler, Geschäftsleute, Führungskräfte, Medienleute und Journalisten, konservative Politiker und nicht zuletzt der Adel wenig. Sie schicken ihre Sprösslinge auf die teuren Privatschulen.

Der Erziehungsauftrag der *public schools* und auch der altehrwürdigen Universitäten beschränkt sich keineswegs auf anspruchsvollen Unterricht. Er misst einzigartig hohe Bedeutung der Förderung von Gemeinschaftsgeist und einem ausgeprägten Sinn für zeitlose Werte bei. Es sind jene Werte, die, will man es vereinfacht ausdrücken, dem englischen Gentleman-Ideal zugrunde liegen. Das feste Vertrauen in sie sorgte für die Beständigkeit und Integrität, durch die sich die britischen Institutionen der Politik, des Rechts, der Gesellschaft und auch der Medien auszeichnen. Zu einem idealen Gentleman gehören eine gewisse Zurückhaltung, die aus einem unerschütterlichen Selbstbewusstsein rührt, und Bildung, die man niemals herauskehrt und, anders als bei uns, nicht dazu benutzt, andere zu belehren. Seine Gelassenheit erlaubt einem Gentleman, selbst in den schwierigsten Situationen Fassung zu behalten. Unaufdringliche Höflichkeit ist ihm selbstverständlich und nahezu zwangsläufig auch das *understatement*.

Diese Werte und Eigenschaften kamen den Engländern, wie an anderer Stelle ausgeführt, im Lauf der Geschichte immer wieder zugute. Sie haben auch das Erziehungsideal der aufstrebenden Mittelklasse geprägt. Die Privatschulerziehung monopolisiert sie daher, wie Sie feststellen werden, keineswegs. Aber sie verleiht ihnen Kontinuität – nicht ohne Grund begreifen wir sie bewusst oder unbewusst als »typisch britisch«. Heute spricht aus ihr zugleich eine Traditionsverhaftung, die angesichts der zunehmenden Demokratisierung und des aggressiven wirtschaftlichen Wandels zuweilen bizarr anmutet.

Schule

»Public Schools«: Hanni & Nanni grüßen den Rest

Ein Kiesweg schlängelt sich durch Hügel und Parkanlagen, vorbei an Tennisplatz, Pferdekoppel und majestätisch in der Landschaft ruhenden Bäumen. Der Besucher fühlt sich an einen Landsitz aus dem 18. Jahrhundert erinnert, wenn nach einigen sanften Kurven endlich der gotische Schulbau auftaucht. Wenn dann noch zwei 14jährige Jungen in Schuluniform und vertieft in ein zivilisiertes Gespräch aus dem Hauptportal treten, ist das Gemälde fertig. *Hey*, das ist doch eine Schule! protestiert der ignorante Betrachter, wo sind die Kaugummi kauenden Null-Bock-Schüler in Jeans und Turnschuhen?

Wo sind die Kaugummi kauenden Null-Bock-Schüler in Jeans und Turnschuhen?

Schüler *made in England* haben schon äußerlich wenig mit ihren Altersgenossen bei uns gemein. Vor allem, wenn sie eines der berühmt-berüchtigten privaten Internate besuchen. Dort werden sie über die formalen Voraussetzungen hinaus auf einen privilegierten Lebensweg vorbereitet. Kunst der Rede, Benehmen, Sport und Musik spielen neben anderen Unterrichtsfächern eine Schlüsselrolle in der Privatschulerziehung. Befasst mit der Ausbildung der britischen Elite, profitieren die Privatschulen seit jeher von einem geballten Fundus begabter Lehrkräfte und finanzieller Mittel. So konnten und können sie ein außergewöhnlich hohes Leistungsniveau und eine Persönlichkeitsbildung jenseits erzieherischer Trends garantieren.

Kunst der Rede, Benehmen, Sport und Musik spielen eine Schlüsselrolle in der Privatschulerziehung.

Die *public schools*, wie englische Privatschulen genannt werden, bedienten ganz Großbritannien. Sie heißen übrigens nicht *public* im Sinn des Gegensatzes von privat, sondern im Sinne der Unterscheidung von »zum Familienbesitz gehörend«. Denn man pflegte Kindern in den eigenen vier Wänden Bildung angedeihen zu lassen. Als »aushäusige« Schu-

Lernen aus der englischen Geschichte für die englische Geschichte (Schüler und Beefeater vor dem Tower)

len aufkamen, schickte, wer es sich leisten konnte, seine Sprösslinge auf eine solche *public school*. Vor allem zu Zeiten des British Empire funktionierten viele dieser Schulen als *boarding schools*, als Internate. Heute noch handelt es sich bei den *boarding schools* zumeist um *single sex schools* (Schulen nur für Mädchen oder Jungen), die ihren Zöglingen recht extreme Disziplin abverlangen. Die englische Kinderbuchautorin Enid Blyton erzählte in den 50er Jahren serienweise Geschichten aus dem Mädcheninternat. Ihre aus Streichen, Prüfungsstress und vorpubertärer Hackordnung komponierten Seifenopern sind Longseller, die sogar eine deutschsprachige weibliche Fangemeinde mit dem *spirit* englischer *education* infiltrieren.

Boarding Schools verlangten ihren Zöglingen oft extreme Disziplin ab.

Insbesondere für Jungen bedeutet der Besuch der *boarding school* einen harten, aber scheinbar notwendigen Schritt auf den Weg zum Erwachsenwerden. Um eine besonders englische Form von Tapferkeit bemühen sich bereits Achtjährige, die sich erstmals von den Eltern trennen, um sich in den hochgeschätzten Internatsalltag einzuordnen. Emotionen zeigt man nicht, lernen die Kleinen früh. Schon gar nicht verleiht man Trennungsschmerz durch Küsse und Umarmungen Ausdruck – damit würde man sich im Nu den Spott der Gleichaltrigen zuziehen. Junge Engländer bleiben cool, zumindest nach außen hin. Demselben Ethos entsprang die berüchtigte *stiff upper lip*, die eigentlich nicht übersetzbare »steife Oberlippe«. Vermutlich werden Sie sie früher oder später bemerken: eine gewisse Anspannung in Oberlippe und Gesichtszügen, die jede Gefühlsregung überspielt. Sie findet sich vor allem bei Männern der *upper class*. In diesen Gesichtskrämpfen spiegeln sich die emotionalen Entbehrungen vieler Privatschulgenerationen wider …

Emotionen zeigt man nicht.

Die besonders an den Internaten gepflegte beinahe preußische Selbstdisziplin ist übrigens eine urbritische Stärke. Schon vor Jahrhunderten verhalf sie den belastbaren britischen Pionieren zu den anverwandten Tugenden der Höflichkeit und Fairness. Eine Devise »moderner« Frauen, vor allem jener, die etwas Abstand zur englischen Society halten, lautet: Männer, die eine *public school* besucht haben, sollte frau meiden. Ihre Gefühlswelt sei verkorkst. Andere Frauen verfallen just dieser Mischung aus zuvorkommender Schüchternheit und *boyishness* (Jungenhaftigkeit) à la Hugh Grant.

Selbstdisziplin ist eine urbritische Stärke.

Entstanden ist das Internatswesen vornehmlich aus praktischen Gründen. Die Elite des ländlich geprägten Englands und seiner Kolonien benötigte eine verlässliche, vom elterlichen Wohnsitz unabhängige Schulform. Heute halten manche englische Kreise das *boarding* als Familientradition hoch, obwohl eine »Internierung« objektiv nicht nötig ist. Als übliche Motive führen sie an, dass Internate zu Charakterfestigkeit, ausgesuchten Kontakten und Freundschaften verhelfen. Und vor allem die Väter glauben, dass der Internats-*spirit*, der ihnen Disziplin beigebracht und unter dem Strich gefallen hat, auch ihren Söhnen nicht schaden könne. Diese Auffassung scheint allmählich zeitgemäßerer Familienpolitik zu weichen. Man schickt seinen Nachwuchs nicht mehr mit derselben Selbstverständlichkeit auf ein Internat wie vor ein oder zwei Generationen.

Internate sollen zu Charakterfestigkeit, ausgesuchten Kontakten und Freundschaften verhelfen.

Die *public schools* konnte bis vor wenigen Jahrzehnten niemand ignorieren, der Sohn oder Tochter eine Laufbahn im öffentlichen Leben ebnen wollte. Ihre tief verankerte Tradition und ihr zeitloses pädagogisches Ethos machen sie immun gegen egalitäre Reformen, wie sie bei uns und an Englands staatlichen Schulen immer wieder stattfinden. Was das akademische Niveau betrifft, reihen sich staatliche Schulen mittlerweile in die Landesbestenliste ein. Doch sind von den 200 besten Schulen immer noch 190 private – eine typisch »altenglische« Statistik, die man einem Kleinkind folgendermaßen erklären könnte: Ganz wenige haben ganz viel, ganz viele haben ganz wenig. Es dürfte in diesem Zusammenhang interessieren, dass die akademischen Leistungen der Eton-Schüler vor wenigen Jahren erschreckend schlecht abschnitten. Hatten die Eton-Boys sich auf den Lorbeeren ihrer Väter und Großväter ausgeruht? Oder hatte die Schulleitung über dem Hervorbringen der für ihren Akzent und ihr Benehmen ach so bekannten Eton-Persönlichkeiten die fachlichen Bildungsaufgaben vernächlässigt?

Beim Studium sehen sich die Privatschulabsolventen immer mehr der Konkurrenz aus dem Ausland und den öffentlichen Schulen ausgesetzt.

In der modernen englischen Leistungsgesellschaft differenzieren sich die Veränderungen im Bildungswesen zusehends. 50 Prozent der »Oxbridge«-Studenten (Oxbridge meint Oxford und Cambridge) kommen noch von den 7 Prozent der ausschließlich privat finanzierten englischen Schulen, Tendenz fallend. Die Grundstrukturen des Bildungssystems brechen zwar nicht auf, doch konkurrieren beim Studium die Privatschulabsolventen mehr denn je mit internationalen Bewerbern und leistungsorientierten Abgängern staatlicher Schulen, die hart für ihre *A-Levels* (die englischen Leistungsfächer und das Äquivalent zum Abitur bzw. Matura) gearbeitet haben. Im Gegensatz zu den Schulen stehen die Universitäten nämlich allen Bewerbern offen. Jeder qualifizierte Student, der von einem *college* aufgenommen wird, kann ein *government grant* (staatliches Darlehen) in Anspruch nehmen; zielbewussten Kandidaten werden mitunter ein oder zwei Studienjahre vom künftigen Arbeitgeber finanziert. Allemal besser disponiert sind weiterhin jene, denen die Eltern den Besuch einer guten Privatschule ermöglichen können. Denn auch wenn ein solcher Bildungshintergrund sozial kaum mehr entscheidende Bedeutung besitzt, verschaffen Privatschulen unbestritten die bessere Grundlage für ein Studium. Dabei verblasst allmählich die Exklusivität von »Oxbridge«, weil sich die Studenten in steigendem Maße auf englische und internationale Spitzenuniversitäten verteilen.

Qualifizierte Studenten erhalten staatliche Kredite.

In der Ansicht, dass eine gute *education* sich am sozialen und kulturellen Niveau ebenso misst wie an der akademischen Leistung, manifestiert sich tradiertes Klassenbewusstsein. Gemäß landadeligem Vorbild, das übrigens erst im späten 19. Jahrhundert ihr Ethos bestimmte, hielten *public schools* klassenfeste Umgangsformen für den Schlüssel zum gesellschaftlichen Erfolg. Nobelpreisfähigen Intellekt sahen sie nicht ungern, waren aber keineswegs dazu angetan, geschäftstüchtige Menschen heranzuerziehen. Die hohe *education* betonte traditionell die schöngeistigen Disziplinen. Besondere Berufungen und Eignung zum Broterwerb hatte sie nicht primär

Die hohe »education« betonte traditionell die schöngeistigen Disziplinen. Besondere Eignung zum Broterwerb hatte sie nicht primär im Visier.

im Visier. Wozu auch? Ein gutsituierter Gentleman musste vor allem in der Lage sein, mühelos in den oberen Gesellschaftsetagen zu verkehren. Wenn sich Ihnen Gelegenheit bietet, Establishment-Atmosphäre zu erleben, werden Sie über die ritualisierten Umgangsformen staunen. Rituale der Höflichkeit und salonfähigen Konversation werden englischen Schülern zur zweiten Natur, während deutsche Altersgenossen oft genug nicht einmal eine Grußformel über die Lippen bringen.

Intellekt allein mag einem Begabten zum Cambridge-Studium und akademischen Erfolg verhelfen. Eine Karriere im öffentlichen Leben aber verlangt *sophistication*, d.h. Kultiviertheit, Niveau und sichere Umgangsformen. Die Leiter der Eliteschulen bekunden einhellig: Überdurchschnittlich begabte Schüler besäßen häufig mangelndes Gespür für andere Menschen und kapselten sich ab, während normal begabte sich anpassungsfähiger zeigten und die anführerischen, sportlichen Allround-Talente wiederum über mehr Selbstbewusstsein verfügten als die intellektuell überlegenen Klassenbesten. Privatschulen greifen die Stärken ihrer Schüler auf und leisten Hilfestellung für den weiteren Lebensweg; je nach Temperament und Charakter werden sie Oxford, Cambridge oder ein anderes angesehenes *college* empfehlen. Ob jemand die Laufbahn eines *civil servant* (höheren Beamten) oder Wissenschaftlers einschlägt, hängt womöglich bereits mit der Wahl der Schule zusammen, bleibt aber letztlich eine Frage des Charakters.

Eine Karriere im öffentlichen Leben verlangt »sophistication«.

Sophistication ist übrigens kein Erziehungsmonopol der *public schools*, aber unbedingt Teil ihres elitären Schliffs. Die Tatsache, dass 90 Prozent der konservativen Kabinettsmitglieder ihre Kinder auf *public schools* schicken, bedarf in diesem Zusammenhang keiner Erläuterung. England hängt der Ruf an, das einzige Land der Welt zu sein, in dem rechte und linke Parlamentarier ihre Kinder auf verschiedene Schulen schicken. Wenig geschieht auf der Insel aus Prinzip. Die Schulfrage macht eine Ausnahme. Die Privatschulen bilden weiterhin fleißig eine Elite aus. Und diese unterscheidet sich von der Masse weit stärker als durch *A-Level*-Ergebnisse durch ihr hohes Maß an *exposure*, dem »Ausgesetztsein« einer Vielfalt exklusiver kultureller Einflüsse.

Probleme einer Koexistenz: Staatliche Schulen und »Public Schools«

Im öffentlichen Sektor lassen egalitäre Prinzipien sich anscheinend leichter durchsetzen: Englands staatliche Schulen sind zu 92 Prozent *comprehensive schools* (Gesamtschulen), die die wenigen verbliebenen *grammar schools* (Gymnasien) sowie die früheren, mit der Realschule vergleichbaren *secondary modern schools* ablösen sollten. Wir kennen Pro und Kontra der Gesamtschule hinlänglich: Der Fortbestand von Gymnasien, klagen die Befürworter, senke das Niveau der Gesamtschulen, weil die sogenannte Elite zum Gymnasium abwandere, während sich der mittelmäßige und problematische »Rest« auf der Gesamtschule balle. Nach Meinung der Gegner unter-

Die Masse der Schüler mit weniger zahlungskräftigen Eltern besucht eine öffentliche Schule (nicht »public school«!).

fordern Gesamtschulen ihre besten Schüler, und für Traditionalisten sind sie minderwertig-egalitäre Lehranstalten, die der humanistischen Bildung den Garaus bereiten.

In England argumentiert man ähnlich, ist aber zusätzlich mit dem grundsätzlichen Problem konfrontiert, dass mit Ausnahme weniger Glücklicher nicht den Begabtesten die besten Schulen offenstehen, sondern den Zahlungskräftigsten. Solange die öffentlichen Schulen an Personal- und Finanzmangel kranken, wird ihr Niveau schwerlich steigen. Wäre dem anders, könnten Eltern, die die Privatschulkosten (5000–12.000 £ pro Jahr) zu tragen vermögen, ihre Kinder ebensogut eine staatliche Schule besuchen lassen.

Nicht den Begabtesten stehen die besten Schulen offen, sondern den Zahlungskräftigsten.

Die Schulfrage gibt eines der wenigen guten Beispiele dafür ab, wie Tradition dem *common sense* im Weg steht: Die scheinbar unüberwindlichen sozialen Schranken und Elitekultur behindern die zügige Demokratisierung des Bildungswesens. Wer schafft schon freiwillig seine Privilegien ab? Dabei liegt das Augenmerk der *public schools* vornehmlich auf dem Wahren ihres Bildungsniveaus, nicht auf überholtem Klassendünkel. Fatalerweise hält sich das Engagement des Staates für finanzschwache Mittel- und Hochbegabte in Grenzen.

Eine Spitzen-*education* mit Schule und Universität kostet pro Kind ungefähr 100.000 £, nicht von der Steuer absetzbar. Sie können sich vorstellen, wieviel jemand verdienen muss, der zwei bis drei Kindern eine solche Ausbildung vergönnen will. Viele Leiter von Privatschulen plädieren dafür, die Pforten einem breiteren Spektrum zu öffnen. Denn sie haben erkannt, dass die herkömmlichen Strukturen die Entwicklung eines gesunden Bildungsniveaus der Mitte verhindern. Hinzu tritt die nüchterne Überlegung, die *public schools* so durch öffentliche Gelder in Form von *grants* von der ausschließlichen Abhängigkeit einiger weniger betuchter Eltern und Sponsoren zu befreien. Mittlerweile kommt es aufgrund finanzieller Engpässe in der Tat zur Kooperation von privatem und öffentlichem Sektor: Manche private schließen sich dem ursprünglich für staatliche Schulen ins Leben gerufenen *grant-maintained system* an. Nach diesem Prinzip erhalten von der Bezirksverwaltung abgekoppelte Schulen *grants* (Gelder) der Regierung, die sich an ihren Leistungen und Schülerzahlen bemessen. Freilich werden dabei die Schüler handverlesen, da die Schulen auf Profil und entsprechend hohe Zuschüsse bedacht sind.

Eine Kooperation von privatem und öffentlichem Sektor findet verstärkt statt

Tendenzen wie diese unterscheiden die englische stark von unserer eigenen Bildungspolitik. Hierzulande galt Chancengleichheit lange Zeit als oberstes Prinzip und der Begriff Elite in den 1970er und 1980er Jahren beinahe als Schimpfwort. Dieses egalitäre Bildungssystem hat, wie wir allmählich entdeckt haben, seine Mängel. Aber wir verdanken ihm jene breite, relativ gut gebildete Schicht, der nach Schulabschluss eine Vielzahl von Ausbildungszweigen offensteht. In England ist diese Schicht vergleichsweise schmal. Wer nicht mit Blick auf ein Hochschulstudium eine staatliche Schule besucht, dem bieten sich äußerst wenige geregelte Ausbildungswege an. Um so verbreiteter ist das *training on the job*. Berufserfahrung zählt, abgesehen von den *professions* (Jurisprudenz, und höhere Laufbahnen im Handels- und Bankenwesen), in der englischen Arbeitswelt meist höher als ein Diplom. Das liegt nicht zuletzt an eben diesem Mangel an systematischen Ausbildungswegen, die Arbeitgebern als Orientierungshilfe dienen könnten.

»Training on the job« ersetzt häufig eine systematische Ausbildung.

Langsam und unsystematisch werden unserem dualen Ausbildungssystem ähnelnde, Lehre und Berufsschule kombinierende Modelle entwickelt. Dies soll jungen Auszubildenden langfristig breitgefächertere Berufsperspektiven ermöglichen. Denn die Abhängigkeit vom Arbeitgeber ist nur zum Teil für die frühe Arbeitslosigkeit verantwortlich: Viele Schulabgänger finden erst gar keine ausbaufähige Beschäftigung. Diese Abhängigkeit erklärt jedoch, warum so viele Schüler bereits im Alter von 14 oder 15 Jahren an ihre berufliche Zukunft denken. Nicht wenige verlassen ein Jahr später ohne nennenswerte Qualifikationen die Schule und treten in einen harten Wettbewerb ein. Wer keine *A-Levels* (Leistungskurse) absolviert hat, hat vermutlich einige abgeschlossene *O-Levels* (Grundkurse) vorzuweisen. Viele haben nicht einmal das und geraten fast automatisch in den Teufelskreis von Arbeitslosigkeit und mangelnder Berufserfahrung.

Viele Schulabgänger suchen vergeblich nach einer ausbaufähigen Beschäftigung.

Früh entwickelte berufliche Perspektive

Lehrer, Toiletten und andere Probleme: Staatliche Schulen

Auch bei Ausbildung und Bezahlung der Lehrer weichen die englischen erheblich von unseren Gepflogenheiten ab. Im höheren Lehramt dauern bei uns Studium und Referendariat fast eine halbe Ewigkeit. Die Engländer nehmen die Ausbildung von Lehrern im öffentlichen Sektor etwas leichter. Meist genügen drei bis vier Jahre Studium und ein Jahr *teacher training*, eine allgemeine Ausbildung in Unterrichtsgestaltung und -methoden. Die Bezahlung der Lehrer ist in Anbetracht der kurzen Ausbildungszeit tolerierbar, schlecht, wenn man bedenkt, dass ihnen das wichtigste gesellschaftliche Potential anvertraut ist. Im Durchschnitt verdienen Lehrer um die 21.000 £ im Jahr, einige bis zu einem Drittel weniger. Zu ihrem Ganztagsschulalltag kommen diverse administrative Verpflichtungen hinzu. Stress, geringes Einkommen und Frust führen dazu, dass nicht wenige Lehrer nach einigen Jahren den Beruf wechseln.

Ausbildung der Lehrer

Der Trend zur Gesamtschule, der *comprehensive school*, setzte in den 1960er Jahren ein. Gesamtschulen konnten sich ihre Schüler, anders als die *public schools* und *grammar schools* (Äquivalent zu deutschen Gymnasien), nicht aussuchen, und konnten daher schon bald nicht mehr mit diesen konkurrieren. Immigranten mit unzureichenden Sprachkenntnissen und andere benachteiligte Gruppen hemmten die Förderung der durchschnittlich Begabten – eine Situation, die Lehrer wie Schüler überfordert.

In den 1960er Jahren setzte ein Trend zur Gesamtschule ein.

Heute dürfen viele *grant maintained schools* sich die vielversprechendsten Zöglinge auswählen. Der unglückliche Überhang verteilt sich auf all die Gesamtschu-

Das Ausleseprinzip – ein zweischneidiges Schwert.

len, die sich nicht genügend profilieren können. Bei diesen Gesamtschulen hat sich mit der Einführung der Selektion die Notlage verschärft. Das Ausleseprinzip ist ohnehin ein zweischneidiges Schwert: Selbstverständlich schmücken auch Schulen sich gern mit Lorbeeren, und das Bemühen, vielversprechende Kandidaten zu fördern, richtet sicher keinen Schaden an. Andererseits werden Bewerber nicht selten deshalb abgelehnt, weil sie nicht in den aktuellen Rahmen des Lehrplans passen, und landen so auf den schlechteren Schulen. Schüler, die an den gestellten Aufgaben scheitern, werden zur »zweiten Wahl« und mit einer Micky-Maus-Bildung abgespeist, statt besondere Förderung zu erhalten. Ich unterrichtete in einer sogenannten *remedial class* (Klasse für Lerngestörte) Deutsch (!) und fand schlaue, gewitzte Kinder vor, deren Hauptproblem in Konzentrationsschwierigkeiten bestand. Mit etwas Zuwendung hätte man ihnen vieles ermöglichen können. Statt dessen schrieb irgendein eurofreundlicher Lehrplan diesen mit dem Schulalltag überforderten Kindern vor, sich ausgerechnet mit Deutschstunden zu plagen.

Da häufig schon mit ihren normalen Aufgaben mehr als ausgelastet, finden Lehrer der *comprehensive schools* wenig Zeit, individuell auf ihre Schüler einzugehen. Es scheint fast, als litten sie stärker noch als die Schüler unter Leistungsdruck.

Lehrer an Primary Schools (Grundschulen) müssen oft für die einfachsten Dinge kämpfen.

Auch den Lehrern an *primary schools* (Grundschulen) ergeht es nicht viel besser. Oft müssen sie sogar für die einfachsten Dinge kämpfen. Mit meiner Freundin holte ich einmal eines ihrer drei Kinder von der Schule ab. Am Ausgang des Schulhofs stand eine Lehrerin, neben sich eine Kloschüssel, in die Kinder und Eltern Münzen warfen. Sie erklärte: »Die Kinder ekeln sich vor den vergammelten Schultoiletten so sehr, dass sie lieber den ganzen Tag einhalten, statt auf die Toilette zu gehen. Weil die öffentliche Hand kein Geld für eine Renovierung hat, haben wir beschlossen, Spenden zu sammeln.« Mich als verwöhnte Deutsche wunderte, dass Steuerzahler solche Zustände klaglos hinnehmen.

Die Leitung der Staatsschulen ist Teil einer komplexen Bürokratie, die sich aus Regierung, Schulrat, Inspektoren, diversen Gremien und den Bezirksverwaltungen zusammensetzt und je nach Kräfteverhältnis und politischer Interessenlage die Prioritäten der *education* absteckt. Keine Reform hat die staatlichen Schulen aus ihrer Zwickmühle befreit: Um sich zu finanzieren, müssen sie möglichst viele gute Schüler werben und messbare Erfolge vorlegen. Genau dafür aber brauchen sie zunächst einmal Geld …

Unter den staatlichen Schulen herrscht ein ständiger Wettbewerb.

Die staatlichen Schulen befinden sich nicht nur in ständigem Überlebens-, sondern auch Wettbewerbskampf. Denn einmal jährlich werden – ohne Beherzigung infrastruktureller Unterschiede – ihre Examensergebnisse und Durchschnittsnoten landesweit verglichen und als sogenannter *league-table* (Niveau-Tabelle) veröffentlicht. Damit ist einmal mehr ein Teufelskreis vorprogrammiert. Die »besseren« Schulen ziehen gute Lehrer, ehrgeizige Schüler und Eltern an wie Licht die Motten, erhalten so mehr Geld und können sich die besseren Lehrer leisten …

Der Leistungszwang der Schulen beschränkt die »innerbetriebliche« Motivation. »Man lernt nicht für die Schule, sondern für das Leben«, diese altbekannte Maxime dürfte an Englands staatlichen Schulen wohl ausnahmslos mit der Drohung »für das Examen« enden. Aussprechen würden die Lehrer dies nicht, doch überträgt sich ihr Druck *nolens volens* auf die Schüler. Als ich Ende der 80er Jahre an zwei staatlichen englischen Schulen unterrichtete, verblüffte mich das prüfungsorientierte Lernverhalten. Die Schüler interessierten sich lediglich für mögliche Prüfungsinhalte. Die einmalige *performance* (Leistung) in der Prüfung zählte, sonst nichts. Dies widerspricht übrigens nicht grundsätzlich der Tradition der Privatschulen. Auch dort zählt *performance*. Das Bemühen um gute, messbare Leistung ist Ehrensache. Es passt zum positivistischen Weltbild der angelsächsischen Kultur, Wissen und Bildung auf der Basis prüfbarer Fakten zu vermitteln, *user-friendly* gewissermaßen. Zum Ideal jedoch gehört darüber hinaus, dem einzelnen genügend Schliff zu verleihen, auf dass er sich auf dem gesellschaftlichen Parkett mühelos bewegen kann.

Das Lernverhalten der Schüler ist stark prüfungsorientiert.

An »meinen« beiden Schulen trennte die Spreu sich früh vom Weizen. In der guten alten *grammar school* bestand das Ziel des Sprachunterrichts darin, sich mittels Kenntnis grammatischer Strukturen und Redemittel korrekt frei artikulieren zu können. Meine Gesamtschüler dagegen bereiteten sich – entgegen dem emanzipativen Anspruch des Systems – anhand auswendig gelernter Dialoge auf die ersten Prüfungen vor. Mit dem, was sie zitieren konnten, wussten sie wenig anzufangen. Sobald ich ihnen die geringste Variante eines Sprechakts anbot, gerieten sie aus dem Konzept. »Kommt das auch in der Prüfung vor?« lautete die häufigste Frage im meinem Gesamtschulalltag.

Unabhängige Tests der Rechen- und Schreibkünste junger sowie der Allgemeinbildung fortgeschrittener Schüler belegen immer wieder, dass der englische Durch-

Der »Meister aller Klassen«: William Shakespeare

schnitt weit unter europäischen Standards liegt, während Englands Bildungselite sich weltweit behauptet. Immerhin erhob die Blair-Regierung *education* zur Priorität. Von heute auf morgen kann allerdings niemand die Welt verändern, und so beruhen bisherige Erfolge auf Veränderungen im Rahmen der gegebenen Strukturen. Das englische Bildungswesen steht vor einem vertrackten Problem: Einerseits soll es Chancengleichheit in einer Gesellschaft schaffen, in der keine gleichen Lebenschancen herrschen. Andererseits muss es Begabte fördern, damit sie ihr Talent, gleich ob als Lehrer, Wissenschaftler, höhere Beamte, Kulturförderer, Politiker o.ä., vermehrt zum Wohl von Land und Leuten einsetzen. Bildungsfragen sind überall auch politische Fragen – und in England deshalb besonders schwer zu beantworten, weil eine sich öffnende, aber komplexe Klassenstruktur den bildungspolitischen Rahmen bestimmt.

Keine harmlose Frage: »Where did you go to school?«

Schule kann ein sensibles Thema sein.

In vieler Hinsicht ähnelt die Bildungsfrage der Diskussion um die Klassengesellschaft. In manchen Kreisen und Situtionen kann Schule deshalb ein sensibles Thema und die – direkt oder indirekt gestellte – Frage: »Where did you go to school?« wichtig sein. Sie klärt, ob jemand zu den auserwählten sieben Prozent der Privatschulabsolventen gehört. Insidern gibt sie überdies Aufschluss über akademische, musische und sportliche Interessensschwerpunkte.

Soziale Implikationen halten sich so hartnäckig wie der Symbolwert der Aristokratie.

Wie an früherer Stelle erwähnt, verliert die Privatschulerziehung zunehmend ihren exklusiven Statuswert, da immer mehr Angehörige der *middle class* ihrem Nachwuchs den Besuch einer Privatschule finanzieren können. Doch die sozialen Implikationen halten sich so hartnäckig wie der Symbolwert der Aristokratie. Bei einem Restaurantbesuch zu viert hatte ich das zweifelhafte Vergnügen einer Konversation mit einer sozial aufgestiegenen Ehefrau. Als ich mir fröstelnd meine Jacke über die Schultern zog, bemerkte diese: »Hier ist es wirklich sehr kalt. Meinem Mann macht Kälte überhaupt nichts aus. Der ist völlig abgehärtet. Das muss an der englischen Privatschulerziehung liegen ...« Wie es bei Neureichen mitunter vorkommt, wollte die gute Dame mir unbedingt mitteilen, dass ihr Gatte dieses Privileg genossen hatte. Anscheinend haben manche Frauen aus »kleineren Verhältnissen« es nötig, zu betonen, dass sie sich einen Versorger aus den oberen sieben Prozent geangelt haben. Bei uns wäre vielleicht Schwiegervaters Villa auf Sylt oder Position als Oberregierungsrat zur Sprache gekommen. Wir sind also nicht anders, sondern senden lediglich andere Signale aus.

In England ist es eigentlich für alle Beteiligten peinlich, wenn ohne Notwendigkeit »aus der Schule« geplaudert wird. Dass jemand der Privatschulszene angehört, sollte heute kein Thema mehr sein. Bringt eine Person es trotzdem zur Sprache, so meist aus zwei Gründen: Entweder möchte sie sich abgrenzen, oder hat es ganz besonders nötig, dieses »Statussymbol« hervorzukehren.

Die einen berührt dieses Thema überhaupt nicht, anderen bedeutet es noch sehr viel. In der Musikszene und anderen kreativen Kreisen ist manchen ihr Eton- oder Oxford-Background sogar unangenehm, weil er in diesem Milieu zuweilen als Ausdruck von Establishment-Snobismus gilt. Wieder andere leiden unter ihrer »minderwertigen« Schulbildung und blicken trotzig auf jene herab, die es besser hatten. Es ist wirklich verdammt kompliziert ...

Der »Old Boys Club« bekommt Konkurrenz

»Where did you go to school?« Dies kann ein Engländer – aber auch nur ein Engländer – aus unschuldigem Interesse jemanden fragen. Früher wagte man es erst, wenn berechtigte Annahme bestand, dass dieser Jemand eine *public school* besucht hatte. Heute werden Ihnen in England trotz der klassenbewussten Sensibilität viele Leute begegnen, die sich über jedes mit der Privatschul-*education* verbundene Vorurteil hinwegsetzen. Sie interessiert z.B. am brennendsten, ob ihr Gegenüber in der Schulzeit Rugby oder Cricket gespielt hat (wobei bekanntlich außer akademischen und musischen auch sportliche Schwerpunkte das Image einer Schule ausmachen).

Die »public schools« und besten »grammar schools« des Landes ähneln einer großen Clubgemeinde.

Man sollte wissen, dass die *public schools* und besten *grammar schools* des Landes einer großen Clubgemeinde ähneln. Ihre Mitglieder wissen voneinander, kennen Personen des öffentlichen Lebens, die diese oder jene Schule besucht haben u.s.w. Innerhalb dieser Clubgemeinde grenzen sich die berühmten Privatschulen wie Eton, Winchester und St. Paul's ab. Schließlich war Geld bis ins frühe 20. Jahrhundert keineswegs das einzige Aufnahmekriterium von Eliteschulen. Da der Landadel seine Sprösslinge nicht mit denen wohlhabender Kaufleute im selben Klassenzimmer sitzen sehen wollte, schälten sich *public schools* unterschiedlicher geistes-, naturwissenschaftlicher und religiöser Ausrichtung heraus. Diese Schwerpunkte dürften für die Gegenwart bedeutungslos sein – geprägt haben sie Ruf und Atmosphäre dieser Schulen bis heute.

»The old boys net«

Bis zum I. Weltkrieg waren die Schlüsselpositionen des öffentlichen und politischen Lebens nahezu ausschließlich von der Privatschulelite besetzt. Die Kabinette der Konservativen, die elitären Kreise der Londoner City, der Kulturszene und der Medienwelt (vor allem der BBC) und des diplomatischen Dienstes pflegten sich aus Abgängern von Privatschulen zu rekrutieren. Seit den 1960er Jahren lockern sich kontinuierlich die Maschen des einst schwer durchdringlichen *old boys net*, des aus Verbindungen gestrickten Netzes der Elitesöhne, das die genannten Schlüsselpositionen halten half. Selbstredend steht die Privatschulcrew sich nach wie vor bei: Das *networking* ist eine englische Spezialität. Das *network* dieser Gentleman-Elite nennt sich *Old Boys Club*. Seine Mitglieder tragen statt der Schuluniform den Nadelstreifenanzug. Im Innersten ihres Herzens aber bleiben sie unverbrüchlich *Etonians* (Eton-Schüler), Winchester-Boys oder andere Schulbuben. Der Besuch von Oxford oder Cambridge mag die durch die Schule erworbene Identität stärken und weiterentwickeln – schaffen kann eine Universität diese spezielle Schuljungenmentalität nicht.

Neben den *old boys* behaupten sich inzwischen jüngere *networks*, die durch Ehrgeiz, Ideen und Ziele verbunden sind, nicht durch privilegierten Background. Es mag überraschen, zu welcher Gleichzeitigkeit England auch hier fähig ist: Keiner der Pemierminister, die ab den 1960er Jahren die Regierung führten, besuchte eine *public school*. John Major ging mit 16 Jahren von einer staatlichen Schule ab – was seinem Ruf als *man of the people* sehr zugute kam. Edward Heath bestückte in alter *Networking*-Manier sein Kabinett mit *Etonians* und Oxford-Absolventen, die wie er das Bildungsethos der *landed gentry* aufgesogen hatten. Dieses wiederum war seiner Nachfolgerin Margaret Thatcher verhasst. Die konservative Ideologie von Thatcher als einem Kind der *Shopkeeper*-Schicht basierte auf den Werten eines ehrgeizigen Unternehmertums, das vom britischen Establishment traditionell leicht abschätzig beäugt wird. Daher verabschiedetet sie die Eton- und Oxford-Besetzung und berief die Cambridge-Liga in ihr Kabinett. Fazit: »Where did you go to school?« ist wahrlich keine harmlose Frage.

TIPS

Hinweise für den Umgang mit dem Thema »education«

▶ Für Sie als Nicht-Angelsachsen gibt es nur einen verlässlichen Hinweis: Sie wissen nichts über den tatsächlichen schulischen und sozialen Hintergrund einer Person, solange Sie den Einzelfall nicht kennen. Ob jemand eine Privatschule oder *comprehensive school* besucht hat, lässt lediglich sehr allgemeine Rückschlüsse zu. Mehr dürfte Ihnen der Schultyp verraten über die Erwartungen, die jemand an sein Leben stellt oder zumindest zu stellen gelernt hat, sprich *a person's aspiration* (dieser in Klassen- und Bildungsdebatten vielgebrauchte Ausdruck ist Begriff dafür, auf welche gesellschaftliche Ebene der Lebensentwurf zielt).

▶ Am besten verlassen Sie sich auf das, was Freunde und Bekannte Ihnen offen sagen. Auf die *public school* könnte jemand durch das sogenannte *assisted places scheme* gelangt sein, das »finanziell behinderten« Begabten das Schulgeld zahlt. Ebensogut kann jemand nur mittelmäßig intelligent oder strebsam sein, aber eine *public school* besucht haben, weil die Eltern es sich leisten konnten. Außerdem sind nicht alle *comprehensive schools* schlecht; einige ebnen ihren Absolventen den Weg zu den besten Universitäten.

▶ Sie sollten niemanden grundlos in die Verlegenheit bringen, seine Schulzugehörigkeit öffentlich preiszugeben oder gar zugeben zu müssen, dass er »nur« eine staatliche Schule besucht hat. Auch wenn Sie als Reisegast meinen, letzteres sei kein soziales Stigma: Taktgefühl schreibt vor, diese Beurteilung den Betroffenen zu überlassen. Ich wiederhole mich, wenn ich sage: In England kommuniziert man diskret, man spricht nicht bedenkenlos über alles. Um so wichtiger ist zu wissen, dass aufgrund Englands komplexer sozialer Ordnung verbale Äußerungen unendlich viel mehr Informationen transportieren, als die Worte besagen. Engländer wissen sie zu interpretieren, Fremde nicht. Selbst wenn Sie nicht perfekt lernen sollten, zwischen den Zeilen zu lesen, sollte Feingefühl Ihnen im Einzelfall erkennen helfen, ob Schule und *education* ein brisantes Thema ist oder nicht.

TIPS

An englischen Schulen lehren und lernen

TIPS

▶ Wenn Sie an einer englischen Schule arbeiten oder Ihr Kind auf eine englische Schule schicken wollen, lohnt die grundsätzliche Überlegung: Welcher Schultyp kommt in Frage? Welche Stärken und Schwächen hat er, welche haben Sie bzw. Ihr Kind? Stimmen die Voraussetzungen überein?

▶ Wenn Sie sich für einen Schultyp entschieden haben: Gehen Sie bei der Wahl der Schule gründlich vor! Einen Anhaltspunkt geben die Leistungsergebnisse von Schulen, die anders als bei uns regelmäßig veröffentlicht werden. Prüfen Sie anhand dessen das Unterrichtsniveau, und vergleichen Sie es mit dem anderer Schulen. Sie können Schulstunden beiwohnen, um sich ein genaueres Bild zu machen. Die Schüler und die Umgangsweise der Lehrer mit ihnen, die Atmosphäre, das Schulgebäude und selbst vermeintliche Kleinigkeiten sprechen oft Bände und verraten Ihnen mehr als der Werbeprospekt der Schule. Informieren Sie sich auch über Geschichte und soziale Aktivitäten der Schule.

▶ Für den weiteren Bildungsweg kann entscheidend sein, wie gut die Schule ihre Abgänger auf die Aufnahmeprüfungen der Universitäten vorbereitet. Erkundigen Sie sich rechtzeitig nach der Erfolgsrate der Schulabsolventen.

Das Old Boys Net spannt sich ein Leben lang.

Studium

Kurz und schmerzlos

Immer mehr junge Menschen schließen bei uns die Schule mit dem Abitur ab. Bei einer guten Durchschnittsnote steht ihnen meist ein Studienplatz zur Verfügung. Falls nicht sofort, so ist dies eine Frage der Geduld – wie übrigens das Studium selbst, das in Deutschland durchschnittlich drei Jahre länger dauert als in England.

In England wird das Studium meist im Alter von 22 oder 23 Jahren abgeschlossen.

»Die sind alle so jung!« staunen Deutsche angesichts der Tatsache, dass Engländer in der Regel das Studium mit 22 oder 23 Jahren abschließen und sich ins Berufsleben stürzen. Während hierzulande ein 30jähriger Anwalt als recht jung gilt, kann ein gleichaltriger englischer Kollege nicht selten schon fünf Jahre Berufspraxis vorweisen.

In England beginnt die Schulzeit im Alter von fünf Jahren mit der *primary school* (Grundschule) und dauert maximal zwölf Jahre. Mit etwa 18 Jahren fängt für viele das Studium an. Manche nehmen sich davor ein Jahr frei, um zu jobben oder zu reisen; das wird sorgfältig geplant, da man nur einmal im Jahr in die verschulten Studiengänge einsteigen kann. Zu alt sollte man nicht sein, denn soziale Aspekte fallen beim Studium wesentlich ins Gewicht. Wer erst Mitte Zwanzig zu studieren beginnt, wird sich unter seinen jungen Kommilitonen schnell deplaziert fühlen.

Die meisten Studenten verlassen die Universität mit dem »bachelor degree«.

Die Mehrzahl der *graduates*, Graduierten, begnügt sich mit dem niedrigsten akademischen Grad, dem im deutschen Bildungssystem (Anmerkung des Hg.: im Rahmen der EU-Angleichung der Bildungssysteme soll der *bachelor degree* nun auch dem österreichischen Universitätsstudium eingegliedert werden) unbekannten *bachelor degree* (Bakkalaureus). Wer einen *postgraduate degree* anstrebt, also den nächsthöheren *master degree* (Magister), will in der Regel im Universitätsbereich oder in seinem Fach arbeiten. Hier sei angemerkt, dass für die meisten Laufbahnen in der freien Wirtschaft, dem öffentlichen Dienst, den Medien und überall dort, wo fachliches Wissen sich persönlichen Qualitäten unterordnet, ein B.A. *(Bachelor of Arts)* oder B.S. *(Bachelor of Science)* genügt, ein Bakkalaureus der Geistes- bzw. Naturwissenschaften. Ob man Geschichte, Biologie oder Mathematik studiert hat, ist bei Antritt der beruflichen Laufbahn, im Englischen wertfrei *career* genannt, oft unwichtig – es sei denn, man will tatsächlich Historiker, Biologe oder Mathematiker werden.

Wissenschaftstheorie ist den »postgraduates« vorbehalten.

Entsprechend unakademisch und verschult ist – für uns besonders auffallend in den Geisteswissenschaften, den *humanities* – das Programm der jungen *undergraduates*. (Noch nicht graduierte Studenten heißen *undergraduates*, mit Erwerb des Bachelor *graduates*.) Selten wird sich ein *undergraduate*, wie es ein deutscher Magisterstudent bereits im ersten Studienjahr muss, anhand von Tertiärliteratur mit der Fachforschung auseinandersetzen. Dies bleibt den *postgraduates* vorbehalten, die eine wissenschaftliche Laufbahn einschlagen wollen und nach dem *Bachelor* ihren *Master* machen.

Der Studienweg zum Bachelor wie zum Master ist klar und knapp strukturiert: Einen B.A. oder B.S. hat man, je nach Kurs, nach drei oder vier Jahren, den M.A. oder M.S. *(Master of Arts* oder *Master of Science)* nach ein oder zwei Jahren in der Tasche. Ein Magisterstudium bildet eher die Ausnahme. Dauerstudenten gibt es in dieser Studienphase nicht. Erst der unstrukturierte Weg zur Doktorwürde (*doctorate* oder *PhD*) verführt zum Verlängern der Studienzeit.

Gefordert und gefördert werden

Auf persönliche Betreuung der Studenten wird großen Wert gelegt.

Eine weiterer Unterschied zu unseren Studienverhältnissen besteht in der persönlichen Betreuung der Studenten durch Tutoren und Professoren. Die *colleges* und Universitäten suchen sich ihre Studenten selbst aus. Nach Interviews und Gesprächen über Lebens- und Berufspläne, Interessen und besondere Fähigkeiten entscheiden sie im Verein mit dem Bewerber, ob sie miteinander harmonieren könnten – schließlich werden Lehrende und Studenten ungefähr drei Jahre zusammenarbeiten. Dabei zeigen sie sich flexibel: Ist ein Professor von der Eignung eines (z.B. deutschen, Schweizer oder österreichischen) Kandidaten überzeugt, so nimmt man ihn oder sie auf, selbst wenn die formalen Voraussetzungen nicht hundertprozentig stimmen. Erfolg und Scheitern hängen stark vom persönlichen Engagement der Lehrenden und Studenten ab. Die meisten *colleges* begrenzen die Zahl ihrer Studenten, um sie bestmöglich betreuen zu können.

»Weshalb studierst du in England?« lautet meine Standardfrage an deutsche Studenten, denen ich in England immer häufiger begegne. Mich interessiert, ob sie dieselben Gründe anführen, die mich einst motivierten. Und tatsächlich heißt die Antwort ausnahmslos, dass ein Studium in England schneller, engagierter und strukturierter sei und *more challenge* biete, mehr Herausforderung. Diese Herausforderung hat zum Prinzip: Wer sich anstrengt, wird gefördert, und wer schlampt, gefordert – und diskret unter den moralischen Druck gesetzt, seinem *college* gefälligst mehr Ehre zu machen.

Zwang zu Konformität und Engagement

Studenten in England stehen unter starkem Zwang zu Konformität und Engagement. Wer auf ihn positiv reagiert, wird mit persönlicher Aufmerksamkeit und Förderung belohnt. Die meisten haben bereits in der Schule gelernt, sich für die Gemeinschaft einzusetzen. Dieser Anspruch lässt im Studium keineswegs nach. Besonders ausgeprägt ist der Konformitätszwang an den alten Universitäten Oxford und Cambridge. Doch fast jedes *college* und jede Universität pflegt gewisse soziale Normen sowie Freizeitaktivitäten und Rituale, denen man sich schwerlich entziehen kann. Ob sportliche Wettkämpfe, Theater, *port and cigars* (Portwein und Zigarren) oder *tea* mit dem Tutor, das gemeinsame Dinner oder der Unichor – *social activities* gehören zu einem englischen Studium.

Zum Studium gehören »social activities«.

Manche studentische Rituale mögen uns skurril erscheinen. An einem der vielen Colleges der Universität von Oxford z.B. galt das strikte Verbot, im Speisesaal über die bemerkenswerten Portraits und Ölgemälde an den Wänden zu sprechen. Wer diese Regel brach, musste – so schrieb das Ritual es zumindest vor – in einem Zuge ein extrem schlankes und hohes Glas mit Bier leeren. Äußerst schlecht bekömmlich ... Engländern leuchten die Gründe solcher Traditionen eher ein als uns: Hinter dieser steckte die Überlegung: Mindestens drei Jahre lang wird man in diesem Raum essen, wobei Sitzordung und Gesprächspartner wechseln. Welche Verschwendung an Möglichkeiten, sich in der Disziplin der *conversation* zu üben, wenn man, auf die Bilder angesprochen, jedesmal auf das eigene Repertoire cleverer Bemerkungen zu diesem oder jenem Gemälde zurückgriffe!

So illustriert dieses Beispiel, wie Studenten beiläufig ihre *social skills* schulen. Dass im übrigen jeglicher treffende Übersetzungsversuch des im Englischen so geschmeidigen Begriffs *social skills* holperig klingt, legt die These nahe, dass Deutsche in Allgemeinen nicht allzu viel davon zu bieten haben: »gesellschaftlich geschickter Umgang mit Menschen« beschreibt immerhin, dass sich die »sozialen Fähigkeiten« auf den gesellschaftlichen Umgang beschränken und nicht auf den zwischenmenschlichen.

In der Student´s Union wird die Kunst der freien Rede gepflegt.

Bei der identitätsbildenden *education* traditionsreicher Universitäten wie Oxford und Cambridge spielt die *Student's Union*, die Studentenvereinigung, eine bedeutende Rolle. Präsident der Union zu sein zahlt sich als dicker Bonus im *cv* (*curriculum vitae*, Lebenslauf) aus. In der *Student's Union* wird u.a. debattiert – ob über die Organisation staatlicher Wasserversorgung oder Atombomben, ist von untergeordnetem Belang. Die Mitglieder sind regelmäßig zu freier Rede ohne Notizen gezwungen. So üben sie eifrig das *debating*. Bei dieser hohen englischen Kunst zählt die Kür mehr als inhaltliche Aspekte. Zu folgern, englische Debatten seien inhaltlich anspruchsloser als engagierte Diskussionen bei uns, wäre falsch. Sie werden lediglich realistischer und pragmatischer, weniger ideologisch und weltanschaulich geführt. Nicht wie die Welt sein sollte, bildet ihre Grundlage, sondern wie sie sich unter positivistischer Beweisführung offenbart. Einmal pro Jahr laden die Studentenvereinigungen eine bekannte Persönlichkeit des öffentlichen Lebens oder politischen Establishment zu einem Vortrag mit anschließender Diskussion ein; in Oxford stand u.a. der des Mordes angeklagte und freigesprochene O. J. Simpson Rede und Antwort.

Auch heute noch ist der Studienbesuch ein Privileg.

Nicht nur Oxford und Cambridge bieten *all-round education*. Dank der Reformen der 60er Jahre hat sich Englands Spektrum guter Universitäten verbreitert, wobei das Bestreben weniger einer Massenbildung galt als dem Schaffen von Alternativen zu exklusiven Institutionen wie Oxford und Cambridge. Ein Privileg ist der Universitätsbesuch in England heute noch, obwohl die Studentenzahl aufgrund eines offeneren Stipendienverfahrens allein zwischen 1970 und 1990 von 14.000 auf 47.000 stieg. Seit 1992 kurbeln *polytechnics* (Äquivalent zu Technischen Hochschulen und Fachhochschulen), die nun denselben Status wie Universitäten genießen, die Statistiken an. Von allen Veränderungen unberührt blieb die persönliche, engagierte Betreuung der Studenten durch Professoren, *dons* (Lektoren) und Tutoren – eine Qualität, die neben der akademischen sicher der wichtigste Grund dafür ist, dass Englands Studenten beneidet werden.

Stärken und Schwächen

Als Stärken englischer Universitäten führen europäische Vergleiche immer wieder die sozialen und intellektuellen Herausforderungen an. Bei Recherchen stolperte ich über eine Metapher, die meines Erachtens den Nagel auf den Kopf trifft: Englische Universitäten hätten die Funktion von *social changing-rooms*. Hier gibt es für mich nichts besseres als die wortwörtliche Übersetzung, denn das Bild von den »gesellschaftlichen Umkleidekabinen« bereichert das Englandverständnis hervorragend.

Die Universität als »social changing room«.

Dass mit Beginn des Studiums die meisten – sofern sie nicht *boarding schools* besucht haben – erstmals das Elternhaus verlassen und ein Lebensabschnitt voll neuer Freundschaften und Perspektiven anbricht, ist auch bei uns nicht viel anders. »Gesellschaftliche Umkleidekabinen« sind die englischen Universitäten aus anderen Gründen: Viele schlüpfen an der Uni in ein anderes Gewand, indem sie sich dort einen neuen *accent*, eine neue Aussprache und einen kultivierteren Sprachgebrauch – also das gesellschaftliche Instrumentarium schlechthin – aneignen; wer entsprechende Vorbildung mitbringt, verfeinert sie nach Kräften.

Old Boys

Damit ist das Studium eine Zeit, in der man nicht nur die nötigen Fachkenntnisse erwirbt, sondern auch die für die berufliche Laufbahn erforderlichen Umgangsformen. Die meisten guten Universitäten bieten ein geselliges und gesellschaftsorientiertes Leben. Besonders in »Oxbridge« formt der natürliche Umgang mit den landesbesten Schulabgängern und Lehrenden seit Jahrhunderten wie selbstverständlich eine Elite.

Weiterer wesentlicher Pluspunkt ist das erwähnte persönliche Engagement der Professoren und Tutoren. Sie kümmern sich um ihre Studenten, fordern aber auch Leistung. Motivation und Erfolgserlebnisse bleiben in diesem Klima selten aus. Ihnen mag das alles andere als individualistisch vorkommen. Doch der englische Individualismus bedeutet nicht Eigenbrötelei. Er bezeichnet Selbständigkeit und Verantwortung des Einzelnen innerhalb, nicht außerhalb eines Ganzen.

Technische Fächer genießen weniger Prestige.

Vielfach bemängelt wird an der englischen Universitätskultur die Unterversorgung mit technischen und in der Industrie anwendbaren Fächern und Disziplinen. Ingenieurswissenschaften und technische Studiengänge genießen, ganz anders als bei uns, wenig Prestige. Kritiker werfen den »anachronistischen« akademischen Institutionen vor, ihre Studenten ungenügend für die Anforderungen einer hochindustrialisierten Wirtschaft zu rüsten. Der *spirit of amateurism* habe sich etwas zu hartnäckig in den Vorstandsetagen der Industrie behauptet. Käme dieser Vorwurf nicht aus englischem Munde, hätte ich ihn sicher nicht erwähnt; schließlich sind unsere Führungskräfte nicht gerade berühmte Vorbilder.

In der Tat hat die klassische englische Bildung, die zur liberalen Erziehung und intellektuellen Herausforderung tendiert, die Anwendbarkeit technischen Wissens in einer modernen Welt vernachlässigt. Dahinter verbirgt sich weniger ein Prinzip als menschliche Schwäche: Die englische Vorliebe für Glamour und Society lässt sich schwer mit der nüchternen Arbeitswelt eines Ingenieurs oder eines Lehrstuhls für moderne Schweißtechnik vereinbaren. So sehr der Hang zur Industriefeindlichkeit zum traditionellen Bildungsverständnis passt, so selbstkritisch hat man ihn nun als Mangel erkannt und wird ihn vermutlich um so glamouröser zu beheben wissen. Mit Sicherheit aber ganz anders, als man erwartet.

Viele erfolgreiche Unternehmer haben nie eine Universität besucht.

Führungspositionen bestücken Universitäten heute nicht mehr unbedingt. Die akademische Tradition von *argument, doubt* und *analysis* (Beweisführung, Zweifel und Analyse) ist nicht gerade dafür geschaffen, Führungsqualitäten und Geschäftssinn zu fördern. Viele erfolgreiche Unternehmer, so Virgin-Boss Richard Branson, haben nie eine Universität besucht. Tonangebend sind spätestens seit der Thatcher-Ära die ehrgeizigen Existenzkämpfer, die ihren Verstand nicht durch *essays* (der englischen Form der Hausarbeiten) in Oxford bewiesen haben, sondern durch Anwendung unternehmerischer Strategien.

TIPS

Studium an englischen Universitäten

▶ Ausländer, die in England an einer Universität, einem *college* oder *polytechnic* studieren wollen, sollten sich als erstes genau über die Anerkennung des angestrebten Abschlusses in der Heimat erkundigen.

▶ Sammeln Sie möglichst viele Informationen. Nehmen Sie Kontakt zu Studenten Ihres Heimatlands auf, die England-Erfahrung haben. Auch Studentenorganisationen helfen weiter, u.a. der DAAD, die Goethe-Institute, der ÖAAD etc.

▶ Prüfen Sie sorgfältig die Qualität – es bestehen erhebliche Unterschiede! Achten Sie z.B. bei Besuch von *college* oder Universität auf die Kursinhalte. Auch das allgemeine Niveau der Hochschule sollte Sie interessieren.

▶ Zeigen Sie beim Bewerbungsgespräch Engagement und Interesse für die Aktivitäten der Hochschule. Schließlich will diese, dass Sie Ihr Studium erfolgreich abschließen und sich auch mit Ihnen profilieren.

▶ Absolut fehl am Platz sind an englischen Bildungsinstituten Null-Bock-Verhalten, Lässigkeit à la »mal 'n bisschen rumstudieren« sowie prinzipielle Systemkritiker. Ideologische Hochburgen waren Englands Universitäten nie. Zwar wissen auch in England Studenten am besten, wie schlechte Politik gemacht wird und wie verquer vieles in der Gesellschaft ist. Ihren Ehrgeiz aber mindert das nicht. Bildung ist ein kostbares Gut, und so bemüht man sich stets strebend ums Ziel: möglichst vielseitiges Wissen.

▶ Passen Sie sich an das Leistungsklima an. Dasselbe gilt für die positivistischen Interpretationsstile englischer Denkmuster. Vergessen Sie nicht, dass die Kultur des *debating* und empirisches Denken bereits an Schulen geübt wird. Lesen Sie sich in die Materie ein, ehe Sie sich auf eine englische Uni wagen. Man wird beim *debating* persönliche, eigenständige Gedankengänge von Ihnen erwarten. Vermutlich werden Sie mit maximal zwölf Personen in einem Tutorium sitzen und diskutieren. Engagierte Beteiligung ist ein *must* – Sie dürfen alles Mögliche sagen, aber drücken dürfen Sie sich nicht!

Warum in der Bank of England Historiker im Chor singen

Zum Ausklang eine kurze Einführung in das englische Bildungsverständnis, wie es leibt und lebt. Englische Akademiker durchleben bisweilen überraschende Inkarnationen. Eine Studentin macht in Cambridge ihr Chemie-Examen, peilt eine Laufbahn im *foreign office* an und sitzt zwei Jahre für das Auswärtige Amt in Brüssel. Ein Historiker entscheidet sich nach dem B.A. für eine Karriere als Anwalt – kein Problem: zwei Jahre *law school* (Ausbildungsgang zum Juristen), ein paar harte Prüfungen, und er kann seine erste Bewerbung schreiben. Eine diplomierte Biologin entdeckt ihr schriftstellerisches Talent und wird Journalistin. Einer hat ein Griechisch- und Lateinstudium durchgezogen, will aber Investment Banker werden – nichts hindert ihn daran, sich als *trainee* (Auszubildender, nicht im Sinn einer Lehre) zu bewerben. Wie erklären sich solche Verhältnisse?

Studienfächer und Diplome interessieren Arbeitgeber im Zusammenhang mit der Persönlichkeit der Bewerber.

Wie bereits ausgeführt, kennt das Land des *training on the job* wenige systematische Ausbildungswege. Berufliche Spezifizierung und Selektion finden im Arbeitsleben und auf dem gesellschaftlichen Parkett statt. Dabei ist der Universitätsbesuch weiterhin der einzige generell anerkannte Ausweis intellektueller und sozialer Kultivierung. Intelligenz, Befähigung zur Argumentation und eine gewisse Erfahrung im selbstständigen Arbeiten kann man künftigen Arbeitgebern mit einem Hochschulexamen bescheinigen. Alles übrige lernt man im »Job« – in einer Bank, bei der BBC, in einer Werbeagentur oder was auch immer. Studienfächer und Diplome interessieren Arbeitgeber im Zusammenhang mit der Persönlichkeit der Bewerber. Anders als bei uns sprechen sie selten für sich.

Die altehrwürdige Bank of England stand geraume Weile im Ruf, ungefähr ein Drittel ihrer Bewerber seien Historiker. Auf ihr Prestige bedacht, legte sie besonderen Wert auf die Allgemeinbildung ihrer Angestellten – und wer könnte es darin mit einem Historiker aufnehmen? Zur Identitätspflege und Erbauung der Mitarbeiter trug ferner der traditionsreiche Chor der Bank bei. Man dürfte also nicht fehl in der Annahme gehen, dass einige singende Historiker der Bank of England zu Ansehen verhalfen …

Die individualistische englische Gesellschaft ist immer gut für Überraschungen. Irgend jemand macht's immer vollkommen anders als erwartet. Ob an Schule, Universität oder im Beruf: Favoriten sind Bewerber, die Unerverhofftes zu bieten haben. Sie haben Englisch und Portugiesisch studiert? Schön. Ach, in Brasilien waren Sie? Und haben dort eine Schule aufgebaut? Interessant! Was hat Sie dazu bewogen? Wie könnte man Ihrer Meinung die Bildungschancen brasilianischer Kinder verbessern? Einen Film haben Sie darüber gedreht? Und was haben Sie als Nächstes vor? …

Weltoffenheit und kreativer unternehmerischer Sinn gelten als Schlüsselqualifikationen, die auf »sophistication« und Leistungswillen hinweisen.

Wer Weltoffenheit und kreativen unternehmerischen Sinn vorweist, besitzt *sophistication* und Leistungswillen. Die übrigen notwendigen Qualifikationen, glauben viele, wird man sich beizeiten erwerben. Dieses Vertrauen wird sich gewiss nicht unbegrenzt halten. So wie man in Deutschland in Abstimmung mit internationalen Ausbildungstrends den selektiven MBA (Master of Business Administration) eingeführt hat, so gleichen auch englische Unternehmen ihre Personalpolitik allmählich dem *mainstream* an. Allerdings nicht aus Prinzip, sondern dann, wenn es ihnen für ihre Organisation sinnvoll erscheint.

TIPS

Tips für den allgemeinen Umgang mit dem Bildungsthema

▶ Machen Sie es sich nicht zu einfach mit Ihrer Kritik. In der englischen Schul- und Universitätskultur spiegeln sich jahrhundertealte gesellschaftliche Strukturen. Wer versucht, das englische Bildungswesen und -verständnis mit unseren Maßstäben zu messen, klammert kulturelle Hintergründe aus – und weist sich als Ignorant aus.

▶ Bei Auseinandersetzungen mit dem Thema Elite bringen unvoreingenommenes Interesse und Sensibilität Sie am weitesten voran. Englands Bildungselite ist Produkt kontinuierlicher Selektionsprozesse. Deren Ethik basiert nicht auf schnödem Klassendünkel und -kalkül, sondern auf akademischen Höchstleistungen und historisch gewachsenen Werten. Unspektakuläre Motive wie die Vertrautheit mit dieser Fasson von Auslese, Familientraditionen und Mangel an sinnvollen Alternativen tragen zu ihrem Erhalt ebenso bei wie die käuflichen Privilegien des *establishment*. Dass wir diese Vorstellungen nicht bedingungslos teilen, ist klar – und um so faszinierender die Frage: Wie schneiden wir im Vergleich ab?

Highlights englischer Kultur

Die Kunst zu unterhalten

Während einer Autofahrt in der von Staus zersetzten Metropole lauschte ich mit wachsender Aufmerksamkeit Radio 3, dem Klassiksender der BBC. Zunächst bannte mich die Musik, Berlioz' *Symphonie fantastique*. Danach ertönte der begeisterte Kommentar des Moderators: »Mein Gott, man hat geradezu das Gefühl, in einem Horrorfilm gefangen zu sein – mit Berlioz wär' ich wirklich gern mal zum Lunch gegangen …« Es folgte die kurzweiligste Besprechung der Sinfonie, die ich je gehört habe.

Unterhaltung ist für den Engländer nicht billig erkaufte Ablenkung, sondern kultureller Anspruch.

Die Kunst zu unterhalten ist eine der bemerkenswertesten Eigenschaften englischer Kultur. Ob Sie sich im Fernsehen einen wissenschaftlich fundierten Film über Herztransplantationen ansehen, eine Seifenoper oder eine Parlamentsdebatte über alleinerziehende Mütter verfolgen, unterhalten wollen alle Medienbeiträge. Jeder will sich sein Publikum verdienen, die Zuhörer, Zuschauer und Leser fesseln und ihnen Zugang zum Thema verschaffen. Unterhaltung ist für Engländer nicht billig erkaufte Ablenkung, sondern kultureller Anspruch. Reden bei feierlichen Anlässen beginnen grundsätzlich mit einer komischen Bemerkung, eine Restaurantkritik liest sich wie ein Kurzdrama. »It was extremely entertaining« ist ein offenes Kompliment. »She is a very entertaining person« – wenn dieses Urteil Ihnen gilt, so dürfen Sie es als hohes Lob verbuchen. »Being a bore«, ein Langweiler zu sein, ist dagegen ziemlich schändlich.

Die Grenzen zwischen Fachwissen, Populärwissenschaft und Trivialität sind verschwommen.

»What is the story?« »What is your angle?« Diese Fragen ziehen sich als Leitfaden durch die öffentliche Behandlung von Themen. Jeder Redner und Journalist, jeder Dokumentarfilmer, jeder Kritiker stellt sie sich erbarmungslos, wenn er einen Stoff für *the reader, the people, the audience* aufbereitet. Sachliche Erkenntnisse allein befriedigen die Neu- und Wissbegier nicht: Die realitätsbezogenen Engländer verlangen Aufschluss über ihre praktische Relevanz. Abstrakte Erkenntnis muss gewissermaßen individualisierbar werden. Eine analytischer Bericht über Herzklappenfehler bei Neugeborenen beginnt mit der Fallstudie einer Birminghamer Familie und des dramatischen Kampfes um das Leben ihres Babys. Fakten über AIDS werden der Öffentlichkeit durch Gesprächsprotokolle mit Patienten vermittelt. In einem Report über Manchesters steigende Kriminalitätsrate führt der Fall einer ausgeraubten Rentnerin und das Interview mit dem arbeitslosen, doch reumütigen Täter ins Thema ein. Theorie und Analyse leitet sich aus der praktischen Erfahrung ab. Im Kapitel *Erste Annäherungen* habe ich als britische Tugend hervorgehoben, Kenntnisse aus Forschung und Wissenschaft der Öffentlichkeit verständlich und realitätsbezogen nahe zubringen. Dabei sind die Grenzen von Fachwissen, Populärwissenschaft und Trivialität äußerst flexibel. Eine *story*, ein neuer Zusammenhang liefert den Aufhänger für die Darstellung naturwissenschaftlicher, historischer und gesellschaftlicher Sujets.

Insbesondere die BBC bemüht sich mit großem Erfolg, Wissen unterhaltsam und anspruchsvoll zu vermitteln. Herausgegriffen sei eine Sendung für Kinder, die selbst eine solch abstrakte und »trockene« Wissenschaft wie Mathematik spannend und einsichtig aufzubereiten weiß. Den Rahmen gibt eine im Studio gehaltene Vorlesung vor jungem Publikum ab. Anhand einer Serie von Experimenten zum Thema Symmetrie z.B. führt ein Streifzug durch die Wissenschaftsgeschichte bis hin zu Einsteins Relativitätstheorie. Kinder kriechen durch Wurmlöcher, um die Krümmung der Zeit zu überwinden. Die kompliziertesten Zusammenhänge erscheinen auf einmal alltäglich, und es wird zum Vergnügen, sich Grundlagen für naturwissenschaftliches Denken anzueignen.

Gesellschaftsspiele

»Conversation«

In England legt man höchsten Wert auf anregende Gesellschaft. Die uns manchmal ermüdende *conversation*, das scheinbar belanglose Abhaken von Themen wie Wohnen, Arbeiten, Aktivitäten und Reisen, stellt nichts anderes dar als den Versuch, auf *common ground* zu stoßen. Hat man Gemeinsamkeiten entdeckt, wird die Unterhaltung interessant, die conversation zum Gespräch.

Hat man endlich »common ground« entdeckt, wird »conversation« zum Gespräch.

»Conversation« ist die einzige Form des höflichen Umgangs mit jemandem, den man kaum kennt. (Gesprächspartner in einem Pub der King's Road, Chelsea, London)

Zurückhaltend wie sie sind, werden Engländer Ihr eifriges Engagement nur zögernd erwidern. Um so gekonnter meistern sie die soziale Disziplin des leichten Gedankenaustauschs und werden Ihnen immer wieder Gelegenheit geben, eine für den Fortgang des Gesprächs brauchbare Antwort zu liefern, *to keep the conversation going*. Es ist wichtig, den Zwang zur *conversation* zu begreifen und zu akzeptieren: Stillschweigen kommt sozialem Versagen gleich. Gemeinsames Schweigen wird als peinlich empfunden, es sei denn, man steht auf vertrautem Fuß. Conversation ist die einzige Form des höflichen Umgangs mit jemandem, den man kaum kennt.

Stillschweigen kommt sozialem Versagen gleich.

»Where do you come from in Germany?« – »Berlin.« – »Which part of Berlin?« – »Eh ... Charlottenburg.« – »Oh, that must be an interesting place to live at the moment.« – »Yes.« Spätestens jetzt haben Sie Ihre Chancen verspielt und die Ratten verlassen das sinkende Schiff. Die Regel, Gesprächspartner mit brauchbarem Konversationsstoff zu versorgen, kennt keine Ausnahme. Selbst wenn das Thema Sie langweilt oder Sie glauben, Sie hätten nichts zu sagen: *you have no choice!* Erzählen Sie, woher Sie kommen. Fragen Sie, ob der andere den Ort kennt. Wenn ja, wunderbar. Andernfalls fragen Sie ihn nach seinen Lieblingsstädten, ob er im Ausland gelebt hat, gern reist ... Geben Sie sich verdammt noch mal Mühe! Conversation ist eine erzenglische Disziplin. Wenn Sie die Grundregeln der Gesprächsstrategie beherrschen, haben Sie schon halb gewonnen.

Die Regel, Gesprächspart ner mit brauchbarem Konversationsstoff zu versorgen, kennt keine Ausnahme.

»Debating«

Verwandt mit dem Nationalsport der *conversation* ist das *debating*. Während dem deutschen »Debattieren« der Beigeschmack von Lästigkeit anhaftet, meint *debating* die zivilisierte Form der Auseinandersetzung mit einem Thema. Bereits 15jährige Schüler finden sich mit Aufgaben wie dieser konfrontiert: »Is it ridiculous, that abortion is legal and euthanasia is not? Discuss.« (»Ist es nicht unsinnig, dass Abtreibung legal ist, Euthanasie dagegen verboten? Argumentieren Sie.«) Es wird keineswegs erwartet, dass die Schüler definitive Stellungnahmen abgeben oder ihre eigene Meinung vertreten. Vielmehr sollen sie ein differenziertes Entwickeln von Argumenten üben, das Abwägen und Herausfordern verschiedener Standpunkte, das Knüpfen von Zusammenhängen. Die Schüler sollen ein logisches Gerüst für eine Diskussion aufbauen. Das Handwerkszeug zur Debatte, nicht Weltanschauung, soll vermittelt werden. Man übt sich im Stärken eines Arguments, in der Konsequenz der Gedankenführung. Dazu gehören das *questioning* und *challenging* anderer Standpunkte. Es geht nie um ein Ja oder Nein, sondern um die Argumentationsstrategie.

»Debating« – zivilisierte Form der Auseinandersetzung mit einem Thema.

Es geht nie um ein Ja oder Nein.

Dies ist ein Beispiel aus dem Schüleralltag – dem einer guten Schule, zugegeben.

Durch das *debating* eignen Schüler sich Bestandteile jener weitergefassten *education* an, die ihnen im Leben mehr helfen wird als fundiertes Fachwissen. Diese

Gesprächs- und Argumentationskultur durchzieht als roter Faden Schule, Universität und Beruf. In der Schule wird das Rohmaterial »Wissen« *debatable* gemacht.

To have a sophisticated debate bezeichnet die intelligente Inszenierung einer weltanschaulichen Auseinandersetzung, bisweilen mit sehr näselndem Akzent. Ungemein interessant werden die Diskussionen, wenn die Elite sich unter das Volk mischt: Dann nämlich versagen gezähmte Dinnertable-Argumente. In der BBC-Sendung *Question-Time* etwa, in der eine ausgewählte Öffentlichkeit die im Argumentieren hartgesottenen Politiker Fragen und Frustrationen des »wirklichen« Lebens aussetzt, trennt sich rasch die Spreu vom Weizen. Hier überlebt nur, wer von seinem Ross absteigen und ebenso wirklich am Leben der wenigen Privilegierten teilnehmen kann.

Sollten Sie mit einer provozierenden Frage konfrontiert werden – z.B. ob man nicht auch das Rauchen verbieten solle, wenn man englisches Rindfleisch aus Gesundheitsgründen vom Markt nimmt –, tappen Sie nicht sogleich in die Ja-oder-Nein-Falle. Das mustert Sie für den weiteren Diskussionsverlauf aus. Spielen Sie mit der Frage und den Argumenten, entlarven Sie ihre Vordergründigkeit und Schwächen. Geben Sie den Unterschied zwischen Lebens- und Genussmittel zu bedenken, die Gefahren einer Lockerung der Lebensmittelkontrolle, die Freiheit des einzelnen, bewusste Risiken wie das Rauchen einzugehen … *whatever*. Der Frager verlangt von Ihnen keine ideologisch und politisch »richtige« Antwort. Vielmehr fordert er Sie zu positivistischer Beweisführung heraus. Bedeutung und Stichhaltigkeit eines Arguments sucht man in der Realität, nicht in der abstrakten Konstruktion einer idealen Welt. Die *ideal world* wird indes häufig als Kontrapunkt zitiert, um einem allzu idealistischen Argument den Boden zu entziehen. Die Skepsis gegenüber Theorien und Weltverbesserungsideen sitzt tief. Die Botschaft, falls es überhaupt eine gibt, lautet *common sense*.

Die Skepsis gegenüber Theorien und Weltverbesserungsideen sitzt tief. Die Botschaft, falls es überhaupt eine gibt, lautet »common sense«.

Lassen Sie sich nicht die amüsanten Life-Debatten des BBC-Senders Radio 4 entgehen. Jeden Morgen zwischen 7 und 10 Uhr wird über die unterschiedlichsten aktuellen politischen, gesellschaftlichen und wissenschaftlichen Fragen diskutiert. Die Starmoderatoren der BBC sind Meister der Provokation – und die Gedankengänge der englischen Gesprächskünstler manchmal dermaßen gewunden, dass man die Augen verdrehen möchte. Trotzdem bzw. auch deswegen ist diese Argumentationskultur *very enjoyable* und erlaubt rasante Gesprächsverläufe, die man sich in deutschen Runden schwer vorstellen kann.

TIPS

»Dos and Don'ts«: Gesprächskultur

Do: Legen Sie Ihren Ernst ab, sobald Sie die Insel betreten. Engländer sind ungeheuer umgänglich. Sie müssen sich allerdings bemühen, ihre Spielregeln zu lernen. Konversation ist ein Spiel, bei dem, wenn Sie gut mitspielen, alle gewinnen.

TIPS

Don't: Nehmen Sie nichts persönlich. Rücken Sie außerdem nicht zu offen mit Ihrer Weltanschauung und Ihren Prinzipien heraus. Das überfordert so manche englische Seele. Da es ohnehin nicht ums Rechthaben geht, ist es die Verpackung – sprich: die richtigen Worte –, die Ihrer Meinung Gesprächsreife verleiht, nicht die Meinung selbst. Sagen Sie also nicht: »I am against private education, because it only favours a small elite.« Verkleiden Sie diese Auffassung (falls Sie sie vertreten) in eine Frage: »Doesn't private education prevent some talented people from getting a good training?« oder »How would someone intelligent without the right background get a proper education?« Damit ist der andere gefordert, und wenn er meint, die bestehenden Verhältnissen seien rundum in Ordnung, wird er selbst an die Grenzen seiner Argumentation stoßen. Dieses Vorgehen hat viele Vorteile. Vor allem muss der andere seine Karten offenlegen. Und vielleicht wird er Ihnen dabei neue Kenntnisse vermitteln. So laufen Sie weniger Gefahr, sich durch Wissenslücken zu blamieren. »I do not necessarily agree« wäre die feinere englische Art, »Das sehe ich anders!« zu sagen. »Unsinn!« oder »Das ist doch reine Schönfärberei!« hört man gelegentlich bei deutschen Talkshows. In England fallen derlei Kommentare nur in sehr scharfen, auf Provokation ausgerichteten politischen Debatten. Doch sie zielen nie unter die Gürtellinie, sondern immer auf die Schwäche der Argumente. Uns machen Diskussionen mit stets kontrolliert formulierenden Teilnehmern leicht nervös. In englischen Kreisen gilt: Behalten Sie Geduld und erwarten Sie nicht zu viel Bekenntnisfreude!

»Good Old Britain«

Tee

Wir befinden uns in einem alten Land. Einem Land, in dem sich liebgewordene Gewohnheiten scheinbar ewig halten. Die *cup of tea* zählt zu den klassenlosen Synonymen für »englisch«. Anders als Kaffee, der schon durch seine rassige Herkunft und die Dynamik von Zubereitung und Konsum als Getränk mit vergleichsweise hohem Sexappeal rangiert, verlangt Teegenuss nach zivilisierter Langsamkeit. Tee ist überall, Bauarbeiter und Automechnaiker schlürfen ihn als fadenlosen Beuteltee aus verklebten Bechern, bei feinen Leuten fließt er aus der Silberkanne. Tee ist mehr als auf getrocknete Teeblätter gegossenes kochendes Wasser. Im Tee entfaltet sich Spirituelles, sein Genuss ist das Zeremoniell, das den Engländer wieder mit seinem Menschsein versöhnt. Der Tee glättet die Unebenheiten des Tages. »I'll put the kettle on« ist stets eine Einladung zur Entspannung.

Die »cup of tea« zählt zu den klassenlosen Synonymen für »englisch«.

»Would you like a cup of tea?« ist das Sesam-öffne-dich zum Gemüt des Mitmenschen. Mit dem gemeinsamen Teetrinken gleitet man in eine Sphäre jenseits allen weltlichen

Die Heimat des Tees in der neuen Heimat: chinesischer Teeladen in Soho, London

Übels. »What a lifesaver a cup of tea can be!« seufzt eine vom Regen durchnässte Hotelbekanntschaft dankbar, als sie teenippend vor dem Kaminfeuer wieder ihren Lebensgeist erweckt. Wo man Tee trinken kann, ist die englische Welt in Ordnung.

Marks & Spencer

Eine urenglische Institution, das wird Ihnen kaum entgehen, ist die Warenhauskette Marks & Spencer. In neonbeleuchtetem Einheitsdesign bieten ihre Filialen eine standardisierte Auswahl an Durchschnittskleidung und Lebensmitteln in perfektem Preis-Leistungs-Verhältnis. Selbst die trendbewusstesten Engländer kaufen bei »Marks & Sparks« *basics* wie Unterwäsche und Strümpfe sowie preisgünstige Imitationen der High Street Fashion, die sich sehen lassen können. Wie der Tee ist auch diese Institution absolut klassenlos. Ihr verweigert sich höchstens die Nouveau-riche-Spezies, die ohnehin nicht weiß, was sich gehört, und gern unnötig viel Geld an falscher Stelle ausgibt.

Auch Marks & Spencer ist ein klassenloses Phänomen.

Die Beliebtheit der Kette verdankt sich neben dem für englische Standards in der Tat bemerkenswerten Preis-Leistungs-Verhältnis nicht zuletzt dem Bemühen, ihre Ware möglichst aus dem englischen Handel zu beziehen. So ist ein Einkauf bei M & S geradezu ein Akt des nationalen Anstands. Darüber hinaus pflegt der Konzern als einer von wenigen intensiv eine hauseigene Infrastruktur. Nur wer von der Pike auf bei M & S geschafft hat, steigt ins Management oder andere leitende Positionen auf. Damit hält das patriarchalisch geführte Unternehmen in unserer Zeit der kurzlebigen Trends an einer zutiefst englischen Firmenkultur fest. Englischer geht's kaum.

Ein Einkauf bei M & S ist geradezu ein Akt des nationalen Anstands.

»Cards«

»Thank you so much for your help – what would we have done without you? Lots of love, Kathy«, las ich verwundert. Kurz nach meiner Ankunft in England hatte ich bei einer kleinen Theaterproduktion geholfen. Am Abend der letzten Aufführung feierte die Truppe mit Umtrunk und Snacks den Erfolg. Eine ältere Schauspielerin drückte einigen Kollegen und Helfern weiße Kuverts in die Hände. Ich war etwas verdutzt und öffnete den Umschlag erst zu Hause. Zuerst vermutete ich hinter Kathys Zeilen amouröse Absichten. Vielleicht war sie eine dieser emanzipierten englischen Lesben. »Love«, das heisst doch eindeutig Liebe?! Das würde die diskrete Verschlüsselung von Kathys Dank erklären. Andererseits hatte fast jeder ein Kuvert erhalten …

»Lots of love«

Aus Beobachtungen in den folgenden Wochen schloss ich, dass es sich um ein ganz und gar normales Ritual handelt: Man drückt selbst Personen, die man täglich sieht, einen Umschlag in die Hand, zum Examen, Geburtstag, Abschied vom Arbeitsplatz, zur Geburt eines Kindes, zum Valentine's Day und allen möglichen Gelegenheiten.Die meisten Grüße enden mit »lots of love«, einige Kreuzchen darunter markieren Küsse. Karten sind ein soziales Schmiermittel wie die Höflichkeit. Direktheit gilt nicht als Tugend, und so will man in der brutalen Direktheit des gesprochenen Wortes weder danken noch gratulieren. Danksagungen und Glückwünsche sind viel zu persönliche Äußerungen, als dass man sie unverpackt übermitteln könnte. In England schreibt man eine Briefkarte, die schließlich auf dem Kaminsims des Empfängers ihr Plätzchen findet.

Karten sind ein soziales Schmiermittel wie die Höflichkeit.

Die überwältigende Auswahl an Briefkarten für jedes nur denkbare Ereignis ist Zeugnis für die englische Obsession, gesellschaftlicher Präsenz durch Karten Nachdruck zu verleihen. Man schreibt Karten nicht nur aus Liebe zur Diskretion, sondern natürlich auch, um sie bei passender Gelegenheit selbst einzuheimsen. Je mehr Karten jemand empfängt, um so mehr bedeutet er.

Zu Weihnachten treiben die Angelsachsen den Kartenzauber auf die Spitze: Jeder erhält eine *Christmas card*, der Briefträger, der Milchmann, der Pförtner, die Haushaltshilfe, Eltern, Freunde, Bekannte, Lehrer, Pfarrer, Hunde und Katzen … Entsprechend eifrig werden Weihnachtskarten gesammelt. Den gesellschaftlichen Status einer Person können Sie »in den Karten lesen« d.h. an ihrer Anzahl. In manchen Häusern reiht man die Karten an einer Schnur auf, wenn der Platz auf Kaminen, Regalen und Schränken nicht ausreicht. *Happy people get lots of cards.* Streicht man hingegen jemanden von der Liste zu schreibender Weihnachtskarten, so bricht man damit stillschweigend den gesellschaftlichen Kontakt zu ihm ab. »Well, at least one less Christmas card to write«, kommentierte eine Dame kühl, als sich eine Bekannte danebenbenahm.

Den gesellschaftlichen Status einer Person können Sie »in den Karten lesen«.

»Happy people get lots of cards«.

TIPS

Mischen Sie beim Kartenspiel mit, wenn Sie einen Bekanntenkreis aufbauen wollen. Schreiben Sie lieber eine Karte zu viel, als eine zu wenig. Vor allem Geburtstage, Weihnachten und Dank sollten Ihnen Anlass sein, Personen, die nicht zu Ihren engsten Anvertrauten gehören, mit einer Karte zu bedenken. Schreiben Sie all denen – auch wenn sie tagtäglich acht Stunden mit Ihnen in einem Raum sitzen – zurück, von denen Sie Karten erhalten haben. Kartengrüße bedeuten die Aufnahme in den weiteren Bekanntenkreis. Ein Muss ist die Danksagungskarte nach einer Einladung zum Essen oder besonderen Ereignis.

Pubs

Die Behauptung, Pubs seien *a peculiarly British invention*, eine eigentümlich britische Erfindung, lässt sich nicht bestreiten. Im Pub (abgeleitet von *public house*) sind Engländer ganz und gar sie selbst. »Wait, till you see him after three pints in the pub!« stellt man scherzhaft einen neuen Kollegen vor. Das Pub ist ein Gleichnis für Freisein von gesellschaftlichen Zwängen. Pubs nehmen deshalb eine Sonderstellung im britischen Selbstverständnis ein.

Freiheit von gesellschaftlichen Zwängen

Pubs zeichnen sich aus durch ihr familiäres Ambiente, gemixt aus zwangloser Leichtigkeit, manchmal jungenhaftem Übermut und stets freundlicher Geselligkeit. Prätentiöse Attitüden, Rollenbewusstsein und gesellschaftliche Ambitionen müssen draußen bleiben. Kein Wunder, dass das Pub beliebtester Treffpunkt der Briten ist. Dort verabredet man sich mit Freunden, und dort haben 20 Prozent der Briten ihre Partner/innen kennengelernt.

Früher gehörten die meisten Pubs Brauereien und wurden von Pächtern betrieben. Heute führen immer mehr Wirte sie unabhängig von den großen Brauereien. Gemein sind den Pubs die alten hölzernen Theken und Grundelemente der Möblierung. Die individuell anheimelnde Note geben ihnen oft Sammlungen von Bierkrügen, Gemälde oder Karikaturen, ein urgemütliches Kaminfeuer und – auf der Tafel häufig unprätentiös als *good food* angekündigte – *home made specials* (hausgemachte Spezialitäten). Nicht selten werden Live-Musik, Stand-up Comedy, Darts und andere Unterhaltung geboten.

Sherlock Holmes Pub, London

An Samstagnachmittagen verwandeln sich viele »local pubs« in das Wohnzimmer der Nation.

An Samstagnachmittagen verwandeln sich viele *local pubs* in das Wohnzimmer der Nation, in dem sich die Nachbarn zur Fussballübertragung versammeln. Sonntags gehen ganze Familien zum Essen ins Pub, zu dem in ländlicheren Gegenden stets ein Garten gehört.

Sperrstunde um 23 Uhr: »It's ridiculous, isn't it?«

Über die berühmt-berüchtigte gesetzliche Sperrstunde um 23 Uhr klagen Engländer bevorzugt in Gegenwart von Fremden: »It's ridiculous, isn't it?« – »Lächerlich, nicht wahr?« Schuld an der Sperrstunde tragen indirekt die Deutschen. Eingeführt wurde sie nämlich im I. Weltkrieg. Die Regierung wollte sichergehen, dass die Arbeiter morgens taufrisch zur Montage von Bomben und Granaten erschienen. Sie fürchtete, das Hantieren übernächtigter Trunkenbolde mit Sprengstoff könnte Schüsse nach hinten auslösen … Interessanterweise sind die meisten Engländer ganz froh über diese Bevormundung, obwohl sie sich sonst über Eingriffe seitens der Regierung tüchtig aufregen. Für die Clubs der Gentlemen gelten derlei Einschränkungen selbstredend nicht.

»Can I get you a drink?«

Ale und Bitter-Biere

TIPS

Sie sollten sich für einen Pub-Abend nicht aufdonnern und zu stark schminken. In Pubs geht's *casual* zu, d.h. zwanglos und leger. Freundlichkeit ist ein *must*. Getränke holt man an der Theke und zahlt sofort. Man kauft sie rundenweise, nicht für sich oder bestimmte Teilnehmer der Runde. Im Pub sollten Sie vergessen können, wer und was Sie sind. Die wichtigste Redewendung lautet daher: »Can I get you a drink?« bzw. »What would you like?«

Clubs

Während sich die meisten Engländer vor der Sperrstunde noch hastig einen Drink holen, entzieht sich die »Club-Class« diskret dem Zugriff öffentlicher Reglementierung. Bis vor wenigen Jahren waren Clubs ausschließlich Männern vorbehalten. Heute lassen sie zunehmend Frauen zu – falls nicht als Mitglieder, immerhin als Gäste. Gleichwohl treibt diese Kultur unverdrossen seltsame maskuline Blüten. Der Club der Oxford-Studenten in London z.B. verwehrt Frauen den Zugang zur Bibliothek, der Reform Club zur Bar.

Sähe eine Gruppe von Frauen verschiedener Nationalität sich ausgesperrt, würden die *foreigners*, allen voran die egalitär beflügelten amerikanischen und deutschen, wettern: »Das grenzt ja an Rassismus!« Um von ihrer englischen Schwester beschwichtigt zu werden: »Was versprecht ihr euch von einem Milieu, in dem Männer unter sich bleiben wollen?« Darauf die Amerikanerin, vor Zorn den Tränen nahe: »Das ist nicht der Punkt! Ihr werdet diskriminiert!« Stiller Seufzer der Engländerin: Weshalb müssen *foreigners* immer so emotional sein? Und ihre geduldige Erklärung: »Englische Männer brauchen diese Freiräume. Im Grunde führen sie sich auf wie Jungen von *public schools*, die sich in ihrer Clique am wohlsten fühlen. Manche verstört es heute noch, wenn Frauen an dieser Sphäre teilhaben. Das ist ihre Schwäche, nicht unsere. Frauen haben solche Abgrenzungen nicht nötig. Sie können sich überall entspannen und sich aufs Wesentliche konzentrieren.« Prompter Einwurf der Deutschen: »Dass Frauen ihre Diskriminierung mit der Schwäche von Männern entschuldigen, ist zutiefst unemanzipiert!« Damit steckt der Karren der kulturellen Verständigung fest und ist nicht mehr von

Englische Männer brauchen diese Freiräume. Im Grunde führen sie sich auf wie Jungen von »public schools«, die sich in ihrer Clique am wohlsten fühlen.

Dieser Gentleman zieht im Augenblick ein Pub seinem Club vor.

der Stelle zu bewegen. So wie vielen – auch männlichen – Besuchern diese »Diskriminierung« und ihre Hinnahme unverständlich ist, so verwundert es Engländerinnen, dass Außenstehende sich über etwas empören, worüber sie höchstens müde lächeln.

Ausdruck der englischen Vorliebe, sich mit Gleichgesinnten zu umgeben

Um die »politisch korrekte« Gedankenfalle zu überlisten, sollte man sich erneut die angelsächsische Mentalität und Kultur vergegenwärtigen. Es ist eine gewachsene Tradition, dass Männer und ebenso Frauen in einem gewissen Rahmen gern unter sich sind. In ihr äußert sich die sehr englische Vorliebe, sich mit Gleichgesinnten zu umgeben, nicht Überlegenheit gegenüber dem anderen Geschlecht. Zwar weist heute noch die englische Gesellschaft stärkere männliche Züge auf als die unsere, doch bleibt diese »Männlichkeit« fast jungenhaft selbstfixiert. Unterdrückung und gezielte Diskriminierung, geschweige denn Machismo, sollte man ihr heutzutage nicht mehr unterstellen. Engländerinnen genießen in höchstem Maße Respekt und Freiheit. Als Hausfrauen und Mütter im Schatten ihrer Männer erleben wir sie selten. Die männliche Clubkultur bildet Teil eines Gesellschaftsspiels und ist ein »Problem«, das sich früher oder später von selbst erledigen wird.

Exzentrik

Die Exzentrik sollte ich eigentlich gar nicht erwähnen. Sie steht gewissermaßen unter Naturschutz. Sobald man sie mit Worten zu beschreiben versucht, ist sie hoffnungslos verloren wie ein scheues Reh in der Falle. Exzentrik ist unvorhersehbar, absurd, unlogisch, überspannt und vor allem anarchistisch.

Exzentrik ist unvorhersehbar, absurd, unlogisch, überspannt und vor allem anarchistisch.

Laden in der King's Road, Chelsea, London

Exzentrisches Benehmen wird im allgemeinen verschrobenen Aristokraten zugeschrieben, die stets Vogelfutter, ein Fernglas und eine Flasche französischen Rotwein im Auto haben für den Fall, dass plötzlich der Busen der Natur lockt. Wie mein Nachbar erzählte, pflegte seine Mutter nicht einmal ein Flugzeug zu besteigen, ohne eine Flasche Chablis und geräucherten Lachs mitzunehmen. Sie wies den/die Steward/ess an, den Proviant zu kühlen und zur Bordmahlzeit zu servieren. »Bei Angehörigen der *upper class* apostrophieren wir manches als exzentrisch, was wir bei anderen einfach Extrawurst nennen würden«, kommentierte der Sohn mit charmantem Lächeln.

Nicht alle Formen der Exzentrik sind »Extrawürste«. Als ich einmal in den Genuss kam, auf ein vornehmes Anwesen eingeladen zu werden, führte mich die 90 Jahre alte Dame des Hauses durch den wahrhaft atemberaubenden Garten. Der Garten war ihr ein und alles. Spöttisch dreinschauende Statuen säumten die Hecken der französischen Parkanlagen, die an eine Reihe von Beeten grenzten. Und dort fand sich der Humor der Statuen wieder: Unbekümmert wucherten zwischen Tulpen Bohnen, unter Rosenstöcken Rosmarinsträucher, zwischen Farnen und Margeriten riesige Salatköpfe, unter jungen Kirschbäumchen Lauch und Rhabarber, Küchenkräuter inmitten bunt blühender hoher Stauden … diesem eigenwilligen Garten saß sichtlich der Schalk im Nacken. »I love doing this!« lachte meine Gastgeberin bei unserem Spaziergang durch ihr Paradies. Abends erschien sie zum Familiendinner in Pumps und Schale, während ihre Kinder und Kindeskinder sich in sportlich dezentem Outfit zu Tisch begaben. Als ich bemerkte, welch stilles Vergnügen es ihr bereitete, alle mit ihrem Witz an der Nase herumzuführen, dämmerte mir, wie sehr dieser Garten Ausdruck ihrer anarchischen Lust sein musste! Das sublime Spiel mit der Erwartung, mit dem Ritual und der Konvention, ist ein typisch englischer Wesenszug, der zur Exzentrik passt.

Sublimes Spiel mit der Erwartung

Doch ist nicht jede exzentrische Lebensäußerung sublim. Manche Leute sind einfach nur seltsam, *weird*, wie die Engländer sagen. Das Urteil *weird* oder *strange*, merkwürdig, trifft in der Tat vorwiegend die mittleren und unteren Schichten: je tiefer jemand auf der sozialen Rangleiter steht, desto geringer die Wahrscheinlichkeit, dass man ihm seine Macken unter dem Freibrief der Exzentrik verzeiht.

Manche Leute sind einfach nur seltsam.

Cricket

Cricket heißt das Spiel, bei dem sich gutaussehende Männer in Weiß auf gepflegtem Rasen einen Ball zuwerfen. Es stammt aus England, wird aber fast überall in der angelsächsischen Welt gespielt. Diejenigen, die Cricket spielen, wissen mehr darüber, als Regeln und wortreiche Erklärungen zu besagen vermögen. Sie teilen den *spirit* dieses scheinbar leidenschaftslosen Sports. Die Zivilisiertheit des Cricket wird zur Leidenschaft. Die Regeln des Cricket fordern mehr geistige Wachsamkeit und Strategie als die anderen Mannschaftssports. Außerdem stehen einzelne Spieler über einen längeren Zeitraum im Mittelpunkt. Dies verschafft dem Cricket seine einzigartige mentale Intensität. Wen sie infiziert, ist der Schönheit dieses Spiels verfallen. Wen sie ungerührt lässt, bleibt immun.

Seine wenig impulsive, dafür schweißlos konzentrierte Atmosphäre verleiht dem Cricket jenen gezügelten Middle-Class-Charakter, der es von anderen Mannschaftssportarten unterscheidet.

In der Welt des Cricket herrscht eine eigene, komplexe Kultur. Sie drängt sich nicht auf und offenbart sich nicht jedem. Ihre wenig impulsive, dafür schweißlos konzentrierte Atmosphäre verleiht dem Cricket jenen gezügelten *Middle-class*-Charakter, der es von Mannschaftssportarten wie Fußball und Rugby unterscheidet und uns den Eindruck einer ausgesprochen englischen Disziplin vermittelt. Ein deut-

Cricket (Criquet)

scher Bekannter erzählte mir eine Anekdote, die das Unaussprechliche, das dieser Sportart zueigen ist, auf den Punkt bringt. Als er einen Cricketer fragte, ob die Regeln des Cricket schwer zu verstehen seien, erhielt er zur Antwort: »No, not necessarily so, but I suppose it helps, when you are British.« Was soll man da noch sagen?

Sport

Beim Rugby geht es leidenschaftlicher und rauhbeiniger zu als beim Cricket. Es ist ein körperorientierter, für angelsächsische Verhältnisse nahezu lustbetonter Mannschaftssport. Nichtsdestotrotz lebt auch das Rugby vom zivilisierten Ritual. Wer ein Spiel im Stadion erlebt hat, versteht die snobistische englische Einstellung: »Rugby is a hooligan's sport played by gentlemen, football is a gentlemen's sport played by hooligans.« Tatsächlich steckt unter der scheinbar groben Schale der brüllenden Barbour-Träger, die mit rot erhitzten Wangen die Spieler anfeuern, ein hochgradig zivilisiertes Publikum. Selbst wenn England und Schottland oder Wales und Irland gegeneinander antreten, gelten Unterstützung und Anerkennnung nicht nur

Auch das Rugby lebt vom zivilisierten Ritual.

dem eigenen Team, sondern jedem guten Spieler. Ausgeprägter Sinn für Fairness steuert die Emotionen.

Parteilicher lebt das Publikum des im Englischen *soccer* genannten Fußballs (*football* bezeichnet den amerikanischen Fußball) seine Gefühle aus. Engländer rechnen den Fußball, dessen berüchtigte *hooligans* gelegentlich für bedauerliche Schlagzeilen sorgen, mehr den *working classes* zu. Er ist ein Sport, bei dem das Herz der Fans für »ihr« Team schlägt und Fairness und Spaß am Spielverlauf sich dem Siegeswillen unterordnen.

Mit dem Teamsport ist es wie mit dem Humor: Er gehört zum Alltag, ist Teil der Erziehung und des gesellschaftlichen Umgangs. »Der Sport lehrt uns, wie man Dinge im Leben angehen sollte«, erklärt einer der unsportlichsten Engländer, der mir je begegnet ist. *Fair play* ist in der Tat eine Grundhaltung, die in England das gesellschaftliche und öffentliche Leben prägt. Wenn Sie in England arbeiten, werden Ihnen die vielen Ausdrücke des Sportjargons auffallen: *teamwork, team spirit, she is our best player, that was a goal for us, we should tackle this problem strategically*, um nur einige zu nennen. Sport gilt den Engländern traditionell vor allem als soziale und gesellschaftliche Disziplin. Fitness, Körperbau, Gesundheit etc. sind untergeordnete, ja eigentlich ihnen wesensferne Motive. Langsam schleichen sich in den englischen Alltag zwar amerikanische Vorbilder der Körperertüchtigung ein, doch rührt dies nicht an die soziale Funktion des Sports.

»Fair play« ist eine englische Grundhaltung.

Sport gilt den Engländern traditionell vor allem als soziale Disziplin.

Chöre und Gesang

»Let's have a little singsong!« Nach dem *supper* werden die Noten für Händels *Messias* ausgepackt, und die ganze Familie trällert zufrieden und mittelmäßig vor sich hin. Der Hausfreund begleitet am Klavier. So vergeht eine Stunde. Andernorts eilt ein Ehepaar zur Chorprobe in der Kirche. Sogar in der Londoner City haben Banken und Anwaltskanzleien hauseigene Chöre, und in Wales singen Bergarbeiter im Chor. Im Singen artikuliert sich, wo und wie auch immer, am unmittelbarsten die englische Musikliebe.

Im Singen findet die englische Musikliebe ihren unmittelbarsten Ausdruck.

Es stimmt: Die Engländer sind das einzige westeuropäische Kulturvolk ohne tonangebende sinfonische Werke. Einem regen Musikleben aber und vor allem der Begeisterung fürs Singen hat dies keinen Abbruch getan. Im Gegenteil: in London gab es das Geld und das Publikum für Händel und Haydn, für Mozart, Weber und Mendelssohn. Nach dem späten Mittelalter und dem Barock als Blütezeiten der Mehrstimmigkeit wurden Lieder und Suiten der besten Komponisten importiert.

Der Gesang hingegen spielt seit jeher eine eigene Rolle: Im Chor bildet die Stimme Teil eines Ganzen, ohne sich darin zu verlieren. England weist eine reiche Chortradition auf. Nicht zuletzt die den Kathedralen angeschlossenen Schulen halten diese Tradition lebendig. Das Chorleben ist äußerst gesellig und beschränkt sich kei-

In Westminster gedenkt England Georg Friedrich Händels.

neswegs auf Kirchen- oder Gemeindemitglieder, sondern schließt jeden ein, der Interesse und *spirit* mitbringt. Musikalisch interessierten »Engländern auf Zeit« ist das Singen im Chor allerdings sehr zu empfehlen.

TIPS

Musik als Brücke

Als schätzenswertes Gut gilt in England der unverklemmte Umgang mit unterschiedlichsten Menschen. Wenn Sie auf der Insel über kurze oder lange Zeit Fuß fassen möchten, sind gemeinsame Interessen, vor allem die Musik, der beste Einstieg. Englischen Chören haftet nicht jene kirchliche Provinzialität an, die man bei uns gelegentlich ausmacht. Engländer sind sehr *committed* (verbindlich), wenn Sie sich zur Teilnahme entscheiden. Von Ihnen erwartet man dasselbe.

Monarchie

Das Königshaus nimmt einen prominenten Platz in der englischen Gefühlswelt ein. Führt man sich die hierarchische Stufenpyramide des Landes mit der Krone an der Spitze vor Augen, mag erstaunen, dass die Königin Bindeglied sämtlicher Schichten ist. Die Queen ist allen Engländern, gleich welcher *class* sie angehören, gemein. Irgendwie liebt das Volk »seine« Königin, und wenn es darauf ankommt, mag ihre Präsenz nicht unbedeutend zum *best behaviour* (besten Benehmen) der Nation beitragen. Schließlich soll die Königsfamilie der Bevölkerung ein Vorbild geben.

Diese Rolle wurde in den vergangenen Jahren allerdings arg strapaziert, und inzwischen dämmert es selbst ergebensten Bewunderern royalen Glanzes, dass auch Palastbewohner Menschen sind. Der Beruf des Vorbilds ist in eine Krise geraten. Im Zeitalter der Medien, Blitzkarrieren und steigenden Scheidungsraten scheint es der schwierigste aller Jobs zu sein, der Öffentlichkeit ein mustergültiges Familienleben vorzuführen. Die Zeiten ändern sich und so auch die Prinzen und Prinzessinen. Seit der Scheidung von Thronfolger Charles und Diana ist das Schicksal der Royal Family des 21. Jh. recht ungewiss. Wir dürfen jedoch sicher sein, dass die Medien uns auf dem laufenden halten.

Der Beruf des Vorbilds ist in eine Krise geraten.

Leibgardist in Whitehall. Der feierlichen formellen Erhebung der Monarchie widersprechen die allzu menschlichen Affären in der Königsfamilie.

Die BBC

Auch die BBC, die British Broadcasting Corporation, sei hier erwähnt, ist sie doch unbestritten eines der Highlights englischer Kultur und englischen Alltags. Die BBC hat sich über Jahrzehnte gesellschaftlicher Veränderungen hinweg eine bemerkenswerte Unabhängigkeit erhalten. Konkurrenz erfuhr ihr Monopol bereits in den 1950er Jahren, 1956 durch Privatfernsehen. Doch hatte die BBC die Standards gesetzt. Nicht aufgrund rechtlicher und formaler Bedingungen, sondern aufgrund journalistischer Stärke und Qualität konnte sie sich Einflüssen der Parteien entziehen und eindrucksvolle Zeichen ihrer Unabhängigkeit setzen.

Mangelnder Respekt vor Macht ist ein typisch englischer Wesenzug – die BBC macht ihm öffentlich Luft. Die Satiresendung *Spitting Image*, Dokumentarfilme über heikelste britische Missstände und politischen Machtmissbrauch sowie das Einbeziehen kreativer, ethnischer und nicht kommerziell interessierter Minderheiten in ihre Arbeit sprechen für die selbstbewusste journalistische Tradition der BBC. Keiner Regierung ist es gelungen, die BBC für parteipolitische Ziele zu vereinnahmen. Die BBC zählt, auch wenn ihre Organisation nicht vollkommen ist, zu den großen britischen Institutionen, die weltweit Ansehen und Vorbildcharakter genießen.

Mangelnder Respekt vor Macht ist ein typisch englischer Wesenszug – die BBC macht ihm öffentlich Luft.

So wie die BBC als mutige Vordenkerin auftritt, so reflektiert sie auch zeitgeistige Strömungen. In den 1960er Jahren z.B. griff sie den Trend zum populärkulturellen

Denken auf: »What the people think« erlangte eine Gewicht gegenüber der sachlich kompetent argumentierenden Stimme. »What ordinary people feel« entwickelte sich zum Kriterium der öffentlichen Debatte. Der Feminismus färbte den kritischen Journalismus zeitweise ebenso wie die *political correctness* – Dogma oder Dummheit allerdings nie. Es ist dem englischen Intellekt nahezu immanent, »Ismen« in Frage zu stellen und meinungsmachende Theorien anzufechten. So bleiben Zeittrends weitgehend im Rahmen – und nie ohne herausfordernde Gegenstimmen. Die BBC ist eine ausgesprochen populäre Institution: Hohes Niveau von Reportagen und öffentlichen Debatten bedeuten in England nicht Ausgrenzung von Teilen des Publikums. Verständlichkeit ist ein *must*, kein Manko.

Die BBC ist wie die Queen eine Institution.

Es ist bemerkenswert, wie die britische Öffentlichkeit mit »ihrer« BBC lebt, ja durch sie atmet. Geradezu herzerweichend sind z.B. die engagierten Hörerbriefe an den Sender Radio 4. Als dieser erwog, seine Sendung über *gardening* um eine halbe Stunde zu verschieben, flehte ein Hörer »Seit 17 Jahren pflege ich meine alte Mutter und muss täglich zwischen Port Isaak und Tintangel pendeln. Im Auto höre ich immer Ihre *Gardening*-Sendung. Wenn diese künftig erst um 15.30 Uhr beginnt, fehlt mir der schönste Teil des Tages ...« Die BBC ist eine Institution wie die Queen. Vor allem gehört sie zum englischen Alltag wie der Tee und Marks & Spencer.

Haustiere

»Have you got any pets?« lautet die Standardfrage der vorpubertären Schülergenerationen. *Pets*, Haustiere, gehören zur Family wie Mutter und Vater. Die Liebe der

Mediales Großereignis: Last Night of the BBC Proms

Auch vor dem finsteren Tower: ein Herz für Tiere

Engländer zu domestizierten, wehrlosen Lebewesen ist sprichwörtlich – über die Gründe kann man sich streiten. »The love of the family goes through the dog«, erklärte mir ein Engländer, der wie sein drei Brüder im zarten Alter von acht Jahren in eine Privatschule verschickt worden auf. Klar, dass die im Nest gebliebenen Eltern sich über den lebenden Ersatz freuten. Und für die der Mutterliebe entwöhnten Buben war in den Ferien der ungehemmt emotionale Hund ein verlässlicherer Quell der Zuneigung als die komplizierte Mutter. Viele Engländer bestätigen eine solche Interpretation. »It's true, actually ...«, lächelt man und denkt dabei sehnsüchtig an den geliebten Gefährten.

»The love of the family goes through the dog.«

Tiere, scheint es, haben es leichter als Kinder, ihre Streicheleinheiten zu erhalten. Erst der Umgang der Engländer mit Haustieren lässt ahnen, zu welcher Liebe und Zärtlichkeit man in diesem Lande fähig ist. Weder Liebespartner noch Nachwuchs erfahren in England so viel Körperkontakt und Fürsorge wie die unschuldigen *pets*. Selbstkritische Beobachter gestehen, dass ein englisches Herz für Tiere höher schlägt als für – natürlich fälschlich – als Krone der Schöpfung bezeichnete Lebewesen.

Kein Wunder, dass es so viele *charities* für Hunde, Katzen und anderes Pelz- oder Federvieh gibt. Und kein Wunder, dass der größte, sehr einflussreiche Tierschutzverband RSPCA (Royal Society for the Prevention of Cruelty to Animals) mit Profimanagement und Lobby in Westminster stattliche Spendengelder einstreicht. Englisches Werteverständnis spricht Bände, wenn es um Tiere geht. Sobald der Zweck die englische Psyche erleuchtet, sind Finanzen und Organisation kein Problem mehr. Vorsicht vor dem englischen Hund: Wenn Sie von einem gebissen werden, ist es wahrscheinlich Ihre Schuld. Was haben Sie bloß getan? Das arme Tier! Sooo, ist ja guuut ...

Das Beste am englischen Sonntag: Sonntagszeitungen

Es ist bekannt, dass man auf der Insel gern Zeitung liest – im Durchschnitt drei Tageszeitungen pro Nase. Mit der Aufgabe, unterhaltsam und anspruchsvoll große Gruppen der Bevölkerung anzusprechen, tun unsere Zeitungen sich schwer. In England scheint das Branchenproblem eher im geradezu erschlagenden Angebot an stimulierendem Journalismus zu bestehen. In ehrgeizigem Konkurrenzkampf buhlen Zeitungsverleger mittels Preissenkungen, Gewinnspielen und anderen abenteuerlichen Werbeaktionen um Leser.

Sonntagszeitungen sind heiliger als der Kirchgang.

Ein Volkssport ist das Lesen der *sunday papers*. Dicker als die Zeit, angefüllt mit politischen Kommentaren, Berichten über Reise, Sport, Geld, Psychologie, Ernährung, Gesundheit, allem möglichen Zeitgeschehen und angereichert mit mehreren Magazinen zu Kultur, Lifestyle, Büchern und Wissenschaft, werden die kiloschweren Sonntagsausgaben der überregionalen Tageszeitungen heimgeschleppt und im ganzen Haus ausgebreitet. Sonntagszeitungen sind heiliger als der Kirchgang. Ihre Lektüre kostet Stunden. Aber es sind Stunden anregender Muße, denn beim Schmökern englischer Zeitungen hat man immer das Gefühl, etwas zu erleben.

TIPS

Sonntagszeitungen

Bei Wochenendeinladungen in das Haus von Engländern sollten Sie sich darauf einstellen, dass Ihre Gastgeber einige Stunden pro Tag nicht ansprechbar sind. Während die *sunday papers* zum exzessiven Schmökern einladen, überwiegt bei den ebenfalls lesenswerten Samstagszeitungen durch die Fülle von Stellenanzeigen, Konsumtips und allen möglichen Infos der praktische Nutzen. Aufmerksames Studium der Wochenendausgaben empfiehlt sich auch für Reisegäste, liefert es doch reichlich Gesprächsstoff für Dinnerpartys und andere Begegnungen.

Jahrmärkte der Eitelkeiten: Ascot, Wimbledon, Glydnebourne …

… sind nicht die einzigen Events, bei denen sich die englische Society von ihrer »besten« Seite zeigt. Doch diese Events sind die typischsten jener traditionellen Spektakel, bei denen außer Sport und Kultur Gesellschaftsglamour auf dem Programm steht. Ebensowenig wie nach Ascot nur Pferdenarren pilgern, finden sich in Wimbledon lediglich die Tennisfans und in Glydnebourne die Opernkenner ein. Diese Veranstaltungen sind saisonale Höhepunkte des öffentlichen Lebens, bei denen »man« sich sehen lässt. Sie sind Kulisse der englischen Kunstform des *introducing* und *net-*

working. Man trifft sich, stellt einander einen Haufen Leute vor (»Charles, you must meet Oliver. He just got back from China and is writing a book about ...«) Die *upper class* lädt in ihre Logen ein, wo sich die Damen mit aufeinander abgestimmten Hütchen, Schühchen und Täschchen in ihrem Status sonnen und bei Hummer und Champagner dem *small talk* frönen. Der Hut zum lindgrünen Seidenkleid (Farbberatung: die Autorin) ist vor allem beim Pferderennen in Ascot Pflicht.

Kulisse der englischen Kunstform des »introducing« und »networking«.

Gemeinsam ist all diesen Orten, dass sich an ihnen die Facetten der englischen Gesellschaft verdichten: Exzentrik, Snobismus, neureiche Angeberei, oberflächliche Geselligkeit, gepflegte Konversation, Klatsch, Obszönitäten ... Wer die angelsächsische Spezies in Reinkultur studieren möchte, der mische sich in Ascot, Wimbledon oder Glydnebourne unter das Publikum.

TIPS

Einladungen zu solchen Events

Schlagen Sie Einladungen zu solchen Events auf keinen Fall aus! Und nehmen Sie möglichst in Begleitung von Engländern daran teil. Manchmal gehören diese »Ausflüge« zum *corporate entertainment* einer Firma und sind recht vergnüglich. Teilen Sie den *team spirit* Ihrer Gruppe. Zynismus und Verachtung sind fehl am Platz. Hauptmotiv der meisten Besucher, Glydnebourne ausgenommen, ist der Spaß am gesellschaftlichen Erleben. Zu einem Pferderennen treibt es die wenigsten allein aus Wettleidenschaft. Apropos ...

Wettleidenschaft

Wussten Sie, dass die Wettindustrie jährlich 2,3 Milliarden Pfund umsetzt? Es handelt sich um einen ernstzunehmenden Wirtschaftszweig. Elf Millionen Briten gehen pro Jahr ins Kasino, von Pferde- und Windhundrennen ganz zu schweigen. *Gambling* kann zur Sucht werden, doch im freidenkenden England verliert niemand über die Moral dieser vermeintlichen Untugend ein Wort. Schließlich wettet sogar die Queen. Die Gesetzgebung allerdings ist relativ streng und kompliziert und hat sich im Gegensatz zu anderen Ländern seit den 1960er Jahren nicht geändert.

Die Wettindustrie stellt einen ernstzunehmenden Wirtschaftszweig dar.

Es gibt kaum etwas, worauf die Engländer nicht wetten. Ein Mann von der Isle of Wight wollte eine Wette auf das Datum des Todestags seiner Frau abschließen. Obwohl die Gattin ihr schriftliches Einverständnis gegeben hatte, musste der Vertreter des Buchmacher-Unternehmens William Hill sichtlich enttäuscht ablehnen: »Die Behörden könnten ja unangenehme Fragen stellen, wenn er die Wette gewinnen sollte.« Ich wette, die Frau war schon tot ...

Es gibt kaum etwas, worauf die Engländer nicht wetten.

Warum wetten die Briten so gern? Eine plausible Erklärung sieht die Ursache ihres »Wetteifers« im Puritanismus: Wer im Glücksspiel Geld gewinnt, dem ist der Himmel gnädig. Ich glaube, die Motive sind weniger tiefschürfend. Engländer haben, zugegeben eben wegen ihrer puritanischen Prägung, von jeher ein undogmatischeres Verhältnis zur Mehrung des Besitzes. Die Händlernation ist seit etlichen Generationen mit dem abstrakten Wert des Geldes vertraut und ihre *money-mindedness*, ihr materiell motiviertes Denken und Handeln, bis auf den heutigen Tag sehr ausgeprägt. Interesse an Finanzen ist jedoch nicht unbedingt Ausdruck von plattem Materialismus, sondern, neben anderem, ein überaus wichtiger Lebensfaktor. Das Glücksspiel stellt lediglich eine Facette dieses materialistischen Denkens und der Selbstverständlichkeit dar, mit der man in der angelsächsischen Kultur insbesondere auf die mühelose Besitzmehrung bedacht ist. Es zeugt von einem grundsätzlich anderen Einstellung zum Geld: Nicht Arbeit schafft Reichtum, sondern Glück, ein geschicktes Investment, ein kommerzieller Hit. Urdeutsche Arbeitsethik und den damit verbundenen Glaube, dass den Redlichen ein wohliges Dasein erwartet, sucht man auf der Insel vergebens. Der merkantile Engländer investiert schließlich nicht jene Pfunde, die er im Schweiße seines Angesichts erwirtschaftet, sondern seine letzte Gewinnmarge. So fällt auch das Verlieren leichter. Falls auch Sie Ihr Glück versuchen wollen: *scratch cards*, Rubbellose, finden Sie für wenig Geld allerorten, neben den Kassen von fast allen Läden, Tankstellen und Supermärkten.

In der angelsächsischen Kultur herrscht eine grundsätzlich andere Einstellung zu Geld.

Im Schatten der Highlights

Verlogenheit

Wo Licht ist, ist auch Schatten. Zwangsläufig stößt ein Beobachter auf die ein oder andere Untugend. Die für mich und andere deutsche Teilzeitbriten auffälligste ergibt sich zwangsläufig aus den lobenswerten Eigenschaften der Höflichkeit, diskreten Distanz und Zivilisiertheit. Wo man sich stets um Wahrung des Gesichts bemüht, hat ehrliche Verbindlichkeit es schwer. Gutes englisches Benehmen bedingt *nolens volens* eine gewisse Unaufrichtigkeit, die mit *politeness* am harmlosesten beschrieben ist. Wie der Autor George Mikes in den 50er Jahren treffend bemerkte, wird man von Engländern niemals eine direkte Lüge, aber auch nie eine Wahrheit erfahren.

Rituelles Schwindeln

»Oh, this is a lovely dress!« zirpt die wohlerzogene Engländerin ihrer geschmacklos gekleideten Gastgeberin zu. In den seltensten Fällen bedeuten solche Komplimente, was die Worte sagen. Wir würden vermutlich schweigen, doch in England ist es durchaus üblich, die Lüge noch ein wenig auszuschmücken: »I just love this colour, it looks so good on you …« Virtuoseste Eskalationen erfährt das rituelle Schwindeln bei der häufig zu hörenden Beteuerung: »You must come to dinner sometime!« Dies ist keine Einladung, im Gegenteil. Man will sich nur ein Hintertürchen für etwaige künftige gesellschaftliche Kontakte offenlassen oder hofft gar, der Person nicht mehr zu begegnen. Auch hemmungslose Steigerungsformen wie

»You must *promise* to come!« oder »Well, *do* just give us a call and we'll fix something – but honestly, do come …« bleiben Trockenübungen, solange kein konkreter Termin vorgeschlagen wird.

Vorsicht ist geboten, wenn man zu Ihnen sagt: »Please call me in the office some time, because I haven't got my diary with me.« (*Diary* bedeutet Terminkalender.) *Some time* kann signalisieren, dass Sie Ihre Erwartungen etwas zurückschrauben sollten. Besser stehen Ihre Chancen, wenn es heißt: »Why don't you call me in the office tomorrow?« Noch besser, wenn Sie angerufen werden oder man Sie fragt: »Shall we fix something now?« Engländer nehmen derlei Sympathiebekundungen und Aufforderungen keinesfalls wörtlich – und Sie hoffentlich auch nicht.

In den großen Zeitungen finden sich fast täglich Ratschläge, die zur Lüge ermuntern: Sie haben keine Ahnung von Wein? Bluffen Sie, es funktioniert. Sie verraten nie die volle Wahrheit über Ihre Frau? Das tun alle Ehemänner. Sie schwindeln, wenn man Sie nach Ihrem Alter fragt? Dafür gibt es guten Gewissens vertretbare Gründe … Wer an einem Sonntag die Zeitungen durchschmökert, lernt viel über gesellschaftsfähige Unaufrichtigkeiten. Die Regel lautet: Die unverblümte Wahrheit verrät nur, wem nichts Besseres einfällt. Aufrichtigkeit ist in England kein Zeichen von Charakterstärke, sondern von mangelnder Eleganz. Es darf uns nicht wundern, dass im Wertekatalog einer Kultur der Kompromisse zwischen Lüge und Wahrheit Aufrichtigkeit und Zivilcourage nicht vorkommen – *generally speaking, of course*.

Aufrichtigkeit ist in England kein Zeichen von Charakterstärke, sondern von mangelnder Gewandtheit.

Nun werden Sie fragen, was Sie sagen sollten, wenn Sie jemanden tatsächlich mögen oder Ihnen etwas wirklich sehr gut gefällt. Gute Frage. Ich habe es selbst noch nicht herausgefunden.

TIPS

Aufrichtiges Interesse zeigen

Am wirksamsten ist aufrichtiges Interesse: Wo hat die Gastgeberin das Kleid gekauft? Wann kann man sich treffen? Hat Ihr Gesprächspartner Lust, mit ins Konzert zu kommen? Ein halboffizieller Rahmen gibt bei den verbindungsscheuen Angelsachsen immer einen guten Eisbrecher ab: Sportveranstaltung, Konzert und Restaurant bevorzugt. Und Sie gewinnen dabei die Zeit, ohne Hast hinter die Kulissen zu blicken.

Kleinkrämerei

Die angeblich geizigen Schotten habe ich stets als großzügigere Gastgeber erlebt als die Engländer. Sparsam sind Schotten bei ihren eigenen Bedürfnissen, und vermutlich hat ihnen das zu Unrecht ihren Ruf eingebracht. Um das Wohl und die Sättigung ihrer Gäste aber kümmern sie sich äußerst liebevoll, oft geradezu rührend. »Would you like an English or a Scottish piece?« ist die geflügelte Frage einer befreundeten schottischen Familie, wenn es Kuchen zum Tee gibt. Das englische Stück ist winzig, das schottische riesig.

Doch zurück zu den Engländern. Nicht wenige Englandkenner und auch Engländer selbst habe ich über den verbreiteten Geiz klagen hören. Ein mögliches Szenario: Der zur Dinnerparty mitgebrachte edle Tropfen verschwindet kennerhaft im Weinschrank, auf den Tisch kommt der alltägliche Familienfusel. Ein gewisser Unwille, sich von Nahrungs-, Zahlungs- und Genussmitteln zu trennen, kommt in der Tat in den besten Familien vor. Selbst vermögende Investment-Banker sollten Sie nicht um eine Zigarette bitten. Das ist, abgesehen von unfreiwilliger Besitzminderung des anderen, ein Verstoß gegen die Umgangsformen. *Well, England is, after all, a nation of shopkeepers*, und weil die Mehrung des Besitzes entscheidend das irdische Glücksempfinden beeinflusst, hat sie sich von der Notwendigkeit zum Hobby der Nation gemausert.

Ein gewisser Unwille, sich von Nahrungs-, Zahlungs- und Genussmitteln zu trennen, kommt in den besten Familien vor.

TIPS

Keine Knauserigkeit in Pubs und Restaurants

In Pubs und Restaurants hat Knauserigkeit nichts zu suchen. Dort werden Runden geschmissen, dass es nur so zischt, und es wird gerecht geteilt. Außerdem gibt es haufenweise Engländer, die sich von den Geiztendenzen nicht haben anstecken lassen.

Mangel an Leidenschaft

Ein vielbedauertes Merkmal der englischen Mentalität ist der Mangel an Leidenschaft, Hingabe und aufrichtigen Gefühlsäußerungen. Man mag ihn zu Recht beklagen, doch passt er bestens zum *common sense* und der zivilen Vernunft, die das öffentliche Leben in England so angenehm machen. Sich nicht in Gefühle hineinsteigern ist eine Tugend, die sich in Momenten zweisamer Intimität und Vertrautheit in einen Verstoß gegen die Partnerschafts-Etikette verwandelt. So seufzen manche Frauen und suchen frustriert mit einem Kontinentalen oder Amerikaner im Schlepptau das Weite. Doch würde vermutlich ebenso vielen Frauen das besitzergreifende Machogebaren gewisser Latino-Kulturen auf die Nerven fallen.

Immerhin haben Frauen in England absolut gleichberechtigten Anteil am kulturellen und intellektuellen Leben. Die Lebensweisen von Männern und Frauen ähneln sich erstaunlich: Mann kocht, frau macht Karriere und *vice versa*. Jüngste Studien verraten der englischen Öffentlichkeit sogar, dass Mädchen bessere Schulnoten heimbringen und in den ersten Berufsjahren mehr verdienen als ihre gleichaltrigen männlichen Kollegen. Erst Ende Zwanzig, Anfang Dreißig ändert sich diese Statistik zugunsten der Männer, und zwar nicht weil Frauen im Berufsleben diskriminiert werden, sondern die meisten andere Lebensentwürfe bevorzugen.

Eine Liebesbeziehung ist ein Handel.

Was das mit leidenschaftlicher Liebe zu tun hat? Vermutungen, nur Vermutungen: Angelsachsen gehen nicht nur ungern in Gefühlen auf. Sie planen auch ihre Zwischenmenschlichkeit mit etwas nüchternerem Kalkül als bei uns üblich. Eine Liebesbeziehung ist ein Handel, bei dem beide zu gleichen Teilen geben und nehmen. Diese prosaische Balance ist in England nur selten durch einen Überschwang an Gefühlen bedroht. Wie soll in einem solchen Klima verzehrende Leidenschaft entstehen? Tja …

Paar beim Shopping (Burlington Arcade, West End, London)

Nicht unähnlich verhält es sich mit der Romantik. Es gibt sie, aber in zaghaften, versteckten Anwandlungen. Engländer sind keine Meister im Inszenieren romantischer Liebe und können schmachtende Frauen mit ihrer nüchternen Weltsicht ziemlich verdrießen.

Und mit dem Sex scheint es den Engländern so zu gehen wie bis vor nicht allzu langer Zeit mit dem Essen: Er erfüllt eine Funktion. Ohne viel Brimborium geht's zur Sache, wenn beide sich einig sind. Raffinierter Zubereitungskünste bedarf es nicht, Hauptsache, beider Appetit ist gestillt. Dies geschieht dafür häufig und klassenlos. Sex ist eine von vielen Möglichkeiten, sich körperlich und zwischenmenschlich zu betätigen. Die Angehörigen dieser eingefleischten Händlernation stehen zuweilen unter dem Zwang, aus allen Lebenslagen etwas mehr herauszuschinden: *extra value*, Zusatz- oder Mehrwert gewissermaßen. Sex am Ende eines Dinners zu zweit: *Why not?* Man kann's ja mal versuchen. Der vollzogene Akt wird keineswegs zwingend als Anfang oder Erfüllung eines Liebesverhältnisses interpretiert. Es passt ohnehin nicht zur englischen Lebensphilosophie, hinter den Dingen mehr zu vermuten als vorhanden. Eher etwas weniger. Wie dem auch sei: Angelsachsen stehen im Ruf, sich rasch und ohne psychologische Komplikationen auf *»One-night Stands«* einzulassen. Dass diese im Gefühlshaushalt wenig bewirken, dürfte sich jeweils im Einzelfall bestätigen. Und Ausnahmen, *well*, die gibt's auch auf der Insel.

Sex ist nur eine von vielen Möglichkeiten, sich körperlich und zwischenmenschlich zu betätigen.

Knigge der Leidenschaft

TIPS

Die Engländer können Sie nicht ändern, aber Ihre Erwartungen dem Klima anpassen – wie Ihre Kleidung dem Wetter. Ganz pragmatisch. Die Chancen, dass Sie einer Ausnahme begegnen, die nicht ganz so englisch ist, stehen außerdem recht gut.

Arroganz

Das Gefühl natürlicher Überlegenheit ist tief verinnerlicht.

Dass es ein Privileg ist, als Brite geboren zu werden, versteht sich von selbst. Darüber verliert man keine großen Worte. Das Gefühl natürlicher Überlegenheit ist so tief verinnerlicht, dass es sich nur indirekt artikuliert, z.B. in der Distanz zu Europa.

Mit dieser Überlegenheit geht nicht zuletzt der Hang zum *understatement* einher, dessen Botschaft ebenfalls nur ankommt, wenn der Empfänger den Code kennt. Hinter der Aussage »he is doing quite well« steckt die stille Gewissheit: Es handelt sich um einen Kandidaten von Weltklasse, was jegliche Angeberei überflüssig macht. *To show off*, angeben, ist Ausdruck sozialer Minderwertigkeit, dem ein neureicher Hauch anhaftet. Ein Qualitätsbrite hat das nicht nötig. Die *inverse snobbery* ist eine nahe Verwandte dieser subtilen Überheblichkeit. Auch sie existiert nur, weil sie richtig verstanden wird. Deshalb besteht einer der größten Fehler im gesellschaftlichen Umgang darin, sein Gegenüber zu unterschätzen. Wenn Sie tatsächlich glauben, dass jemand, der »not very well« Klavier spielt, nicht sehr gut Klavier spielt, haben Sie sich disqualifiziert. Er hätte nicht erwähnt, dass er Klavier spielt, wenn er es nicht *very well indeed* könnte. Dabei nicht auf Anhieb einen Meister oder gar Konzertpianisten zu vermuten, zeugt von der Unfähigkeit, sublimierte Botschaften zu entschlüsseln.

»Inverse snobbery«

Das Unterschätzen anderer und das Angeben sind ebenfalls Geschwister, und zwar vom Stammbaum gesellschaftlicher Verfehlungen.

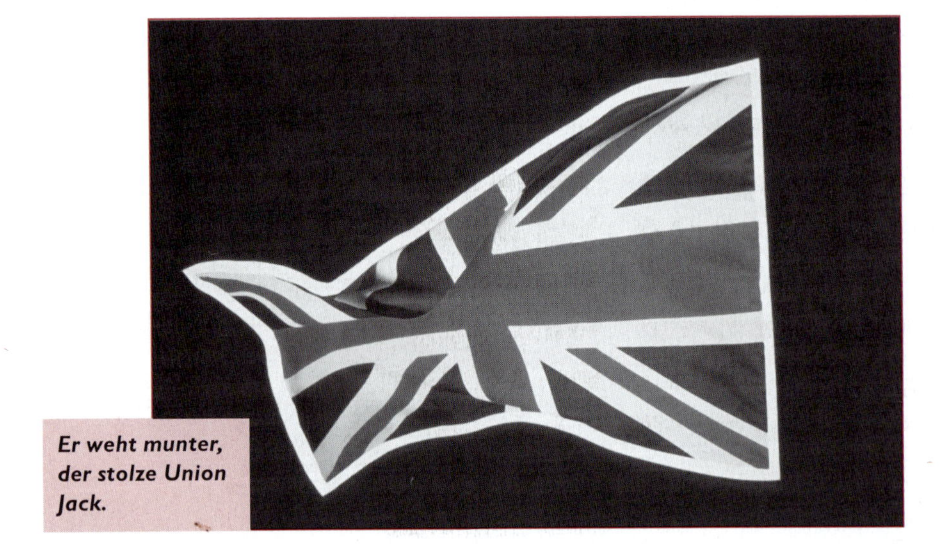

Er weht munter, der stolze Union Jack.

TIPS

Stellen Sie Ihr Licht unter den Scheffel!

Mein subtiler Tip kann nur lauten: Untertreiben Sie, was das Zeug hält, und überschätzen Sie Ihre englischen Bekanntschaften, so gut es geht.

Mangelndes Gesundheitsbewusstsein

Ist das eine Untugend? Ich meine ja. Zumindest aus der Sicht derer, die aus dem Lande der Bioläden und Birkenstöcke anreisen. Engländer haben, wie manche andere kontinentale Marotten, das Gesundheitsbewusstsein reichlich spät entdeckt – und dann ein bisschen falsch verstanden. Die Health-Food-Läden geben Ihnen Gelegenheit, sich endlich (!) einmal in Arroganz zu üben: »Was, das sollen Bioläden sein? Ha!« *Pathetic!* In den Regalen dieser trostlosen Orte schlummern ein paar verstaubte Tüten mit geschwefelten Aprikosen, ordinären Linsen und zweitrangigem Leinsamen, daneben vollgezuckertes Müsli, Reisplätzchen, fade Brote und Vitaminbrause aus den Tagen des Glaubens an die Heilkräfte der Chemie. Nicht einmal die vegetarischen Burger wecken Lust und Vertrauen, und die Kundschaft ist so blass wie die Margarine und das Tofu.

»Das sollen Bioläden sein?«

Doch nun im Ernst: Mit der Gesundheit ist es auf der Insel wirklich nicht weit her. Das Problem sitzt in den mit furchtbar vielen anderen Dingen beschäftigten Köpfen. Dass in England keine besonders körperbezogene Kultur herrscht, ist bekannt. Entsprechend schwach verankert ist die Einsicht, dass Körper und Seele oder gar Ernährung und Sinnenfreude irgendwie zusammenhängen. Der Körper hat eine Mechanik, die es hin und wieder zu pflegen gilt. (Apropos hin und wieder pflegen: mangelnde Hygiene ist ein Missstand, den kontinentale Damen beklagen. Ich verzichte auf einen Kommentar, hab's Ihnen aber hiermit ausgerichtet.)

Die englische Kultur ist nicht besonders körperbezogen.

Fish & Chips: fritierter Fisch, fritierte Pommes – lecker, aber gesund?

Neuerdings teilt man in England Nahrungs- und Genussmittel in zwei Kategorien ein: *good for you* und *bad for you*. Dabei berufen sich die meisten auf das, was die Zeitungen zu berichten wissen. Ein Artikel über Rotwein verrät, dass französische Rotweintrinker seltener unter Herzproblemen leiden. Der der Empirie verfallene Angelsachse folgert: Rotwein ist gesund. Und trinkt. Tut er's in

»Good for you« und »bad for you.«

Maßen, ist dies ein harmloses, die Lebensfreude abrundendes Beispiel. Doch treibt alles, was angeblich *good for you* ist, seltsame Blüten. Kartoffeln, belehrte mich ein jüngst zum Kartoffelfeind Bekehrter, machen dick. Er trank Bier, während er dies sagte, und knabberte dazu Erdnüsse.

Die Engländer, behaupte ich mit Wonne, sind, was gesunde Ernährung betrifft, gänzlich unerzogen. Das ist Folge ihres Hangs zur »Einzelei«, dem hemmungslosen Ausgrenzen von Fakten aus ihrem Kontext, dem jede Systematik fernliegt. Der Angelsachse denkt nun mal nicht im Großen und Ganzen, sondern im Hier und Da. Diesem Umstand verdanken wir andererseits viel Gutes, darunter den allgegenwärtigen Humor.

TIPS

Über-Lebensmittel

Wer einen längeren Aufenthalt in dieser Diaspora plant, sollte sich um die Mittel und Wege einer regelmäßigen Versorgung mit gutem Brot aus der Heimat kümmern.

Humor: »Serious Stuff«

Wie beschreibt man eine legendäre nationale Eigenheit, von der jeder dieses oder jenes weiß, die sich aber von Natur aus einer exakten Beschreibung entzieht? Soll ich die besten englischen Witze erzählen? Das wäre sicherlich amüsant. Allerdings wird man dem englischen Humor mit Exempeln à la »Kommt ein Mann zum Arzt ...« nicht gerecht.

Hilfreicher ist ein Vergleich mit dem zunehmend interessanten »neuen deutschen Humor«. Wir neigen dazu, dem Humor bestimmte Reservate einzurichten. So kennen wir die Domänen des erzählten Witzes, der Komödie in Theater und TV, der gelegentlich erfolgreich adaptierten anglo-amerikanischen *stand-up comedy* und des bemüht unernsten Entertainments. Seit Helge Schneider auf deutschsprachigen Bühnen sein liebgewonnenes Unwesen treibt, haben wir sogar die Angst vor dem Undefinierbaren verloren. Das Absurdeste ist gerade gut genug. Unsere Humorindustrie ist seit den 1990er Jahren eine Wachstumsbranche, angekurbelt von einer kreativen, von Ideologie und *political correctness* befreiten Generation. Ihre Produkte sind erfrischend gemein, unerhört albern, nicht selten aber auch beschämend geschmacklos. Belegt diese Hochkonjunktur, dass wir Deutsche nun »mehr« Humor haben? Sind wir jetzt angenehmere Zeitgenossen als in den radikalen späten Sixties, den »befreiten« Seventies oder den coolen 80er Jahren?

Der deutsche Humor

Vielleicht ist es mit dem deutschen Humor so wie mit den Londoner Gastronomie: Es gibt zwar eine blühende Restaurantszene, aber es wird noch eine Weile ins Land gehen, bis die Engländer auch privat ihre Essgewohnheiten ändern. Dass die kommerzielle Humorkultur buntere Blüte treibt, macht uns noch lange nicht amüsanter. »Wieh Tschörmens laaf, wen zambaddi maiks e misteek!« erklärte bei einer Fernsehumfrage über die Humorunterschiede der Europäer der deutsche Repräsentant. Wer nun grinst: »Ei laaf tuu, bikors ei emm Tschörmen ...«, bekommt hundert Punkte für seinen Sinn für Subtilität.

Damit wären wir mitten im Thema. Den englischen Humor finden Sie, im Gegensatz zum deutschen, in beinahe jeder Situation. Er ist fest in die Alltagskommunikation integriert, ein nicht auszugrenzender Teil englischer Sprache und Verhaltenskultur. Dabei geht es nur in Ausnahmefällen um Schadenfreude – ein Wort, das die Angelsachsen übrigens aus Deutschland importieren mussten. Humor ist Lebenseinstellung und *behaviour* zugleich. Das heißt nicht, dass es in England keine professionelle Humoristenzunft gibt – ganz im Gegenteil. Doch haben die englischen *stand-up comedians* kein Monopol auf Humor – höchstens auf das Privileg, damit an die Öffentlichkeit zu treten und einem anspruchsvollen Publikum Rede und Antwort zu stehen. *Comedies* und unterhaltsame Quiz-Sendungen mit beliebten *comedians* und *Chat-show*-Stars sind seit jeher feste Programmpunkte der BBC sowie der kommerziellen Radio- und Fernsehsender. Englischer Humor illustriert, dass zwischen den uns bekannten Gattungen der seichten Unterhaltung und der intellektuellen Seiltänzerei unzählige Zwischentöne liegen.

Humor ist Lebenseinstellung und »behaviour« zugleich.

Überlebenswichtig: »Good Sense of Humor«

»The situation is hopeless, but not serious.«

Der Terminus *good sense of humor* hat aus obigen Gründen den selbstverständlichen Klang einer Formel, die überall angebracht ist. *»The situation is hopeless, but not serious«*, dieses Motto hat den *spirit*, die Kampfmoral, der britischen Armee aufrecht erhalten. Nichts ist so ernst, dass man nicht noch am Sterbebett einen Witz darüber reißen könnte. Die Briten haben höchsten Respekt vor Tapferkeit und dem *spirit*, der selbst schwärzesten Situationen Komisches abgewinnt. Dies erklärt, weshalb sich die Bilder vom *hero* und Helden nicht decken. Mut und Tapferkeit ist ihnen gemein. Zum englischen Helden aber gehört Humor. Er nimmt sich keinesfalls ernst, während deutsches Heldentum den Stoff abgibt für Mythen glorreicher Erhabenheit. Pathos würde in England sogleich der Lächerlichkeit zum Opfer fallen. Kein Wunder, dass *pathos* im Englischen die Konnotation des »hoffnungslos Lächerlichen« hat: *Don't be pathetic*, »Mach dich doch nicht lächerlich!«

Zur Verachtung der Erhabenheit passen zwei weitere Merkmale des englischen Humors: die höhere Bewunderung für den talentierten Amateur als für den Profi, dem leicht etwas perfektionistisch Humorloses anhaftet, und die selbstverständliche Sympathie für den Schwächeren. So erobern die Helden des Films *The Full Monty* (deutscher Titel: *Ganz oder gar nicht*), die mit amateurhaftem Striptease ihrem Arbeitslosenschicksal trotzen, ihr weibliches Publikum durch ihren hemmungslosen *spirit*, nicht durch perfekten Körperbau und Hüftschwung. John Cleese, bekannt geworden durch Monty Python, karikierte als Basil Fawlty in *Fawlty Towers* den pseudoprofessionellen Hotelier; diese urenglische Fernsehserie mag heute etwas antiquiert wirken, bleibt jedoch ein köstliches Destillat des englischen Humors und der ebenso typischen Devise: *What can go wrong, will go wrong!*

Improvisationsvermögen und Geistesgegenwart sind das Rüstzeug für einen würdigen Umgang mit den Zumutungen des Lebens.

Improvisationsvermögen und Geistesgegenwart sind das Rüstzeug für einen würdigen Umgang mit den Zumutungen des Lebens. *»Mr. Churchill, if I were your wife, I'd poison your tea«*, so die unerträgliche Lady Astor scharfzüngig zu Winston Churchill. Worauf der Frauenhasser schlagfertig kontert: *»If you were my wife, I'd drink it.«* Engländer verstehen die Kunst, selbst höchstpersönlich gemeinte Angriffe von sich abzuwehren, in dem sie den Ball ins Netz des Gegners zurückspielen. Dazu braucht es den gewissen emotionalen Abstand, den ein Engländer zu den Höhen und Tiefen des Lebens wahrt und der wenig Platz für kontinentale Launen und Leiden lässt: *Get on with your life!* tönt es nach einem Tiefschlag. Demonstrativer Hingabe an Trauer und Leid begegnet man mit Vorsicht. Wie bereits gesagt, lassen Engländer sich nicht gern auf bewegende Gefühlsbekenntnisse ein. Sie scheuen die Intensität einer emotionsgeladenen »Auseinandersetzung« – ein Wort übrigens, das bei deutschlernenden Engländern entweder Kopfschütteln oder Bewunderung für die abstrakte »Tiefe« der deutschen Sprache auslöst. Gern rettet man sich in den Humor, wenn eine Diskussion zu intensiv wird. Ihre Distanz zu den guten und schlechten Seiten des Daseins verleiht Engländern die hochentwickelte

Durch ihre Distanz zu den guten und schlechten Seiten des Daseins gelingt es den Engländern, mit dem Ernst des Lebens zu spielen.

Fähigkeit, mit dem Ernst des Lebens zu spielen. Darin unterscheidet ihr Humor sich grundsätzlich von dem unserem, der durch einen Hang zur Überidentifizierung leicht ins Persönliche abgleitet, grob unter die Gürtellinie zielt oder angelsächsische Vorbilder mit unterengagierter Albernheit kopiert.

Peinliche Ängste

Schließen Sie von Distanziertheit bitte nicht auf Gefühlskälte. Es widerstrebt der diskreten englischen Natur lediglich, Privates und Persönliches zu offenbaren und damit den Mitmenschen zu nahe zu treten. »*You wear your heart on your sleeve*« – »Du trägst dein Herz auf dem Ärmel«, gab ein Engländer mir wohlmeinend zu bedenken. Man konfrontiert andere nicht ungefragt mit seiner Meinung und seinen Gefühlen. Emotionen und Sinn für Romantik sind so wenig offenkundig, dass man zur falschen Ansicht gelangen kann, sie existierten nicht. Sie befinden sich gewissermaßen in einem anderen Aggregatzustand, was uns den unmittelbaren Brückenschlag zur englischen Seelenlage erschwert.

Mit dem Abkapseln der Gefühlswelt erfüllen die Engländer die beruflichen und gesellschaftlichen Rollenerwartungen. Ob es ihnen bewusst ist oder sie es verdrängen, vermag ich nicht zu beurteilen. Jedenfalls sind sie infolge der komplexen Sozialstruktur mit mehr zwischenmenschlichen Unsicherheiten und Erfolgsdruck konfrontiert als bei uns üblich. Ihnen liegt viel daran, eine gute Figur zu machen vor der zynischen Jury einer Gesellschaft, die mit Fettnäpfchen gepflastert ist. Der *comedian* John Cleese bemerkte: »An Englishman's deepest fear is embarrassment.« Er hat Recht: Nichts fürchtet ein Engländer mehr als das Gefühl der Peinlichkeit, und genau deshalb sind peinliche Situationen ein Leitmotiv der englischen Comedy.

Nichts fürchtet ein Engländer mehr als das Gefühl der Peinlichkeit.

Der Alltagshumor bewahrt sich feinen Sinn für Anstand und Respekt. Denn als Umgangsform ist er unter anderem aus der Angst geboren, sich der Lächerlichkeit preiszugeben. Dem beugt man vor, indem man sich als erster über sich mokiert und bereit ist, Hiebe einzustecken. Nur wer diese *fairness* bewiesen hat, darf auch austeilen. Schonungslosem Spott sind an erster Stelle die Moralisten, Blender und Karrieristen ausgesetzt. Politiker und Medienstars z.B., die ihre exponierte öffentliche Rolle schlecht spielen, müssen eine Menge wegstecken können.

Humorvoller Umgang mit der eigenen Rolle

Als sinniges Beispiel des humorvollen Umgangs mit der eigenen Rolle ist mir eine im Rundfunk übertragene Orchesterprobe in Erinnerung bzw. den Ohren geblieben. Die Sinfonie klang verzerrt und schwammig, als würde sie unter Wasser gespielt. Man glaubte, einer neuen Musikrichtung zu lauschen. Nach einigen Takten lieferte der Orchesterleiter die Erklärung: Das Ensemble spiele regelmäßig ein vertrautes Stück mit vertauschten Instrumenten, der Flötist das Cello, der Geiger den Bass usw. Der ungemeine Spaß, den alle dabei hätten, rühre nicht allein vom ungewöhnlichen Ohrenschmaus her, sondern auch vom Triumph über Ernst und Leistungsdruck. Mir erschien dies ausgesprochen englisch …

Vielleicht ist der englische Humor ein lebenswichtiges Ventil, um Überdruck abzulassen, und eine Möglichkeit, der Versagensängste Herr zu werden. Schließlich gibt es unendlich viel, was man falsch machen kann – und entsprechend viel Stoff für humoristische Verzerrung. Mit Gewissheit wirkt auf der Insel nicht das Tragische kathartisch, sondern das Komische.

Comedy

Es begann im Radio

Die Geschichte der »comedy«

Comedy ist klassenlos. Nicht ohne Grund begann die Radio-Comedy in den 1950er Jahren zu boomen und erreichte in den 1960er Jahren, in denen auch Musik und Mode der Popkultur huldigten, manch glanzvolle Höhepunkte. Besonders populär war die *Goon Show*, die der BBC-Hörfunk 1951 vom Stapel ließ. Zu den Goons zählten Spike Milligan und Peter Sellers, zu den Fans John Lennon und Prinz Charles. Prinz Charles soll die Stimmen der Goons perfekt imitiert und die Royal Family damit zur Weißglut gebracht haben.

Die *Goon Show* gibt's nicht mehr, doch sie ist unvergessen und die Bezeichnung *Ex-Goon* eine Auszeichnung. Wollen Sie eine Kostprobe? Gern geschehen: Man hört, wie ein Wagen vorfährt. Das Auto kommt zum Stehen. Der Motor verstummt, die Fahrertür öffnet sich. Schritte. Öffnen des Kofferraums. Ein schwerer Gegenstand wird herausgehoben und fällt wie ein Sack zu Boden. Er wird schnaufend ein Stück geschleift, bis er – plumps – in eine Vertiefung fällt. Eine Stimme: »*Soon after that I got married again.*« – »Bald darauf hab' ich wieder geheiratet.«

Die *Goon Show* wirkt fort. Nicht nur das *Monty-Python*-Team gestand, unter starkem Einfluss der Goons zu stehen. Prinz Charles hat sich bereit erklärt, der *Goon Show Preservation Society* fünf Jahre als Schirmherr zu dienen – eine Gesellschaft zur Erhaltung des *Goon-Show*-Kults mit königlichem Thronfolger als Galionsfigur ist kurioser Gipfel einer Fankultur, die ihresgleichen sucht. Die *Goon Show* löste eine Woge von Radio-Comedy-Shows aus, die teils ihre *comedians* austauschten oder anderweitig kooperierten und sich in den 1960er und 1970er Jahren überschlugen. Einige davon wurden vom Fernsehen übernommen, so *Have I got news for you?*

»Comedians« genießen Hofnarrenfreiheit.

Die englische Hörfunk- und TV-Comedy hat die Qualität einer Popkultur im besten Sinne. *Comedians* genießen, wie es sich für eine Monarchie gehört, Hofnarrenfreiheit. Wer die Verunglimpfungen der Queen in der Sendung *Spitting Image* gesehen hat, weiß, dass in England zumindest dort gnadenlose Chancengleichheit herrscht, wo Spott lockt und ein populärer *joke* zu holen ist. Die Comedy-Szene ist zur festen öffentlichen Institution geworden, die sich durch beispiellose Respektlosigkeit auszeichnet. Ihre lustvolle Inszenierung schwärzester Satire hat dem einzigartigen englischen Humor schneeweiße Sahnehäubchen aufgesetzt. Die Absurdität, die Anarchie, der Nonsense – sie haben (wieder einmal sei der BBC Dank) seit dem II. Weltkrieg Medientradition.

Nichts ist heilig

Falls der Skandal um den konservativen Abgeordneten Neil Hamilton an Ihnen vorbei ging, hier einige grobe Fakten: Hamilton ließ sich von Harrods-Besitzer Mohammed al Fayed schmieren, um bei einer Parlamentsdebatte von diesem diktierte provozierende Fragen zu stellen. Die Bestechung flog auf und sorgte mit der Schlagzeile *Cash for Questions* für Aufregung. Die geistesgegenwärtigeren der verwickelten Politiker traten zurück. Andere versuchten, ihre Westen zu weißeln.

Zu den letzteren gehörte Neil Hamilton. Er folgte der Einladung der BBC in ihre zynischste Show, in die erwähnte bissige Nachrichten-Quiz-Serie *Have I got news for you?* Das hätte er nicht tun sollen: Der Rhetorik der Comedy-Elite nicht gewachsen, zerfiel er schon nach wenigen Sekunden des brillant gemeinen Kreuzfeuers zu einem Häuflein Asche. Es war dermaßen peinlich, dass es körperlich weh tat. Zum Abschied überreichte man dem Gefolterten auch noch einen riesigen, braunen Umschlag …

Manche Zeitungen kritisierten das scharfe Verhör. Die Öffentlichkeit aber war sich weitgehend einig: Wie kann ein Politiker, der eine Bestechung zu vertuschen versucht, sich der brisantesten Quiz-Show und den erbarmungslosesten Zynikern Englands stellen? Sooo dumm kann doch niemand sein.

Ein weiteres Beispiel: Als Moderator Angus Deayton mit Thatchers Schatzmeister Nigel über die Wirtschaftspolitik sprach, flocht er den ätzenden Versprecher ein: »… you and Mrs. Thatcher are ruining the economy, sorry, *running* the economy.« Respekt? Überflüssig. Der gnadenlose Hohn der TV-Comedy widerspricht nicht dem subtilen zwischenmenschlichen Humor. Er ist vielmehr das kreativste Ventil einer Gesellschaft, die durch ausgeprägten Benimmcode Exzessen vorbeugt.

Respekt? Überflüssig.

Die exzessiv übergewichtige Entertainerin Jo Brand nimmt mit Vorliebe derb ihre Rundungen aufs Korn und die bornierte Arroganz der Umwelt. *»Never trust a man with testacles«* – »Trau keinem Mann mit Hoden«, so einer ihrer harmloseren Ratschläge. Bezeichnend ist jedoch ihre Selbstironie. *»Sure that's a diet coke for you, Madam?«* – »Sie wünschen sicher eine Cola Light, meine Dame?« säuselt der Barkeeper beflissen, als sie eine Cola bestellt. *»No, it's a full fat, full suggar coke with a sausage in a roll in it …«* – »Nein, eine Vollfett-Cola, stark gezuckert, mit Würstchen in einem Brötchen drin …«

Selbstbewusstes Auftreten von »Minderheiten« wie Dicken, Armen und Ungebildeten ist in der angelsächsischen Unterhaltungskultur selbstverständlich. Von der amerikanischen unterscheidet die englische Comedy ihr bissiger Trotz gegen den Trend der Normierung, der als Angriff auf die individuelle Freiheit empfunden wird. Wen geht es an, ob man dick ist oder dünn? Den Barkeeper ganz bestimmt nicht, und deshalb wird dieser sogleich in seine Schranken verwiesen. Einzig die Betroffenen haben zu entscheiden, ob tatsächliche oder vermeintliche Unzulänglichkeiten Thema werden. Dieses Selbstbewusstsein legt genüßlich die anglo-indische Comedy-Show *Goodnes Gra-*

Ihr bissiger Trotz gegen den Trend der Normierung unterscheidet die englische Comedy von der amerikanischen..

ces Me an den Tag. In ihr liefern Inder ihre Stereotypen hemmungslos dem Spott aus. Quintessenz: wir sind genauso verrückt wie alle anderen – und wie andere uns sehen.

Beim Selbsthohn ist das seltene Stilmittel der Übertreibung ein »must«.

Derlei Selbsthohn von Minderheiten will sich nicht ideologisch vereinnahmen lassen, so lässt Jo Brands Protest gegen männliche Anmaßung sich nicht von verspätetem Feminismus in Beschlag nehmen. Der englischen *comedy* geht jegliches Sendungsbewusstsein ab: Niemand verkauft die bessere Moral oder politischen Inhalte. Als Mittel für solche Zwecke ist der Humor zu schade. *»It's not my fault that men prefer meaty women to girls that are thin like you«* – »Ist doch nicht meine Schuld, dass Männer Frauen mit Fleisch auf den Knochen lieber mögen als Bohnenstangen wie dich«, erklärt die Dicke einer jungen, schlanken Schönheit in zickigem Tonfall, um mit entwaffnendem Realitätssinn allgemeinweibliche Schwächen zu enthüllen: *»Every woman has two kind of knickers: the black, lacey ones in the size of an atom that she likes to be seen in, and the grey, cotton ones the size of Derbyshire.«* – »Jede Frau hat zwei Sorten Unterwäsche: die aus schwarzer Spitze in der Größe eines Atoms, in der sie gesehen werden will, und die grauen Baumwollteile, ungefähr so groß wie die Grafschaft Derbyshire.« Würde dies ein Mann sagen oder eine Normalgewichtige, so wär's nicht *fair* – und deshalb nicht englisch und lustig. Komisch ist das Entblößen anderer nur, wenn man sich dabei selbst verhöhnt. Und beim Selbsthohn ist das seltene Stilmittel der Übertreibung ein *must*.

Mit Worten spielen: »Punning«

»The other day they showed a single sperm on television ...« – »Neulich haben sie im Fernsehen ein einzelnes Sperma gezeigt ...«, erzählt der Gast einer Talk-Show und wird unterbrochen: *»As opposed to a married one?«* – »Im Gegensatz zu einem verheirateten?« Der schlagfertige *comedian* hat die Doppelbedeutung des Wortes *single* (einzeln, einzig; ledig) genutzt und den zu einer Erzählung Ausholenden gestört. Unvermuteter Wortsinn kassiert Lacher: *»I was lying on the beach in Greece, stoned ...«* Pause. Erwartungsvolles Schweigen im Publikum. *»... by the locals ...«*, ergänzt die Erzählerin. Dass *stoned* hier »gesteinigt« meint, offenbart sich erst durch den Zusatz »von den Einheimischen«.

Die englische Sprache eignet sich hervorragend für das Spielen mit Worten.

Beinahe ein Sport ist das Spielen mit Worten, das *punning*. Die englische Sprache ist wegen ihres Reichtums an Homonymen und Homophonen – Worten mit gleichem Klang, aber verschiedener Bedeutung – hervorragend dafür geeignet. Das *punning* lebt vom Tempo: Blitzschnell wird ein Wortsinn entstellt. In geselliger Runde wird dieses Spiel Sie manchmal etwas anstrengen. Wenn Sie in größerer Runde etwas erzählen wollen, müssen Sie Ihren Plot gegen den auflauernden Witz englischer Zuhörer sichern, am besten durch erzählerisches Geschick.

Vielleicht besteht ein Zusammenhang zwischen der englischen Kunst des Anekdotierens (ab sofort gibt es dieses Wort!) und dem störenden *punning*. Wortspiele, *puns* sind auch deshalb so typisch englisch, weil sie die Wahrnehmungskonvention auf den Kopf stellen und so mit dem Ritualcharakter englischer Kommunikation spielen. Der Inhalt ist ein scheinbar nebensächlicher Teil des Rituals, die Form und die Wahrnehmung dagegen das verbindliche Element. Aus der Enttäuschung inhaltlicher Erwartungen spricht ein gewisser Trotz gegen die Umgangsrituale, die das gesellschaftliche Leben prägen. Vom sinnverspielten *pun* ist es zum *nonsense* nicht weit.

»Puns« spielen mit dem Ritualcharakter englischer Kommunikation.

Entstellter Sinn: »Nonsense«

Ein Meister des Spiels mit dem Bedeutsamen war Oscar Wilde: *»The only thing I can't resist is temptation«* – »Das einzige, dem ich nicht widerstehen kann, ist die Versuchung«, dieser Ausspruch macht lachen und verblüfft auf mehreren Ebenen. Nicht allein leere Logik, sondern abermals das Spiel mit der Erwartung und die indirekte Verhöhnung pathetischer Verkündungen geben dem Unsinn einen Sinn. Den kultivierten Unsinn finden wir in anderer Form bei Monty Pythons Filmen und Sketchen, die meist in absoluter Anarchie enden. Nichts bleibt heilig. Was sich Größe anmaßt, landet garantiert im Dreck. Anarchistische Tendenzen zeigen sich in vielerlei englischen Lebensäußerungen, vor allem aber im Humor. Monthy Pythons Humor zeichnet sich durch das vollkommene Abgleiten ins Strukturlose aus. Bei dieser uns eher fremden anarchischen Form des Unsinns kommen mir Helge Schneider und Max Goldt in den Sinn, zwei Ausnahmen in der deutschen Humoristenlandschaft.

Oscar Wilde – Meister des Spiels mit dem Bedeutsamen

Monty Pythons Filme enden meist in absoluter Anarchie.

Ob *punning, nonsense* oder respektlose Verhöhnung von Personen des öffentlichen Lebens: Logik, Ordnung und autoritäres Verhalten fallen unweigerlich humoristischer Sabotage zum Opfer. Regeln werden als soziale Verhaltenshilfen respektiert, als Korsette der persönlichen Freiheit und des assoziativen Intellekts aber ohne Ausnahme gesprengt. Humor ist dabei ein wichtiges Mittel, aber nicht das einzige. Der Bruch mit unsichtbaren Konventionen erfolgt häufig lautlos und gehört privat wie öffentlich zum Englischsein für Fortgeschrittene. Da man nur mit etwas brechen kann, was man beherrscht, sei Fremden zur Vorsicht geraten. Zahlreiche Bücher und Theorien über den englischen Humor stellen lediglich Versuche dar, den englischen Hang zum Anarchischen zu ordnen oder gar zu systematisieren. *Forget it.*

Der Bruch mit unsichtbaren Konventionen gehört zum Englischsein für Fortgeschrittene.

Das englische Publikum erwartet nicht nur von professionellen Humoristen rebellische Schlagfertigkeit. Journalisten, Verleger, Autoren, Schauspieler etc. stehen oft kaum weniger unter dem Druck, sich vor laufender Kamera mit geistesgegenwärtigem Witz die Zuschauergunst zu verdienen. Für gemütlichen Charme in verständnisvollem Plauderton, wie ihn unsere Talk-Shows vorlegen, hat das englische Publikum wenig übrig. *Punning* und *nonsense* enthüllen das kreative Repertoire einer Person. Und schaut man genau hin, so erkennt man eine Verwandtschaft mit dem englischen Faible für das *lateral thinking*, das spielerische, interdisziplinäre Denken.

»Understatement«, Ironie und Übertreibung

Ironischer Humor basiert auf der Vorliebe für den subtilen Hinweis und ist nur selten plakativ.

Zwischen *understatement*, Ironie und Übertreibung bestehen fließende Grenzen. Als ironisch bezeichnen wir eine Bemerkung, die das Gegenteil des Gesagten meint. Ein Engländer begreift als *irony* bereits eine spöttische Untertreibung. *»Well, he is not exactly Einstein ...«*, sprich: ein hoffnungsloser Trottel. Ähnlich mag man einen Nobelpreisträger als *»fairly intelligent«*, also »ziemlich« intelligent bezeichnen. Ironischer Humor baut auf der Konvention der indirekten Ausdrucksweise, der Vorliebe für den subtilen Hinweis auf. Die nuancenreiche englische Ironie kommt selten plakativ im Sinn unmittelbarer Bedeutungsverkehrung daher.

Im Rausch des Entertainment ist sich der ansonsten reservierte Engländer für kaum etwas zu schade.

Übertreibung unter Auslassung »pointenunrelevanter« Details ist mehr als erlaubt, wenn beim Dinner Anekdoten aufgetischt werden. Geschichten mit unvergesslicher Pointe erzählen zu können ist eine starke Währung auf dem Markt englischer Geselligkeit. Diese Kunst beherrschen vor allem jene, die regen gesellschaftlichen Umgang pflegen, vornehmlich also Angehörige der oberen *middle classes*. Wenn es darum geht, mit Spannung, Witz und Erwartung der Zuhörer zu spielen, dann ziehen Engländer sämtliche Register. *Understatement*, Ironie und Übertreibung finden sich häufig als gleichwertige Stilmittel in einem einzigen Satz wieder. Im Rausch des *entertainment* ist sich der ansonsten reservierte Engländer für kaum etwas zu schade.

TIPS – Humoristischer Survivalkit

- Lassen Sie sich Zeit. Genießen Sie den englischen Humor, statt sofort mithalten zu wollen. Sie werden feststellen, dass es geraume Weile dauert, bis Sie in die vielschichtigen Anspielungen einsteigen können. Sogar Ausländer, die fünf Jahre und länger in England leben, verstehen nur die Hälfte. Diese Hälfte ist für beste Unterhaltung mehr als genug. Alles andere ergibt sich von selbst.
- Nehmen Sie sich nicht ernster als nötig. Damit haben Sie den wesentlichsten Schritt zur Eroberung englischen Respekts getan.
- Es gibt übrigens auch humorlose Briten. Daher empfiehlt es sich, seinen Humor etwas zurückhaltend unter Beweis zu stellen.
- Sehen Sie sich unbedingt die Comedy-Programme der BBC an, doch Achtung: Nicht alle sind gut – fragen Sie Kenner.
- Engländer stehen nicht besonders auf Schadenfreude. Nicht ohne Grund wurde dieser Begriff aus dem Deutschen importiert: Eine vergleichbare Gefühlsregung ist auf der Insel selten. Entsprechend geht Engländern schadenfroher, von den Fehlern anderer profitierender Humor ab. Sich über sich selbst lustig machen zeugt dagegen von *sophistication*.

Lachen: Eine Begriffshilfe

Aus mir unbekannter Quelle stammen folgende Begriffserläuterungen, die ich Ihnen unübersetzt und leicht gekürzt vorlegen möchte. Sie bringen die Motive des englischen Lachens recht treffend auf den Punkt.

	MOTIVE	*PROVINCE*	*METHOD*	*AUDIENCE*
humor	*Discovery*	*Human nature*	*Observation*	*The sympathetic*
wit	*Throwing light*	*Words & Ideas*	*Surprise*	*The intelligent*
satire	*Amendment*	*Morals & Manners*	*Accentuation*	*The self-satisfied*
sarcasm	*Inflicting pain*	*Faults & Foibles*	*Inversion*	*Victim & Bystander*
irony	*Exclusiveness*	*Statements of facts*	*Mystification*	*An inner circle*
cynicism	*Selfjustification*	*Morals*	*Exposure of nakedness*	*The respectable*

Diese Destillate der Belustigung existieren selten in Reinkultur – gemischt und gemildert werden sie alltagstauglich. Dass die sozialste und gesellschaftsfähigste Form, nämlich der Humor, mit einem mitfühlenden Publikum einhergeht, spricht Bände: Engländer haben ein Herz für den *underdog*, den Schwächeren. *Wit* und *irony* sind dagegen elitär und dienen sozialer Abgrenzung. In Literatur und Kunst bilden sie eine eigenständige Kunstform. Im gesellschaftlichen Umgang darf man sie indes als Signale der Überlegenheit deuten. Ähnliches gilt für Satiriker, die sich offen gegen allgemeingültige Normen wehren. Eine aggressive Arroganz ist dabei kaum zu vermeiden. Bösartiger Sarkasmus hingegen bleibt Mittel zum Zweck und tritt selten als eigenständige Form des Humors auf, während Zynismus sich zuweilen als Charakterschwäche entlarven lässt. Sie werden zwangsläufig Ihre eigenen Beobachtungen ins Verhältnis setzen und sehen, wie flexibel diese scheinbar festgelegten Begriffe im »richtigen Leben« sind.

Engländer haben ein Herz für den »underdog«, den Schwächeren.

Wie modern sind die Engländer?

Eine Collage englischer Wirklichkeiten

Besuchern fällt häufig auf, wie sehr die ersten England-Eindrücke sich mit den Beschreibungen, Filmen und Schulbuchfotos vergangener Tage decken. Doch ehe man England zum Museum erklären kann, bewegt sich etwas. Auch wenn es oft anders erscheint: England ist keineswegs in Traditionen erstarrt. Es verändert sich ständig. Allerdings wandeln sich Infrastruktur, Politik, Wirtschaft, Trends und Kultur leise und unsystematisch. Margaret Thatcher hatte zwar grandiose nationale Visionen, doch seine wirkliche Stärke entfaltet das Land durch Initiative des einzelnen.

Verhältnis von Vergangenheit und Gegenwart

In dieser Gesellschaft, die immer wieder auf die Füße fällt und dem staunenden Publikum dabei einige Kunststücke zeigt, gehen Vergangenheit und Gegenwart eine seltsame Verbindung ein, die sich Besuchern nur langsam offenbart. Wer heutzutage anhand von Alltagsbeobachtungen eine Bestandsaufnahme englischer Identität vornimmt, läuft Gefahr, mit einer flüchtigen Momentaufnahme heimzukehren. England scheint mehr denn je im Begriff, vieles Vergangene aufzugeben, zu modifizieren und zu ersetzen. Daher will ich im folgenden versuchen, dieses Verhältnis von Vergangenheit und Gegenwart näher unter die Lupe zu nehmen.

Englands scheinbar widersprüchliche Kultur hat schon vielen Beobachtern Kopfschmerz bereitet. Seine Wirtschafts- und Sozialgeschichte ist eine des Fortschritts; die Engländer gelten als die Begründer der parlamentarischen Demokratie. Regiert wurde das Land jedoch bis ins 20. Jh. ausschließlich von einer betuchten Elite. Auch über das heutige Demokratieverständnis kann man streiten. Individuelle Freiheit und Bürgerrechte sind hohe, tief verwurzelte Güter, doch standhaft hält sich Klassenbewusstsein. Man meint, in England sei alles wahr und unwahr zugleich. Ich möchte vor allem auf die Punkte eingehen, die Besuchern aus systematisch durchreformierten D-CH-A-Landen höchstwahrscheinlich auffallen in dieser Inselwelt, in der noch mancher Geist der Vergangenheit poltert und die Zeitgeschichte irritiert.

Einheit des Widerspruchs von Tradition und Moderne; Stadtschreier

Wie modern sind die Engländer? Um diese Frage zu beantworten, muss man die vielen unregelmäßigen Steinchen mustern, um sie allmählich zu einem strukturierten Mosaik fügen zu können. Englischer Alltag, Geschmacksfragen, Kreativität, alte und neue Industrien, gesellschaftliche Trends und politische Strukturen gehören in dieses bunte Bild. Ich wiederhole meine Behauptung und Warnung: Systematisch lässt sich die englische Kultur nicht erfassen. Wer länger in England lebt, dem kommt gelegentlich der exakte Sinn für Zeit und Ordnung abhanden. Wenn Sie mir also vermeintliche Widersprüche, den etwas virtuosen Umgang mit Historie und Zeitgeschehen und das Ausbleiben eindeutiger Antworten nachsehen, so haben Sie sich bereits angelsächsisch akklimatisiert.

Die englische Kultur lässt sich nicht systematisch erfassen.

»Hunting« oder Popkultur?

Spätestens seit Prinz Harry und sein Vater Charles zusammen mit den Spice Girls für Pressefotos posiert haben, lässt sich in der Überschrift das »oder« durch »und« ersetzen. Oder? Nein, denn die Begegnung von Prinzipal und Popadel hat in England Tradition ...*well*, seit den 1960er Jahren jedenfalls.

Die Koexistenz der Zeitalter macht einen von Englands vielen Reizen aus. Das Land erscheint wie eine Bühne, die die Jahrhunderte nicht abtreten lässt, sondern immer neue aufnimmt. Deshalb hat sich Tony Blair mit dem Ziel, eine Neuauflage der Insel herauszugeben, eine mühselige Aufgabe gestellt.

Eine von Englands vielen Reizen macht die Koexistenz der Zeitalter aus.

Die ungebrochene Beziehung der Engländer zu ihrer Geschichte spiegelt sich sowohl in der Gesellschaftsstruktur wie in der Welt alltäglicher Dinge. Hier trend-

Rock-Palast am Piccadilly Circus

bewusste Szenegöre, dort konservativer Melonenträger – das Nebeneinander von neu und alt ist englisches Markenzeichen. Morgens Ascot, mittags Wimbledon und abends Oasis – *why not, actually?* Eine Welt, in der die Queen mit Elton John tanzt und Popkönig Paul McCartney zum Ritter schlägt, wird sich vermutlich nie von Jahreszahlen beeindrucken lassen.

Zwischen Trend und Landidylle
Wie wollen die Briten, dass man sie und ihr Land sieht?

Dies war das Thema einer Meinungsumfrage, die das Gallup-Institut ein halbes Jahr nach dem Labour-Blair-Wahlsieg durchführte. Hatte der frische Labour-Wind bereits an der historischen Kulisse englischer Alltagskultur gerüttelt, oder waren die Engländer Traditionalisten geblieben? Die vordergründige Fragestellung zielte auf die Geschmackspräferenzen der Briten. Das Ergebnis lieferte eine eindeutige Stellungnahme zum englischen Kulturgut: Zwischen 65 und 80 Prozent zogen das Image des alten England den kulturellen Trends der Gegenwart vor.

Noch siegt die Tradition.

So erfreut sich Schriftstellerin Jane Austen mit 85 Prozent weit größerer Beliebtheit als Bridget Jones, die mit dem Tagebuch ihres Singlelebens ein schonungsloses Zeugnis urbaner Existenz geschaffen hat. Entsprechend schlägt Charles Dickens (83 %) den Erfolgsautor Nick Hornby (12 %).

Laura Ashleys verspielte Mädchenmode siegt haushoch über die makabre Eleganz der Avantgardedesignerin Vivienne Westwood. Im *village pub* geht 75 Prozent der Briten das Herz auf, während nur 20 Prozent lieber im Szene-Café abhängen. Diese 20 Prozent entstammen hauptsächlich der Gruppe der 16–24jährigen, die sich einer beachtlichen Mehrheit konservativer Geschmacksvertreter gegenüber sieht. So sind immer noch die Beatles, nicht Oasis die Hofmusikanten der Monarchie, und die Untertanen leben lieber in einem Haus auf dem Land (83 %) als im coolen Loft einer umgestylten Fabrik (12 %). Die meisten Engländer wünschen sich sonntags den *traditional roast*, den Braten; das indische Curry bleibt Alltagsgericht. 65 Prozent aller Befragten bezweifeln die Notwendigkeit von Modernisierungsmaßnahmen à la Blair. Und 90 Prozent sind überzeugt, dass ohne breite Unterstützung der britischen Öffentlichkeit nichts läuft.

Ein Bild von England bleibt stets ein Kompromiss.

Aus diesem »Schnappschuss« eine Prognose abzuleiten, das erfordert mehr als Rechenkünste. England hat in den vergangenen Jahrzehnten bewiesen, wie unsystematisch und einfallsreich es sich aus Krisen befreit und weiterentwickelt. Wie gesagt, Engländer sind keine Prinzipienreiter; ihre Stärke liegt in der Improvisation und im Kompromiss. Die Entwicklungen nach den Thatcher-Jahren belegen, wie schwer die Konsequenzen politischer Entscheidungen sich vorhersehen lassen. Damit bleibt ein Bild von England stets ein Kompromiss.

Geschmack: Regeln ohne Dogma

Bei meinen ersten Einladungen in englische Häuser erstaunte mich oft der »konservative« Wohngeschmack. Stellte eine 24jährige Österreicherin oder Deutsche ein großgemustertes Sofa unter das Ölgemälde eines Jagdhundes, würde man sich über den »unjugendlichen« Stil wundern. Auf der Insel wundert man sich über nichts. Wir haben aufgrund unserer Geschichte eine Alltagskultur ohne Vergangenheit entwickelt und sind allenfalls mit »klassischem« Geschmack aufgewachsen. Engländer haben einen solchen Traditionsbruch nicht erlebt und sind deshalb nicht unbedingt in unserem Sinne konservativ, wenn sie in ihren vier Wänden Altbewährtes bevorzugen.

Schließen Sie von der Einrichtung also nicht voreilig auf die Gesinnung Ihrer Gastgeber, und machen Sie sich auf eine gewisse Unberechenbarkeit von Geschmacksfragen gefasst. Bildung und Geschmack gehen in England keineswegs dieselbe Verbindung ein wie bei uns. Unsere Geschmacksvorstellungen sind häufig logisch nachvollziehbar. Die englischen verweigern sich unserer Logik. Dass oft Spaß munter mitmischt, überrascht nicht weiter.

Exzentrik, Individualismus und Liebe zum Landhausstil

Exzentrik, ausgeprägter Individualismus und Liebe zum Landhausstil haben im englischen Wertgefüge feste Plätze wie bei uns der Hang zum radikalen Geschmacksdiktat. Ich muss fairerweise ergänzen, dass sich »Modernität« in England, besonders in London, in einem durchaus gereiften Wohnkonzept niederschlägt. Doch schränkt die vorhandene Bausubstanz diese Entwicklung ein. Hinzu kommt die in vielen englischen Lebensbereichen bedeutsame Tatsache, dass Neues sich seinen Platz neben Altem erst erobern muss. Eingeschränkt modern bedeutet eine undogmatische Kombination von alt und neu. Häufig finden sich Verschmelzungen von Genre, Pittoreskem und *period* (Elementen bestimmter Zeitstile). Auf mich wirkt ein ausgewähltes Nebeneinander der unverpanschten Stile am gelungendsten, und Jagdszenen an der Wand einer Londoner Wohnung sagen mir so wenig zu wie auf alt getrimmtes Mobiliar. Aber das ist nun mal Geschmacksache. In manchen Hotelzimmern wird Ihnen das Grausen kommen, aus anderen werden Sie nie wieder ausziehen wollen.

Geschmack zählt zu den wenigen Dingen des Lebens, bei denen das englische Pendel extrem ausschlagen kann.

Geschmack zählt zu den wenigen Dingen des Lebens, bei denen das englische Pendel extrem ausschlagen kann – zum extrem Geschmackvollen und dermaßen Geschmacklosen, dass man es nicht fassen kann. Das Gestrige ist fast immer dabei. Sie dürfen gespannt sein.

»Created in England«

Woher kommen die Impulse für die ungemein kreative *popular culture* und international einschlagenden Trends in einem an traditioneller Alltagskultur so reichen

Black is beautiful.

Land? So wie die Beatles und Mary Quant Inbegriffe der Popkultur wurden, so hat Terence Conran mit seinen Design- und Food-Erneuerungen Blairs Visionen von einem »modernen Großbritannien« im Lifestylebereich den Weg geebnet. Richard Rogers und Norman Foster ziehen in die weite Welt, weil die Insel für ihre Architektur zu wenig Platz bietet. Der Designer Ross Lovegrove, um nur einen typischen Vertreter der modernen Objektkunst zu nennen, hat in Italien und Deutschland mehr Kunden als in Großbritannien. Man denke auch an Vivienne Westwoods provokante Mode und Richard Bransons Marke Virgin. Immerhin besitzt laut Gallup-Umfrage das Virgin-Label, das als Symbol zeitgemäßen Unternehmertums die Welt erobert, ein positiveres Image als das Kaufhaus Harrods. Diesem Prestigetempel des Empires machte erstmals der moderne Nobelshop Harvey Nichols Konkurrenz. Heute scheint's, als wolle Harrods englischer sein als die Engländer.

Kreative »popular culture« und international einschlagende Trends

In der Popmusik ist England nach wie vor unschlagbar. Wenn es so etwas wie englische Leidenschaft gibt, dann artikuliert sie sich in der Welt der Musik (auch der klassischen übrigens). Der kreativen, jungen Szene bekommt das Londoner Klima bestens, und die meisten bedürfen der Metropole. Man darf jedoch nicht allein London die Fülle von Impulsen zuschreiben. Gerade kleine Firmen und regionale Initiativen, die nicht auf den Standort London angewiesen sind, sind heute landesweit aktiv, ja ziehen sich wegen der Lebensqualität und Kosten bewusst aus der Hauptstadt zurück.

Englands Innovationen sind unorganisiert, manchmal chaotisch und oft überraschend.

Englands Innovationen sind unorganisiert, manchmal chaotisch und oft überraschend. Produkte und Dienstleistungen, Design und Werbung entstehen dank der digitalen Revolution überall, und unternehmerische Hierarchien versperren Einzelkämpfern nicht mehr zwangsläufig den Weg zum kommerziellen Erfolg. Im

Gegenteil, man schätzt die Kooperation mit kompetenten Individuen als Fortschritt: Computergenies entwickeln Nischensoftware für große Konzerne, kreative Freiberufler Werbe- und Marketingkonzepte, unabhängige Filmproduzenten stellen Beiträge für die großen Fernsehsender auf die Beine. Dieses als Sparmaßnahme größerer Firmen entstandene *outsourcing* erweist sich als wegweisend für das 21. Jh., ja geradezu revolutionär. Nicht nur junge Dienstleister erkennen sein Potential, sondern auch Aussteiger in den besten Jahren. Mit Kontakten und Erfahrung machen sich manche Mittvierziger erfolgreich selbständig. *Cool Britannia*, wie seit Blair das moderne England genannt wird, liegt voll im Trend postindustrieller Entwicklungen.

Vom deutschen Hasen und englischen Igel

Nun schließt sich die Frage an, weshalb das scheinbar so viel modernere Deutschland (natürlich auch Österreich und die Schweiz) aus dem Ex-Empire Popmusik, Restaurants, TV-Formate und Einzelhandelskonzepte einführt. Wieso gelingt es den individualistischen Briten immer wieder, äußerst zeitgemäße Beiträge zur Massenkultur zu liefern?

Den individualistischen Briten gelingt es immer wieder, zeitgemäße Beiträge zur Massenkultur zu liefern.

Es gibt mehr als eine Antwort. Einige Faktoren habe ich bereits genannt, so die flexiblere Arbeitsorganisation und Förderung junger Selbständiger. Der englische Markt ist, beschleunigt durch die Thatcher-Politik, innovationsfreudig, wettbewerbbewusst, anspruchsvoll und will stets aufs neue erobert werden. Seit den 1980er Jahren ist national wie international harter Konkurrenzkampf angesagt. Vor allem kleine Unternehmer stehen mehr denn je unter kurzfristigem Erfolgsdruck. Im Trend der Zeit liegende Unternehmen und Einzelhändler verzeichnen einen Boom, woran Thatchers umstrittene Ideologie des Super- und Turbokapitalismus nicht ganz unschuldig ist. (Die beschäftigungs- und sozialpolitischen Auswirkungen der Thatcher-Politik werden wir später betrachten.)

Das englische Konsumverhalten wird von Launen, nicht von Grundsätzen gelenkt.

Gekauft wird heute weniger markentreu, dafür impulsiver. Engländer sind, wie gesagt, keine Prinzipienreiter, und das merkt man auch ihrem Konsumverhalten an: Ob ein japanisches, deutsches oder englisches Auto angeschafft wird, ist eine Frage der Laune (und des Budgets), nicht der Grundsätze. Ein neues Restaurant? Ausprobieren, auch wenn man bereits mehrere Lieblingsrestaurants hat. Eine neue Hautcreme? Testen, auch wenn die »alte« gut ist. Die neue könnte besser sein … *Trial and error*, neu und anders – das widerspricht nur scheinbar einer Mentalität, die das Gewohnte schätzt. Denn man hält nicht um jeden Preis am Vertrauten fest und geht durchaus mal ein Risiko ein.

Und undogmatischer Service passt ohnehin ins weltoffene England. »Das geht nicht« oder »Das können wir nicht machen« werden Sie selten hören. Ebenso undogmatisch ist die Einstellung zum Konsum. Da Geschäfte und Kaufhäuser, vor

Shopping in Covent Garden, London

allem in London, auch am Wochenende geöffnet sind, ist *retail therapy* (ironisch: Einkaufstherapie) fast rund um die Uhr möglich. Die relativ neue, von den Kreditinstituten eifrig untermauerte Haltung *buy now, pay later* beweist, dass nicht nur ein Struktur-, sondern auch ein Wertewandel stattgefunden hat. Die amerikanisch inspirierte Lebensweise der *instant gratification* (»unmittelbaren Belohnung« im Sinn von »sofortiger Bedürfnisbefriedigung«) hat vor allem in den 1980er Jahren ihre Blüten getrieben. Sehr englisch erscheint mir dabei das Fehlen jeder moralisierenden Einmischung, wie jemand sein Geld ausgibt. Dass Diskretion und mangelndes Schuldbewusstsein beim *overspending*, dem Zu-viel-Geld-Ausgeben, ein treffliches Paar abgeben, wird Ihnen spätestens bei einem Shopping-Trip in London auffallen. *Overspending* scheint ein moralisch wertfreies Phänomen zu sein wie Kopfschmerz oder Schlechtwetter. Das kurbelt Einzelhandel und Kreditwirtschaft natürlich kräftig an. Von der alten englischen Vernunft und Sparsamkeit hält vor allem die junge Generation der *professionals* wenig. Anders sieht es in den *suburbs* und *counties* aus, in denen junge Familien mit durchschnittlichem Einkommen leben: Dort setzt man andere Prioritäten und stürzt sich in die überteuerte Shopping-Metropole allenfalls zu Zeiten der sensationellen *sales*, der Schlussverkäufe.

»Buy now, pay later«

Von der alten englischen Vernunft und Sparsamkeit hält vor allem die junge Generation der »professionals« wenig.

Noch etwas trägt entscheidend zum Erfolg englischer Produkte und Dienstleistungen bei: Die Branchen Mode, Werbung und Design achten bei ihrem Nachwuchs mehr auf originelle Kreativität als ein Diplom. Gespür für spielerischen Stil- und Epochenbruch ist ein gefragtes Talent, und erfolgverheißende, die aufgeklärte Konsumentengeneration ansprechende Konzepte erhalten das finanzielle *back-up* risikofreudiger Investoren. Die britischen Schöpfer junger Konsumkultur wissen um die ehrgeizige Konkurrenz, die hohen Ansprüche und dass Selbstzufriedenheit fatal sein kann. Grundsätzlich haben Kreative in England einen leichteren Start als bei uns. Der englische Markt ist, indirekte Folge der Thatcher-Regierung, amerikanischer denn je. Dazu kommen englische *open-mindedness*, das Interesse an Talenten, und eine Medienkultur, die das breite Interesse an Persönlichkeiten stillt und vielversprechenden Newcomern ausreichend Publikum verschafft. Wer in England besteht, hat Zukunft. Dies hat z.B. Anita Roddick bewiesen, die rechtzeitig den Trend zur ohne Tierversuche hergestellten Pflegekosmetik erkannte und deren Bodyshop-Kette sich unter dem Härtetest verwöhnter Konsumenten bald zum Eurokonzept mauserte. Conrans Wohn- und Fressideen waren bereits vor ihrer Vermarktung in Deutschland Legende, und englische TV-Formate werden von unseren Fernsehsendern mit wachsendem Eifer kopiert.

Kreative haben in England einen leichteren Start als bei uns.

Sie werden also einerseits ein »altmodisches« Land vorfinden. Deutsche Kritiken sanitärer Anlagen z.B. würden ein Buch füllen. Der innovative englische Igel ist indessen service- und konsumorientiert. »Ich bin schon lange da!« ruft er dem atemlosen deutschen Hasen zu. Während dieser immer noch »Ungern!« blafft, wenn ein Einzelhandelskunde mit Kreditkarte zahlen möchte, entwickelt der Igel populäre Konsumkonzepte, die Individualität zulassen und nicht an Massenware erinnern. Wahrscheinlich hat er ein Geheimnis, das wir erst lüften werden, wenn wir die Das-geht-nicht-Attitüde überwunden haben.

Vielleicht sollten wir England mit weniger systematischer Urteilslust erleben. Wir kommen auf die Insel und sind hin und her gerissen von scheinbaren Paradoxien: »... die haben hier noch nicht mal ...«, »... hier kann man sogar ...« Unser Glaube an eine gewissenhafte höhere Ordnung hinter den Dingen ist erschüttert. Das Klischee vom zurückgebliebenen England der sozialen Ungerechtigkeiten (die es zweifellos gibt), der fehlenden Artikulation menschenrechtlicher Bewegungen und der wirtschaftlichen Wettbewerbsunfähigkeit ist es hoffentlich auch. Wir vergessen schnell, wie selbstverständlich wir aus der anglo-amerikanischen Kultur kopieren. Ob im Technologie- oder Medienbereich, in *entertainment*, Werbung oder Finanzwelt, die englische Sprache prägt beinahe alle Aspekte unseres modernen Lebens. Geben wir's zu: Der pragmatische, undogmatische und lebensbejahende *spirit* der Angelsachsen wirkt belebend auf unsere provinzielle Bürgerkultur.

Geben wir's doch zu: Der pragmatische, undogmatische und lebensbejahende »spirit« der Angelsachsen wirkt belebend auf unsere provinzielle Bürgerkultur.

TIPS

Moderne Zeiten

- ▶ Versuchen Sie, offen zu sein für Neues und Unerwartetes. Der Ersteindruck täuscht. In England bewegt sich sehr viel, und Sie werden reichlich Überraschungen erleben.
- ▶ Werfen Sie das Klischee vom konservativen Engländer über Bord. Dem ein oder anderen werden Sie sicher begegnen. Doch unter der konservativen Oberfläche verbergen sich häufig Offenheit, Kreativität und Ideenreichtum.

TIPS

- Gutes Benehmen, *understatement* und Festhalten an gewissen Geschmacksnormen werden Sie immer finden – aber schließen Sie daraus nicht auf Konservativismus. In England hat das eine mit dem anderen nichts zu tun. Auf Engländer wiederum wirken die gewollte Lockerheit und das Bemühen um Originalität und Coolness mancher Deutscher etwas befremdlich und provinziell.
- Englands Medien- und Konsumkultur ist wesentlich entwickelter als die unsere, auch wenn Sie dies nicht sofort erkennen. Da in diesem Bereich der angelsächsische Einfluss bei uns zunimmt, sei Reisegästen geraten: Verwechseln Sie nicht Original und Kopie.
- Bemerkungen wie »Die haben noch nicht mal 'ne anständige Dusche!« oder »Die Häuser sind primitiv! Da sind die Wasserleitungen noch außen verlegt!« werden Sie zwar manchmal aus Besuchermunde hören, sollten Sie aber ignorieren. Wenn hingegen Engländer über ihr eigenes Land solches oder ähnliches sagen, wirkt's irgendwie nett ...

Fortschritt gestern, Fortschritt heute

Würde man Englands Modernität allein an der kreativen Elite und ihrem output messen, käme man zu einem sensationellen Ergebnis. Und dass sich wieder mehr englische Produkte und Ideen auf dem Kontinent blicken lassen, ist für alle am Handel Beteiligten schön und gut.

Betrachten wir aber den Alltag der Mehrheit, sieht England »ganz schön alt« aus. Durchaus nicht alle Engländer teilen den optimistischen Schwung der jungen Kultur. Mehr im gebeutelten Norden als wohlhabenderen Süden Englands trauern sie der Wertewelt einer Konsensgesellschaft nach, die mit den 1960er Jahren ins Wanken geriet. Der laute, ostentative Erfolgszwang der 1980er und 1990er Jahre stehe so gar nicht in Einklang mit der seit Jahrhunderten bewährten skeptischen, kalvinistischen Zurückhaltung der Engländer, so die Klage des Kritikers Jeremy Seabrook. Als Cambridge-Absolvent hatte Seabrook, ein Sohn der Arbeiterschicht, in den 1970er Jahren theoretisch alle Chancen der Welt. Statt dessen arbeitete er in einer unbedeutenden Bibliothek in Northampton und beobachtete den Verfall seiner nordenglischen Heimat: Das Gefüge von Nachbarschaft und Gemeinschaft brach langsam, aber sicher zusammen, soziale Mobilität erwies sich trotz Reformpolitik als psychologisch problematisch. Arbeitslosigkeit trieb viele bis dahin einigermaßen intakte Arbeiterfamilien ins soziale Aus. Auf den Straßen sah man arbeitslose Freunde und Nachbarn, Drogen-, Alkoholkonsum und Kriminalität stiegen erheblich. Die Begriffe Nord- und Südengland schienen einer Unterscheidung zwischen den Verlierern und Gewinnern der Wirtschaftskrise gleichzukommen.

Arbeitslosigkeit, Drogenkonsum und Kriminalität

Messen wir Modernität am statistischen Durchschnitt von Lebensstandard, Bildung und Vermögen? Oder daran, wie diese Güter verteilt sind? Am Niveau der Elite oder der breiten Mittelschicht? Welchen Rang nimmt das Königreich hinsichtlich moderner Technologien und neuer Industrien im Ländervergleich ein? Kann eine Monarchie überhaupt ein moderner Staat sein? Da in England die Geschichte so präsent ist wie der Fortschritt, will ich den Kriterienkatalog mit einem Blick auf die Vergangenheit vertiefen.

Von schlauen Schäfern

Einige simple Lebensbedingungen haben die englische Mentalität stärker geformt als politische und wirtschaftliche Faktoren. In der englischen Geschichte dürfte die vielzitierte Insellage die Hauptrolle spielen. Sie hat dem Land vermutlich den ein oder anderen Übergriff kontinentaler Eroberer erspart. Die letzte Unterwerfung durch Wilhelm den Eroberer anno 1066 war gewissermaßen *a blessing in disguise*, ein als Unglück verkleideter Glücksfall. Als der normannische Eroberer, nominell Eigentümer des gesamten Landes, das entwickeltere Lehnswesen des Kontinents einführte, erhielten die Feudalherren zwar Güter, aber keine weiten Ländereien.

Wilhelm der Eroberer

Normannische Machtbastion (Château des Marais, Guernsey)

Territorialfürsten gab es nicht und außerhalb der Lehnshierarchie keinen Grundbesitz. Damit waren ideale Voraussetzungen für eine Zentralgewalt gegeben; eine Zersplitterung wie im föderalistischen Deutschland blieb den Angelsachsen erspart.

Jede Einschränkung individueller Freiheit gilt bis heute als extremste Verletzung englischer Identität.

Weiterhin ließ Wilhelm durch Übernahme des *common law*, des alten, ungeschriebenen Gesetzes der angelsächsischen Vorväter, eine der wichtigsten traditionellen Strukturen unangetastet. So hielt sich der Befreiungstrieb der Unterworfenen in Grenzen und konnten die normannischen Zuwanderer sich allmählich in die angelsächsische Bevölkerung integrieren. Zugleich gab dieser Fremdeinfluss einem Freiheitsmythos Auftrieb, der sich aus der angelsächsischen Ära vor der Eroberung durch Wilhelm nährte. Einschränkung individueller Freiheit, sei es durch Gesetzgebung, die Europäische Union oder den Nachbarn, gilt bis heute als extremste Verletzung englischer Identität. Ich darf nur an den hartnäckigen Protest gegen das Rindfleisch-Importverbot und die traditionell anti-europäische Grundhaltung der Briten erinnern.

Englands Häfen waren die Ausgangspunkte für Welthandel und imperiale Herrschaft.

Der Ärmelkanal bot als natürliche Grenze Schutz vor Angriffen und gleichzeitig, schmal wie er ist, Nähe zum Kontinent. Und er ermöglichte den Aufbau des Handelsnetzes der Seefahrernation. Nicht nur im Ausland machten die Engländer Karriere. Das milde Inselklima begünstigte Ackerbau und Viehzucht. Schon im 12. Jahrhundert kannten die Engländer halbindustrialisierte Techniken bei der Weiterverarbeitung von Schafwolle, deren Produkte wichtige Handelsgüter darstellten. Wesentlich früher als der Kontinent entwickelte man auf der Insel Methoden der Massenproduktion und des Handels mit standardisierter Massenware und damit die strukturellen Voraussetzungen für Industrialisierung und Welthandel. Diese frühkapitalistischen Strukturen würde man heute Wettbewerbsvorteil nennen. Die Grundmotive, nämlich Pragmatismus, Innovationsgeist und Geschäftstüchtigkeit, haben die Nation nicht verlassen, wie wir an heutigen Arbeitsformen sehen. Übrigens sitzt der Lordkanzler, der Präsident des House of Lords, nach alter Tradition immer noch auf dem Symbol für den Wirtschaftszweig, auf dem England seine Handelsmacht aufbaute – auf einem Wollsack.

Industrialisierung und Welthandel

Von Adligen, »Bürgern« und Aufsteigern

Die Gründung des *model parliament*, des ersten Parlaments, im Jahr 1295 verschaffte gesellschaftlichen Interessenskonflikten ein Ventil: Das war *very civilized* und typisch englisch. Anders als auf dem Kontinent gingen Kleinadel und Mittelstand im House of Commons eine enge Verbindung ein. Zwar besaß das Unterhaus keine Regierungsbefugnis, aber immerhin politisches Gewicht. 1453, vier Jahrhunderte früher als auf dem Kontinent, wurde die Leibeigenschaft weitgehend abgeschafft. Und noch ein Fortschritt: England war nach dem Hundertjährigen Krieg gegen Frankreich (1337–1453) eine Nation. Außerdem erwirkte es wesentlich früher als Deutschland und Frankreich Bürgerrechte.

Apropos Bürgerrechte: Die Übertragung des Begriffs »Bürgertum« auf die englische *middle class* bereitet mir Schwierigkeiten. Denn wir assoziieren ihn unwillkürlich mit dem städtischen Bürgertum, das sich im Zuge der Aufklärung emanzipierte. »Unser« Bürgertum entwickelte seinen Wertekanon in Auflehnung gegen das Territorialfürstentum. Es strebte unabhängig (!) vom Adel nach Kunst- und Kulturgenuss, nach Gleichberechtigung und Grundrechten wie Meinungs- und Religionsfreiheit. Die Rechte bedeuteten neben gewonnener Freiheit auch Übernahme von Verantwortungen, Pflichten und Erziehungsaufgaben. Nicht nur Angehörige des Groß-, sondern auch des Kleinbürgertums, das sich vorwiegend aus dem hochgeachteten Handwerkerstand rekrutierte, bekleideten Ämter in Städten und Gemeinden. Ein Engländer spottete: *»Everybody is a ›Meister‹ over there.«* Die Ernennung oder Wahl eines redlichen Bürgers zum Amtsträger, etwa zum Bürgermeister, brachte außer politischem Gewicht zumindest theoretisch keine Privilegien ein. Um so enger war jederlei bürgerliche Verantwortung, vielleicht gerade weil sie nicht

Unser »Bürgertum« und die englische »middle class«

»Everybody is a ›Meister‹ over there.«

auf ständischen Privilegien basierte, mit Idealen verknüpft. In der deutschen Ideen- und Geistesgeschichte spiegelt sich dieses bürgerliche Selbstverständnis unübersehbar.

Anders verhält es sich mit dem bürgerlichen Stand in England. Man bedenke, dass Großbritannien bis Ende des 19. Jh. ausschließlich vom Landadel regiert wurde. (Die Befugnisse des House of Lords wurden gar erst 1911 beschnitten.) Landbesitz bedeutete Reichtum, Macht, Einfluss und Anspruch auf öffentliche Ämter. Es schien eher ein Zugeständnis an den zunehmenden Einfluss der Industrie zu sein als Zeichen eines egalitäreren Gesellschaftsverständnisses, als im späten 19. Jahrhundert endlich wohlhabende »Bürgerliche« im Sinn von »nicht dem Landadel Angehörige« Zugang zur regierenden Elite erhielten. Man fragt sich als Kontinentaleuropäer: Wer war dieses sogenannte Bürgertum? Welchen Stand, welche Werte, welchen Einfluss hatte es in England? Um an die Ausführungen im Kapitel zur Klassengesellschaft anzuknüpfen: Das Bürgertum bildete sich seit frühesten parlamentarischen Zeiten aus den Repräsentanten der Städte. Die Städte wurden teils vom Hochadel *(aristocracy)*, hauptsächlich aber vom niederen Landadel *(gentry)* als Abgeordneten der Grafschaften im Parlament vertreten und von der aufsteigenden Handelselite regiert. So fanden sich im Parlament also Hochadel, oberer Klerus, *gentry* und Kaufmannselite. Die beiden letzteren entwickelten sich zum »Bürgertum«. (Da nach englischem Recht nur der älteste Sohn den Adelstitel erbt, reihen die später Geborenen sich *nolens volens* in die bürgerliche Schicht ein.) Selbst wenn man den Begriff »bürgerlich« als Abgrenzung zum Adel benutzt, muss man also bedenken, dass dieses Bürgertum nach oben hin durchlässig war und nicht wenige Familienangehörige des Landadels umfasste. Englands gesellschaftliche Strukturen vor der *Glorious Revolution* und der *Bill of Rights* von 1689 führt man sich bildlich am besten als kleine, in Form großer Güter und Ländereien über die Insel verteilte Pyramiden vor Augen. Nach dem Machtverlust der Krone durch die *Bill of Rights* musste sich der Hochadel immer weniger vor Hofe verantworten.

Nur der älteste Sohn erbt den Adelstitel.

Früher als in Deutschland, nämlich bereits im 17. Jh., entwickelte sich daher in den Landhäusern eine Privatsphäre, die der einer wohlhabenden Mittelschicht durchaus ähnelte und sich vornehmlich durch die Größe der Landsitze unterschied. Die erbrechtlich bedingte Integration der jüngeren Söhne von Hoch- und Kleinadel in das »Bürgertum« erklärt auch den Vorbildcharakter, den der Landadel für die *upper middle class* darstellt. Dieser Trend war im 18. Jahrhundert besonders ausgeprägt, und es gibt sogar einen Begriff dafür: *gentrification*. Ich kann Ihnen versichern, dass Sie dieses Wort niemals brauchen werden. Aber es hilft vielleicht manche rätselhafte Erscheinungen besser verstehen.

Das Erbrecht ist verantwortlich für eine weitere englische Besonderheit: die zahlreichen verwandtschaftlichen Verbindungen zwischen Bürgerlichen und Adel. Soziale Zugehörigkeit zählt deshalb mehr als der Titel allein. Dieses Bewusstsein finden Sie heute noch. Denn seine Festen wurden nie erschüttert, auch nicht dadurch, dass der Hochadel im 20. Jh. die nichtadelige Elite ins Establishment einlassen musste. Außerdem bestehen die Symbole, der Lebensraum und die sozialen Verbindungen dieser oberen Schichten fort und passen sich jüngsten strukturellen Veränderungen an, statt an ihnen zu zerbrechen.

Gesellschaftliche Schranken öffnen und Prioritäten ändern sich. Zwar ist das moderne England nicht von einer bedingungslosen sozialen Mobilität nach amerikanischem Modell gekennzeichnet, aber ebensowenig von einer rigiden, auf Abgrenzung bedachten Klassenstruktur. Erfolgreiche aller sozialen Schichten werden anerkannt, integriert und gefördert, solange sie die gesellschaftlichen Spielregeln beherrschen. Daher sind die sozialen Signale von Sprache und Verhalten nach wie vor bedeutsam, und daher besitzen Engländer außerordentlich feine Antennen namens *social awareness*. Dieser nicht zu übersetzende Begriff bezeichnet das sensible Gespür für den Platz, den jemand in der gesellschaftlichen Hierarchie einnimmt. Ungeachtet dieser ausgeprägten Sensibilität lässt sich mit Fug und Recht sagen: Im England von heute hängt der Aufstieg des einzelnen wesentlich ab von Persönlichkeit, Intelligenz, Originalität und Geschicklichkeit beim Überwinden von Hürden. Sie werden die abenteuerlichsten Lebensläufe in den aktuellen Chroniken der englischen Gesellschaft finden.

Engländer besitzen ein feines Gespür für gesellschaftliche Hierarchien.

Beispiele wie Ex-Premier John Major und der als pompöser Snob entlarvte Lordkanzler Lord Irvine belegen, dass Regieren und Ausüben hoher Ämter beileibe keine Klassenfrage mehr sind. Major wie Irvine wurden vom Arbeiterkind zum Politstar. Politische Karrieren waren jahrhundertelang eine Frage des Geldes. Selbstverständlich wurden Abgeordnete bezahlt, doch zu knapp für Parlamentarier, denen Familienerbe kein Zweiteinkommen sicherte. Wer aus den weniger angesehenen Kreisen der Industrie kam, konnte sich kaum leisten, seine Führungsposition für die Parlamentstätigkeit in Westminster an den Nagel zu hängen. Nicht zuletzt deswegen besetzte die aristokratische Elite, nicht das städtische Bürgertum, bis ins 20. Jh. einen entscheidenden Teil der Regierungsämter und prägte das angelsächsische Führungsethos. Früher musste ein echter Gentleman nicht dem Broterwerb nachgehen und konnte sich demnach eine öffentliche Rolle »leisten«. Dieser zwanglose Müßiggang haftet, obwohl vom Aussterben bedroht, immer noch der feinen englischen Art an.

Vom Arbeiterkind zum Politstar – Regieren ist heute keine Klassenfrage mehr.

Aus den genannten Gründen drückte sich im England des 18. Jahrhunderts das unabhängige »Bürger«-Bewusstsein des gebildeten Nichtadels weniger in der Verantwortung öffentlicher Rollen und Ämter aus als in den Künsten, insbesondere der Literatur. Schon mit Ausgang der *Glorious Revolution* sorgte in den Städten die wohlhabende Oberschicht für ein reges kommerzielles Leben und schuf aus eigener Kraft ein vom Hof unabhängiges, für damalige deutsche Verhältnisse ausgesprochen fortschrittliches Kulturleben.

Gentleman: Überarbeitete Auflage

Unsere leistungsorientierte Zeit macht es schwer, das Gentleman-Ideal aufrecht zu halten.

In unserer leistungsorientierten Zeit kann die aufstrebende Mittelschicht nicht mehr das herkömmliche Gentleman-Ideal aufrecht erhalten, das seine Distinguiertheit aus *education*, Müßiggang und Gesellschaftsleben bezieht. Vereinzelte Spuren dieser Lebensweise werden Sie aber noch in den Reihen junger Karrieristen ausmachen. In der Londoner City erzählt man sich von *hunting & shooting weekends*, und fast jeder sich etablierende Jungbrite kauft – oder erbt – früher oder später ein *cottage*, ein Haus auf dem Land. *Living in the country*, auf dem Land leben, hat in der *middle* und *upper class* nichts mit Aussteigertum und Erholungsbedürfnis zu tun. Vielmehr ist es Ausdruck von Klassenzugehörigkeit und *sophistication*. So hissten Englands obere Schichten bei Londons glanzvollen Kulturevents selbstredend Flagge, doch pflegten sie ihr gesellschaftliches Leben vor allem auf dem Land.

»Living in the country«

Ob bei Ihrer Arbeit in einer Schule, einer Werbeagentur oder einer Bank in der City, ob bei einer Wochenendeinladung in ein Landhaus oder bei einer Sportveranstaltung – überall wird Ihnen auffallen, wie perfekt Engländer ihre Rollen spielen. Gutes Benehmen findet sich in sämtlichen Schichten und Gruppen – man fällt nicht aus der Rolle. Das bedeutet nicht, dass Engländer steif sind. So ehrgeizig und überlastet sie auch sein mögen: Zwänge und Leistungsdruck fallen von ihnen ab, sobald die Gelegenheit es erlaubt.

Man fällt nie aus der Rolle.

Sein Team, erzählte ein Investmentbanker mir schmunzelnd, habe mit einem abgebrochenen Stuhlbein und zerknüllten Blatt Papier im Vorstandssaal eines Kunden Cricket gespielt, als das Meeting um eine Stunde verlegt wurde. »Could something like that happen in Germany?« fragte er, und ich hatte meine Zweifel. Solcher Unernst sollte Sie nicht irritieren oder gar peinlich berühren. Engländer sind sich ihres Status durchaus bewusst. Je selbstbewusster jemand ist, desto besser spielt er oder sie die erforderte Rolle – und legt sie beizeiten um so lieber ab.

Gentlemen zweier Zeitalter

»Performance Is Not A Joke«

Den Begriff *performance* (wörtlich »Leistung«) werden Sie nicht nur in der Welt des Sports, sondern auch in beruflich und

»Living in the Country«: Jagd

gesellschaftlich ehrgeizigen Kreisen häufig hören. »She didn't perform« oder »His performance wasn't up to it«, ein solches Urteil ist vernichtend: Die Betreffenden haben ihren Rollen nicht genügt – was nicht heißen muss, dass sie zu wenig gearbeitet haben. Diskretion, strategisches Talent und Kontrolliertheit zählen in verantwortungsvollen Positionen oft mehr als harte Arbeit, auch wenn *working hard* als Ethik der 1980er und 1990er Jahre allmählich *being efficient* (effizient sein) ablöst.

Diskretion und Kontrolliertheit zählen oft mehr als harte Arbeit.

Entsprechend dem ausgeprägten Rollenbewusstsein gilt es als »schwache Leistung«, man selbst zu sein. »Just be yourself!«, diese Aufforderung klingt zumindest für konservative englische Ohren nach amerikanischer Importattitüde. *To do well* hingegen ist eine Generaltugend. Sie wird schon Schülern eingetrichtert. Meint sie zunächst vorwiegend das gute Abschneiden bei Prüfungen, scheint sie sich später zum Lebensmotto auszuwachsen.

Zu behaupten, dass man in England Rolle, Status und Gesellschaft gerade so ernst nimmt wie nötig, widerspricht dem nicht. Denn soziale und berufliche Rollen gut spielen bedeutet, sich nicht allzu sehr mit ihnen zu identifizieren. So kommt es zu dem leidenschaftslosen Abstand, der unverkrampften *common sense* möglich macht – und jenen Humor, der sich über Rollenerwartungen amüsiert. Die englische »Unteridentifikation« stellt, gleich in welcher Branche, eine wesentliche Voraussetzung für Professionalität dar. Im Berufsleben gehört es sich erst recht nicht, Angelegenheiten persönlich zu nehmen und Emotionen Luft zu machen.

Die englischen *role-models* (Vorbilder) und beruflichen wie sozialen *codes* (Kodizes) wurzeln in einer jahrhundertealten hierarchischen Gesellschaftsstruktur, in der sich Ober- und Mittelschicht am aristokratischen Vorbild orientierten. Wie verbindlich und lebendig sie heute noch sind, werden Sie bemerken, sobald Sie Ihren Fuß auf englischen Boden setzen: am selbstverständlichen Servicebewusstsein, an der unaufdringlichen Freundlichkeit, am lebhaften Interesse an Society, Klatsch und Verfehlungen der Politiker, am beruflichen und sozialen Ehrgeiz. Beim Vergleich mutet unsere Gesellschaft statischer, strukturierter und berechenbarer – mit anderen Worten: bürgerlich – an, die englische dagegen wie ein szenisches, scheinbar chaotisch komponiertes Gemälde, das von vielen kleinen und großen Episoden erzählt, von Hierarchien und Individuen, die sich im sozialen Set ihre Plätze erobern.

TIPS

Tip fürs Rollenspiel

Engländer beherzigen das Sprichwort: *There is a time for everything* – »Alles zu seiner Zeit« – weit gewissenhafter als wir. Wir lassen es gern heraus, wenn uns eine Laus über die Leber gelaufen ist, etwas tief bedrückt oder der Stress unerträglich wird. Nicht so auf der Insel. Selbst unter ärgstem Zeit- und Leidensdruck wahrt man die jeweils angesagte Form. Hinter dieser Fähigkeit schimmert das klassische *Gentleman*-Vorbild durch. Wer auf der Insel nicht unangenehm auffallen will, tut gut daran, seine Rolle mit Anstand zu spielen. Das ist Teil sozialer *performance*.

Auf Thatchers Spuren

Mir bot sich bereits in den ersten Monaten meines Aufenthalts das deprimierendste Englandbild, das man sich vorstellen kann. Frisch eingetroffen, unterrichtete ich Angehörige aller möglichen Berufszweige. Zunächst konnte ich mir keinen Reim machen auf die extreme Versagensangst und den Erfolgsdruck, der in diesem Land, vor allem in der Londoner City, herrschte.

Versagensangst, Erfolgsdruck und Schuldenberge

Den Lehrern, Schauspielern, Musikern und anderen weniger Business orientierten Leuten, die ich damals kennenlernte, ging es schlecht. Sie hatten fast ausnahmslos durch den rapiden Anstieg der Zinsen und Fall der Immobilienpreise einen Berg Schulden. Da man in England schon in frühen Jahren ein Haus kauft, zahlt man wenig an und nimmt eine hohe Hypothek auf. Es ist gewissermaßen die umgekehrte Form des Sparens: Anfangs trägt man einen großen Teil der Zinsen und kleinen der Schulden ab, später verkehrt sich das Modell. Wer Ende der 1980er Jahre eine hohe Hypothek *(mortgage)* abzuzahlen hatte, stand vor dem Ruin. Er konnte das Haus nicht einmal verkaufen, weil es mit *negative equity* besetzt war: Die Schulden überstiegen den Marktwert des Hauses. Platz für die Dinge des Lebens, die nichts mit Ehrgeiz oder Abstottern von Schulden zu tun hatten, schien es kaum zu geben.

Es war die Zeit der Thatcher-Regierung. Oft, vor allem von staatlichen Schulen und der öffentlichen Hand finanzierten Institutionen, hörte ich die Klage: »Thatcher ist eine Katastrophe.« An deutsches Koalitionsdenken gewöhnt, war mir rätselhaft, wie eine Premierministerin derart viel Macht ausüben konnte. Auch den Ehrgeiz, in Londons Tretmühle auf Gedeih und Verderb Karriere zu machen, verstand ich erst, als ich erkannte, wie dünn die beruflich qualifizierte Mitte im Vergleich zu unseren Verhältnissen gesät war. Entweder man schaffte es, oder man schaffte es nicht. Das englische Arbeitsleben kam mir vor wie ein atemloser darwinistischer Selektionsprozess.

Das Detail und das Ganze

Heute erscheint mir die oben geschilderte Sichtweise krass. Damals fehlten mir die zeitgeschichtlichen Zusammenhänge. Über die Extravaganzen der – später von Thatcher entmachteten – Bezirksverwaltungen, die staatlichen Subventionen fossiler Industrien, die bürokratischen Barrieren, die die Labour-Regierung jungen Unternehmen zugemutet hatte, und anderes mehr wusste ich herzlich wenig. Diese Einsicht macht noch keinen Thatcher-Fan. Aber sie hält mir meinen eigenen Rat vor Augen, sich vor allzu extremen Ansichten zu hüten.

Es lohnt, den Blick auf die Nachkriegspolitik zu erweitern. Denn er zeigt, dass ein liberalerer Premier Thatchers Veränderungen schwerlich hätte durchsetzen können. Heute tragen diese Veränderungen Früchte, die Blair zu einer zeitgemäßeren Definition seiner Partei verhelfen.

Beim Thema Thatcher scheiden sich die britischen Geister.

Beim Thema Thatcher scheiden sich die britischen Geister in Bewunderer und Verächter. Dies ist so unenglisch, wie Thatchers Führungsstil es war. Bei meinen Stimmungsrecherchen bin ich kaum jemandem begegnet, der halbwegs neutral urteilt. Der Name Thatcher wirkt auf die britische Anatomie wie ein verschluckter Stock: Man kann sich nur steif nach rechts oder links drehen. Meines Erachtens steht der Name Thatcher für ein Geburtstrauma – Großbritanniens schmerzhaften Übergang von der geborgenen Welt des sozialen, politischen und vor allem historischen Konsensus in die postmoderne Realität der Wertevielfalt und des Einzelkampfes. »Es gibt keine Gesellschaft, es gibt nur Individuen!« lautete der Schlachtruf dieser Überbritin aus der *Shopkeeper*-Schicht. Heute haben sich die aufgerufenen Individuen zu einer neuen Gesellschaft zusammengefunden, und die Wunden der 1980er Jahre scheinen beinahe verheilt.

Die Frage, inwieweit Thatchers Politik indirekt auch unsere Gesellschaft verändert hat, wird uns noch lange beschäftigen. Die Privatisierungsmaßnahmen, die zur Taufe der Deutschen Telekom geführt haben, bekommen uns modernen Aktiendemokraten gar nicht schlecht. Auch Thatchers Steckenpferd der *deregulation* scheint uns immer noch eine Galopplänge voraus. Ich möchte Sie dazu ermutigen, beim Stichwort Thatcher erst einmal tapfer Abstand zu halten. Das ist zugegeben schwieriger, als in Chorgesang einzustimmen, aber ein Schritt hin zu einem undogmatischeren Gesellschafts- und Weltbild.

Britische Domina: Von der Macht einer Lady

Zu meinem Eindruck einer erschöpften, ja ausgemergelten Nation trugen wesentlich die Miseren des Bildungswesens bei, die ich aus eigener Anschauung erlebte. Als akutes Krankheitssymptom deutete ich außerdem die ostentative Zentralisierung von politischer und kultureller Macht, die meiner deutschen Vorstellung von bürgerlich-fortschrittlichen Regierungsformen gründlich widersprach.

Heute weiß ich, dass in England das Eliminieren regionaler Entscheidungsbefugnisse Tradition hat. Entscheidungen über schulische Angelegenheiten und Verkehrsbelange, das Ansiedeln von Industrien und Strategien regionaler Förderung wurden mehr und mehr nach Westminster verlegt. Der Trend zur Zentralisierung von Regierung und Finanzindustrie hatte insbesondere in den Jahren nach dem II. Weltkrieg Konjunktur. Thatcher trieb ihn auf die Spitze – mit dem Ergebnis, dass in keinem modernen europäischen Land die Bezirksverwaltungen weniger politisches Gewicht und Verantwortung haben als in England. Die konservative Politik der 1980er Jahre aktivierte einen Teufelskreis: je weniger Verantwortung Bezirke und Regionen zu tragen haben, um so mittelmäßiger die Bewerber um entsprechende Posten. Getreu dieser Logik verging den fähigen Köpfen das Interesse am Engagement auf lokaler Ebene.

Trend zur Zentralisierung von Regierung und Finanzindustrie

1990 sah sich eine staatliche Schule, in der ich arbeitete, von heute auf morgen vor der Aufgabe, ihr Budget fortan selbst zu verwalten, also sich eigenständig um Computer- und Sprachlaborausrüstung zu kümmern, Lehrergehälter auszuhandeln, noch effektiver um Schüler zu werben etc. Über das nötige Know-how verfügte im ohnehin überlasteten Kollegium niemand. Es kam, wie es nicht hätte kommen sollen: Erfahrene Lehrer wurden mit der Zeit gegen billigere, unbeschlagene junge Kräfte ausgetauscht. »Opfer« dieses typischen Falls von Thatcherismus waren die Schüler. So und ähnlich entledigte sich die konservative Regierung der Verantwortung für den öffentlichen Sektor, um gleichzeitig Rechenschaften zu verlangen, die in keinem Verhältnis zu ihrem Einsatz und den regionalen Bedingungen standen.

Dem gebildeten Mittelstand wurde unter Thatcher die öffentliche Stimme entzogen. Das Wort von Universitätsprofessoren, Juristen, Schriftstellern, Pfarrern, Wissenschaftlern u.s.w. verlor zusehends an Gewicht unter der (immer kleineren) Schar der zentralistisch regierenden Tory-Elite, die stolz darauf war, sich von Einmischungen nicht beeindrucken zu lassen – ein ausgesprochen unenglischer Wesenszug, *by the way*. Kabinettsmitglied Michael Heseltine brachte Thatchers Führungstil in einem Vergleich mit dem ihres Nachfolgers John Major auf den Punkt: *»John sums up at the end of a meeting rather than the beginning.«* (»John fasst die Ergebnisse am Ende einer Besprechung zusammen, nicht am Anfang.«) Treffender kann man's kaum formulieren.

Unter Thatcher wurde dem gebildeten Mittelstand die öffentliche Stimme entzogen.

Thatcher focht vor allem deshalb vehement gegen die dezentralisierten Vorbilder des Kontinents – selbst in Frankreich haben die 22 Regionen ihre eigenen Parlamente –, weil diese Bürokratien ihrer Ansicht nach den Staat zu viel Geld kosteten. In England waren die Bezirksverwaltungen teilweise tatsächlich sehr kostspielig und uneffektiv. Das verwundert nicht so sehr, wenn man sich die englische Sozialstruktur und Geschichte zentralisierter Macht vor Augen führt. Bei uns sorgen das föderalistische Prinzip und ein stark besetztes Parlament für den Erhalt regionalen Selbstbewusstseins; dies ist kein hohes Verdienst der Politiker, sondern Resultat gewachsener Strukturen. In England haben starke Regionen selten an der zentralen politischen Macht gerüttelt. Dass Fehler einer zentralistischen Regierung teuer sein können, zeigen Beispiele der Thatcher-Politik wie die Finanzierung einer fehlgeplanten Dockland-Architektur und die geschilderte Aufforderung an Schulen, sich in einem Wettbewerb zu bewähren, dessen Spielregeln sie nicht beherrschten.

Europas Zukunft liege in den Städten, prognostizierte der englische Architekt Richard Rogers: Europa löse sich allmählich von nationalstaatlichen Strukturen, um anzuknüpfen an jene durch Städte bewirkte Vielfalt, die bis zum 17. Jh. bestand. Im Modell der lokalen Identität, Zivilisiertheit und gesunden Konkurrenz von Städten und Regionen bestünde auch Englands einzige Zukunftsperspektive, so die Mei-

Margret Thatcher hätte die Bahn am liebsten aufs Abstellgleis der Nostalgie gefahren. (Alderncy – und sie fährt dennoch.)

Den kleinen bis mittelgroßen Städten haftet etwas Seelenloses an.

nung von Rogers und mittlerweile vielen Engländern. Will man Rogers' These zum Kriterium für Modernität erheben, dann muss England, einst fortschrittlichster Nationalstaat, geschwind aufholen. Ihnen wird auffallen, wie sehr sich die englischen Innenstädte ähneln. Überall sehen Sie Marks & Spencers, Boots, Body Shop und Pizza Hut, um nur einige überregionale Ketten zu nennen. Aus einer *nation of shopkeepers* scheint eine *nation of shareholders* geworden zu sein. In Kleinstädten haben individuelle Anbieter kaum Chancen, gegen die benutzerfreundlichen Ketten anzukommen. In London dagegen kann der Einzelhandel trotz härterer Bedingungen eher von spezialisierten Kundenstämmen zu leben, da die kulturelle Vielfalt der Metropole genügend Marktnischen bietet. Den kleinen bis mittelgroßen Städten haftet bis auf die vielzitierten Ausnahmen etwas Seelenloses an. Ihnen fehlt eine gewachsene gesunde *Infrastruktur*.

Überdies wurden in den vergangenen Jahrzehnten viele Stadtzentren durch absurde Straßenführungen zersiedelt – wohl ein weiteres Resultat zentralistischer Politik. Für Margaret Thatcher war das Auto, wie übrigens auch das Eigenheim, ein Symbol individueller Freiheit. Um ihren Protest gegen das Subventionieren öffentlicher Verkehrsmittel zu demonstrieren, weigerte sie sich im Rampenlicht der Medien, mit dem Zug zu fahren.

Öffentliche Gelder leitete die Regierung in den Straßenbau, statt das Übel an der Wurzel zu packen. Der Begriff »radikal« ist relativ, wie man sieht.

Thatchers kompromissloser Ehrgeiz faszinierte die wohlerzogenen Konservativen.

Die Kompromisslosigkeit, mit der Thatcher England vom »unmenschlichen System des Sozialismus« befreite, war ausgesprochen unenglisch. Als eisern wurde die Lady deshalb bekannt, weil sie im gestrengen Stil der *headmistress* (Direktorin) einer konservativen Schule auftrat und Entscheidungen so schnell durchsetzte, wie ihre kompromisslerischen, unsystematischen und bisweilen ineffizienten Landsleute es nie gewagt hätten. Thatchers Ehrgeiz, der sich nicht lange mit hinderlichen Gegenargumenten und Höflichkeitsritualen aufhielt, sondern lieber rasch zur radikalen Tat schritt, muss auf die wohlerzogenen Konservativen eine Faszination ausgeübt haben, die für Außenstehende äußerst schwer nachvollziehbar ist.

Tränen ...

Am Tag von Thatchers Rücktritt unterrichtete ich zwei junge Geschäftsfrauen im vornehmen Mayfair. Die eine gestand mir gleich bei meiner Ankunft, sie könne sich heute auf keinen Fall auf den Unterricht konzentrieren. Die andere heulte. »I liked her«, schluchzte sie. »She did good things«, bestätigte die andere traurig. Ich konnte es nicht fassen. Diese Frauen waren Ende Zwanzig. Ich hatte bisher niemanden ihres Alters getroffen, der auch nur ein Fünkchen Sympathie für Margaret Thatcher gezeigt hätte. Nach einigem Nachdenken verstand ich die beiden etwas besser. Sie standen am Anfang einer Karriere, wie sie bei uns in derart jungem Alter, mit einem solchen

Einkommen und Steuersatz kaum vorstellbar ist. Außerdem hatten sie keine Kinder im Schulalter – und wäre dem so gewesen, wären den Kindern die katastrophalen Zustände staatlicher Schulen vermutlich erspart geblieben. Als ehrgeizige Frauen konnten sie sich wohl besonders gut mit Thatchers Selbstbewusstsein identifizieren.

Engländer, habe ich mehrfach beobachtet, lassen sich von kühl und forsch auftretenden Frauen zutiefst beeindrucken. Warum? Mein psychologisches Repertoire ist leider erschöpft, und ich kann nur mutmaßen. Vielleicht liegt es an der Distanz englischer Mütter zu ihren Kindern oder an der unterkühlten Privatschulerziehung. Oder schlicht daran, dass Engländer nun einmal keine Machos sind … Frauen erfahren grundsätzlich mehr Respekt als bei uns üblich. Sie müssen sich übrigens in England weit weniger hemdsärmelige Anmache bieten lassen als in den meisten westlichen Kulturen. Aber das ist gewiss kein Verdienst Margaret Thatchers, die in der Tat eine stattliche Anzahl Verehrer jeden Alters in ihren autoritären Bann zog. Vermutlich war sie die Hoffnung jener Empire-Briten, die mit dem Wort »britisch« einen Wertekatalog jenseits weinerlicher *political correctness* verbinden. In der Verehrung einer Frau, die härter schien als jeder Kriegsheld, konservierte sich deren Stolz auf die heroische Vergangenheit, in der Britannia die Welt zivilisierte: durch Kolonialisierung, Sprache, Ideengeschichte und seine Rolle in den Weltkriegen. In diese Sichtweise fügte der berüchtigte Falkland-Krieg sich glatt ein.

Frauen erfahren grundsätzlich mehr Respekt als bei uns üblich.

Thatcher wusste auch jüngere Leute zu gewinnen, indem sie die englischen Werte Individualismus, Freiheit und Initiative zur politischen Parole erhob. Damit erfuhren diese Werte eine – für mein Gefühl ebenfalls unenglische – Abstrahierung. Individualismus, Freiheit und Initiative besitzen ohne gesellschaftlichen Zusammenhang keinen moralischen Wert, sondern sind neutral. Gerade sie können sich im guten wie im schlechten auswirken. Dass sie in einem darwinistischen Gesellschaftskonzept leicht in Egoismus und Rücksichtslosigkeit ausarten, das wusste man natürlich längst auch in England und, wie's so ist, nachher wieder einmal besser als zuvor. Diese negativen Erscheinungen wollte Thatcher wohl nicht provozieren, doch ihre Politik hat sie möglich gemacht.

Thatcher erhob die englischen Werte Individualismus, Freiheit und Initiative zur politischen Parole.

Kompromissbereit wie sie sind, nahmen die Engländer nur allzu duldsam unsinnige politische Entscheidungen hin, übrigens auch die übertriebenen Sozialtrends der 1970er Jahre. Man beschwert sich nicht – darüber haben sich schon viele in England lebende Deutsche gewundert. Womöglich liegt es daran, dass man Mäkelei assoziiert mit dem »verwalteten Kleinbürger, der sich aufplustert und petzt«. England ist nicht das Pflaster autoritätsgläubige Kleinbürger, Wichtigtuerei gehört sich nicht und Denunzieren erst recht nicht. Natürlich gibt es einige Leute und *attitudes* (Lebenshaltungen) von diesem Schlag, doch haftet ihnen etwas Mitleiderweckendes an. Beschwerden bergen die Gefahr emotionaler Entblößung und werden in der Regel nur respektiert, wenn man sie *sophisticated* vorträgt, also kultiviert und klug.

Für ihre konsequente Zerschlagung der Gewerkschaften sind Thatcher heute vermutlich mehr Engländer dankbar, als offen zugegeben wird. Im England der

Durch konsequente Zerschlagung der Gewerkschaften wurden enorme unternehmerische Energien freigesetzt.

1960er und 1970er Jahre wurden die unternehmerischen Kräfte stark unterdrückt. Damals lag die Zahl der Selbständigen weit unter dem europäischen Durchschnitt. Thatcher setzte enorme unternehmerische Energien frei. Geschäfte, Serviceunternehmen und Restaurants schossen wie Pilze aus dem Boden. Die Zahl der Selbständigen und Freiberufler stieg in der Ära Thatcher um knapp 60 Prozent und kam Ende der 1980er Jahre mit 12 Prozent hart an den EU-Durchschnitt von 13 Prozent heran. Allerdings standen viele Projekte, wie auch der Eigenheimerwerb, auf wackligen Beinen. Ihre gewonnene Freiheit mussten die jungen Unternehmen vor einer Instanz verantworten, die gnadenloser war denn je: dem Geld, genauer den Zinsen. Die Banken wurden zu Tempeln der Innovation.

... und noch mehr Tränen

Engländer sind im Durchschnitt höher verschuldet als wir und deshalb stärker betroffen von Zinsschwankungen. Der dramatische Zinsanstieg 1989 beutelte insbesondere die frischgebackenen Hypotheken- und Kreditkartenschuldner und noch härter die kleinen Unternehmen. 1990 meldeten 29.000 Kleinbetriebe Konkurs an, ein Jahr später 48.000. Meist waren dies junge Firmen, hinter denen noch keine Lobby stand, die sie vor Konkurrenten oder Kunden vertrat. Banken, die dem betrügerischen Medientycoon Robert Maxwell Milliarden zugeschustert hatten, trieben Kleinunternehmer wegen ein paar tausend Pfund Schulden in den Konkurs. Große Firmen und Kunden verzögerten Zahlungen und strichen die so gewonnenen Zinsen ein, während den kleinen ihre Schulden über den Kopf wuchsen.

Engländer sind im Durchschnitt höher verschuldet als wir.

Im Einzelhandel verstärkte sich damit der Trend zur Konformität, wie man an englischen Innenstädten sieht. Doch auch diese Medaille hat zwei Seiten: Der Standard der Konsumenten liegt eindeutig über dem zu Ende der 1980er Jahre, und große Einzelhandelsketten kämpfen ehrgeiziger um ihr Profil denn je. Trotz dieses Klimas haben sich, wie erwähnt, kreative Geister mit neuen Geschäftsideen erfolgreich in Nischen etabliert. Hier erweist sich das typisch englische Improvisieren als Stärke. Thatchers »Superkapitalismus« hat also einerseits Strukturen zerstört, andererseits unternehmerische Entwicklungen vorangetrieben.

Postindustrielle Revolution: Dank, Mrs. Thatcher!

Nation der »Shareholders«

Thatchers *denationalization*, die Privatisierung staatlicher Industrien wie der British Telecom, bewirkte einen Strukturwandel der Besitzverhältnisse, wie England ihn umwälzender kaum je erlebt hatte. Die *Shareholder*-Nation wurde im

Grunde genommen dank eines Zufalls geboren: Als der mit der Privatisierung der British Telecom beauftragte Sir Martin Jacomb nicht genügend ausländische Investoren gewinnen konnte, startete er kurzerhand eine Massenwerbekampagne für BT-Aktien. Der Erfolg war umwerfend. Selbst Engländer, die nicht einmal im Traum daran gedacht hätten, Aktien zu kaufen, wurden stolze *shareholders*, Aktionäre. Nicht wenige entwickelten eingehendes Interesse an Aktienfonds, und die vielen neuen börsennotierten Unternehmen müssen sich zunehmend professionell vor einer sachkundigen Öffentlichkeit präsentieren.

Privatisierung staatlicher Industrien …

Löste die Privatisierung staatlicher Industrien den ersten Schritt ins England der *shareholders* aus, so die Verlagerung des industriellen Schwerpunkts den zweiten. Wie bereits angedeutet, steckten die alten Industriegebiete in Nordengland, Schottland und Wales in einer tiefen Krise: Die produzierenden Industrien – allen voran Stahlerzeugung, Kohlenbergbau, Fahrzeugbau und Elektroindustrie – erlebten Einbrüche. (Erdgasförderung und chemische Industrie dagegen konnten mit leichten Schwankungen ihren guten Stand behaupten.) Not macht bekanntlich erfinderisch, und so siedelten sich in den 1970er und 1980er Jahren in Englands Südwesten einkommensintensive neue Industrien im Bereich der Entwicklung von Spitzentechnologien und Software an. Und inzwischen lassen Investitionstätigkeiten in Schottland und Süd-Wales auch diese Regionen wieder hoffen.

...und Verlagerung des industriellen Schwerpunkts

»Sexy Industries«

Der Verfall der alten Industrien förderte die profitgierige Businesskultur der 80er Jahre. In diesen *greedy eighties* wurden Eigenschaften wie Härte und Rücksichtslosigkeit, die nach britischer Gentleman-Manier auch im Geschäftsleben verpönt waren, zu Tugenden. Amerika wurde in der Thatcher-Zeit Vorbild vieler Wirtschaftsbereiche, vor allem der Welt der modernen Finanzdienstleistungen. Diese und ihr Nabel, die Londoner City, gewannen nahezu magnetische Anziehungskraft, lockten dort doch mehr Prestige und höhere Gehälter als in der gebeutelten Industrie. *Sexy industries* wird diese Branche genannt, weil in ihr Charisma, Führungstalent und strategisches Denken das Kapital eines Unternehmens ausmachen. Sie ersetzt die produzierende durch eine virtuelle Industrie.

Vorbild Amerika

In den *sexy industries* hatte die vornehme Ethik des diskreten, »unterangestrengten« Eton-Boys ab sofort nichts mehr zu suchen. Gefordert wurden Strategie, Sachverstand, Mut zum Risiko, Verhandlungs- und Verkaufsgeschick, professionelle Kundenbetreuung … Wer sich nicht bewährte, musste die Spielregel *hire and fire* akzeptieren. Hätte ein vom Humanismus der Erdlinge fasziniertes Marsmännchen mit einem Teleskop durch die Fenster englischer und deutscher Führungsetagen

»Hire and fire«

»Sexy Industries« Finanzdienstleistungen (hier: St. Helier, New Jersey)

gespäht, wäre ihm wohl die fristlose Kündigung der Investmentbankerin Nicola Horlick durch die Deutsche-Bank-Tochter Morgan Grenfell »primitiv«, Hilmar Koppers langsamer Aufstieg und Fall dagegen »zivilisiert« erschienen. Und wer weiß, vielleicht hätte es dieses Urteil bei Fortführung seiner wissenschaftlichen Beobachtungen, z.B. angesichts des Hangs mancher Vorstände deutscher Konzerne zur Vetternwirtschaft und des konsequent professionellen Managements englischer Finanzunternehmen, überdacht ...

Ohne Widersprüche blieb freilich auch diese Entwicklung nicht. So wurde in den frühen 1990er Jahren schärfste Kritik an den astronomischen, gegenüber den Aktionären kaum vertretbaren Newcomer-Gehältern im Finanzbusiness laut. Ferner rekrutierten Vorstände und Aufsichtsräte sich immer noch weitgehend aus dem *Old Boys Club*. Beschleunigt aber hat die Thatcher-Politik Englands Transformation zur Leistungsgesellschaft allemal. Wer eine Führungsposition erringen und halten will, kann sich auf elitärer Privatschulerziehung nicht mehr ausruhen. Leistungswille und Erfolg zählen mehr als soziale Herkunft.

»Corporate Culture«

Sollten Sie das Vergnügen haben, in die Londoner Bankenwelt einzutauchen, dürfte Ihnen das aristokratische Gepräge mancher Unternehmen kaum entgehen. Als ich erstmals renommierte englische Banken und Kanzleien in der Londoner City besuchte, war ich tief beeindruckt: Ölgemälde und Porträts säumten holzgetäfelte Flure, Antiquitäten bestückten Besprechungszimmer, zum Tee gab's Silberkanne und feinstes Porzellan. Mindestens zwei Butler bedienten in den Speisesälen, in denen ich gelegentlich »lunchen« durfte.

Viele Unternehmen sind aristokratisch geprägt.

Firmeneigene Aufzüge, Chauffeure und ein Heer von zuarbeitendem, austauschbaren Dienstpersonal – die *corporate culture*, die Unternehmenskultur, gewisser englischer Firmen hat wahrhaft feudalen, an Gepflogenheiten des viktorianischen Landadels erinnernden Anstrich. Möbel und Diener machen eine solche Firmenkultur längst nicht »authentisch«. Viele Aktivitäten und Rituale gehören dazu, so die Pflege von Kontakten zu Entscheidungsträgern und Schlüsselfiguren des Establish-

Noble Firmenadressen

ments, der Politik, der Banken- und Medienwelt, kulturelles Engagement und die patriarchalische Verteilung von Gunst und Tadel. Persönlichkeit und Glamour gelten als unverzichtbare Voraussetzungen für Erfolg in diesen traditionsverhafteten Sphären, in denen sich sogar die produzierende Industrie bewegt. Man liegt nicht ganz falsch mit der Vermutung, dass manch Angehöriger dieses Geschäftsadels eine »historische« Sozialisation erfahren hat: Vor Anbruch der *greedy eighties* wies jedes bedeutende Unternehmen in seinem Vorstand mindestens einen »ehrenamtlichen« Lord vor, und die Geschäftsführer entstammten der konservativen Elite.

Denn noch färben die verblassenden Privilegien einer Klassengesellschaft den Cocktail aus lässigerer junger Firmenkultur, Ellbogenmentalität, amerikanischer Professionalität und europäischen Einflüssen. Man muss nur genau hinschauen: Es ist alles vertreten.

»Trial and Error«

Verändern, ohne Traditionen umzustoßen

Engländer sind erstaunlich geschickt im Herbeiführen von Veränderungen, ohne Traditionen umzustoßen. Unvoreingenommenheit und die Methode des *trial and error*, des Ausprobierens, trieben schon in der Vergangenheit die Nation voran. Dass es dabei auch zu Entgleisungen kommt, ist leider sehr wahr. Thatcher mag die Schutzbedürftigkeit einer Gesellschaft, deren herkömmlicher Konsens aus den Fugen gerät, unterschätzt haben. Auf uns, die wir unter der Obhut von »Vater Staat« aufwachsen, wirken Thatchers umstrittene »Sanierungsmaßnahmen« erst recht beunruhigend. Unser Vertrauen sowie unsere Enttäuschung tragen die irrationalen Züge des Glaubens an eine übergeordnete, gerechte Instanz.

Auf der Insel dagegen weckt ein solches Staatsverständnis eher Misstrauen. *Goverment* und *economy* sind Leistungsträger, deren Qualität sich stets aufs neue zu bewähren hat. Gemessen wird ihre Qualität daran, ob sie Krisen zu bewältigen und kurzfristige Veränderungen und Resultate herbeizuführen verstehen. Thatcher verkündete nach ihrer Amtszeit: *»Political leaders are not there to accept realities. We are there to change the inevitable.«* – »Politische Führungskräfte sind nicht dazu da, Realitäten zu akzeptieren. Wir sind dazu da, das Unvermeidliche zu ändern.« Wenn das kein Ausdruck von aggressivem Pragmatismus ist …

Thatchers Krisentherapie

Dass England wieder als attraktiver Standort gilt, dass Finanzindustrie, Einzelhandel und andere Wirtschaftszweige florieren, sind indirekte Auswirkungen von Thatchers Politik. Thatcher hat das Land langfristig aus einer Krise herausgeführt, indem sie es kurzfristig in eine stürzte. Die erbitterte Gewerkschaftsgegnerin hat England von der *English disease* (»Englische Krankheit«), den massiven Streiks in der Industrie, geheilt und die alte tiefe Kluft zwischen Arbeitern und Angestellten überwinden helfen. Sie hat die Voraussetzungen für flexible Arbeitsmodelle geschaffen – über die Methoden kann man streiten. Wer zurückhaltend freundlich argumentieren will, bescheinigt ihr, dass sie Entwicklungen beschleunigt hat, die Großbritannien ohnehin hätte durchlaufen müssen. Eines jedenfalls hat sie bewiesen, was so manchen Politikern unserer Tage gut anstünde: den Mut, sich unbeliebt zu machen.

Auswirkungen der Ära Thatcher

Thatcher bewirkte, dass rigide, ja fossile Organisationsformen der englischen Industrie durch neue, zeitgemäßere Strukturen abgelöst wurden. Ein solcher Prozess ist immer schmerzhaft. Und Thatchers ganzer Stolz, die Privatisierung staatlicher Versorger, setzte eine stille Revolution in Gang, die einem demokratisierten Verständnis von *ownership*, des Eigentums an einem Unternehmen, den Weg geebnet hat. So haben sich die Engländer recht gut mit den Übernahmen einiger Firmen durch ausländische Unternehmen arrangiert; der Kauf von Rover durch BMW ist ein Beispiel, die Übernahme der Investmentbank Morgan Grenfell durch die Deutsche Bank ein anderes.

Wer jedoch Englands Genesung allein der Thatcher-Kur zuschreibt, missachtet die vielen Gegebenheiten, die daran Anteil hatten. Wie andere westliche Industrienationen musste England seine Wettbewerbsvorteile überdenken, als in den 1970er und 1980er Jahren sich industrialisierende Länder wie Japan, Malaysia und Taiwan auf den Weltmarkt drängten. Ebenso war England nach Thatchers radikaler Zerschlagung sozialstaatlicher Strukturen gezwungen, sich neu zu definieren. Und dass nun tatsächlich ein frischer, kreativer Wind durchs Land weht, junge Unternehmen kundenorientierter arbeiten denn je und Faktoren wie die Weltsprache

Brücke zwischen Europa und der angloamerikanischen Welt

Weltsprache Englisch – selbst die ungebildetsten Engländer bewegen sich weltweit wie »Fische im Wasser«. Ein komparativer Vorteil, insbesondere für die Export- sowie die Medien- und Unterhaltungsindustrie.

Englisch, England als Brücke zwischen Europa und der anglo-amerikanischen Welt und ein flexibler Arbeitsmarkt als Standortvorteile anerkannt werden, dies ist nicht Thatchers Leistung, sondern die der Erbengeneration. Wesentlich dazu beigetragen haben der Pragmatismus der Engländer und ihr Talent, flexibel, angstlos und initiativ auf Krisen zu reagieren. In Krisenzeiten, könnte man schließen, zahlt sich flexibler Pragmatismus besser aus als systematische Totallösungen, die wir vielfach noch von Politikern fordern. So muss »deutsche Wertarbeit« ihre Zeit abwarten. Oder sollen wir uns darauf einrichten, dass mit dem 21. Jh. die Zeit der langfristigen Antworten endgültig passé ist?

TIPS

Thema Thatcher

- Margaret Thatcher ist eine Schlüsselfigur im neubritischen Bewusstsein. Akzeptieren Sie, dass viele Briten sie mögen und viele sie nicht mögen – je länger ihr Rücktritt zurückliegt, um so mehr weiß man ihr zu danken.
- Thatchers Führungsstil war sehr unenglisch. Er kam allerdings der entscheidungsscheuen englischen Mentalität entgegen, indem sie Entschlusskraft und Kompromisslosigkeit an den Tag legte. Viele Engländer meinen selbstkritisch, dass dies nötig war.
- Thatcher hat auch bei uns Spuren hinterlassen und indirekt unsere sozialstaatlichen Selbstverständlichkeiten in Zweifel gezogen. Bei dieser Frage treffen zwei politische Kulturen aufeinander, wie sie unterschiedlicher kaum sein können: Die eine appelliert radikal an Leistungswillen und Verantwortungsgefühl des einzelnen gegenüber dem Staat, die andere will verwalten, versorgen und den einzelnen ins Gemeinwesen einordnen. Die Gegenüberstellung dieser Grundhaltungen lässt sich glänzend für Trockenübungen in der Disziplin des *debating* nutzen.

Heikles Thema: Europa

Großbritanniens Europafeindlichkeit ist Legende.

Wer mit europäischem Zukunftselan nach England reist, sollte einen niedrigeren Gang einlegen. Vergangenheit und Gegenwart zeigen, dass man in England das Thema Europa vielerorts mit Samthandschuhen anfasst. Britannias Europafeindlichkeit ist Legende, und nachdem ich ellenlange zeitgenössische Ausführungen über sie gelesen habe, ist es mir ein Bedürfnis, sie in ein etwas freundlicheres Licht zu rücken.

Als die Briten 1973 der Europäischen Union (damals noch EG) beitraten, steckten sie in einer ihrer tiefsten Krisen. Sie waren eine erfolgsverwöhnte Nation: Erbauer eines Weltreichs, Initiatoren der industriellen Revolution, Sieger in beiden Weltkriegen. Der massive Verlust der Kolonien stutzte das Empire auf einen kleinen Flecken am Rande Europas zusammen. Es wurde zum *sick man of Europe*. Seine

Industrie erholte sich äußerst langsam von den Einbrüchen im kolonialen Exporthandel und den Folgen des II. Weltkriegs. Die Verstaatlichung der Industrien und Macht der Gewerkschaften wurden zu Hemmschuhen. Während im frisch gestrichenen Deutschland die Wirtschaft boomte, fragten die *winners of the war and loosers of the peace* sich in ihren viktorianischen *brick buildings* (Backsteinhäusern), wer letztendlich den Krieg gewonnen hatte. Erstmals bewunderten die Briten den Kontinent: Die EU-Mitglieder schienen die Formel für Dynamik, Modernität und Fortschritt zu kennen. Im weiteren Verlauf der 1960er Jahre sah es nicht rosiger, sondern angesichts von Wirtschaftskrisen und mehr Streik- als Arbeitslust ganz so aus, als könne Großbritannien niemals mit wirtschaftswunderbaren Ländern wie Deutschland und Japan in Wettbewerb treten.

Die englische Industrie erholte sich nur sehr langsam von den Einbrüchen im kolonialen Exporthandel und den Folgen des II. Weltkriegs.

Gut Ding will Weile haben, und Großbritannien hat den Ausweg aus der Krise gefunden – nicht wegen, sondern trotz seines Beitritts zur EU. Im europäischen Im- und Export hat es eher Einbußen erlitten, dafür aber den Export in andere Teile der Welt vorangetrieben und sich dadurch zu einem der wettbewerbsfähigsten Länder Europas gemausert. Opfer dieses Aufwärtstrends waren die Gewerkschaften und inflexiblen, überpersonalisierten Großindustrien. Heute entwickelt England die modernste Stahl-, Flugzeug- und Finanzindustrie der Welt und hat in der Telekommunikation Innovationen geschaffen, die auf dem Kontinent zum Vorbild geworden sind.

Vergegenwärtigt man sich darüber hinaus die grundlegend verschiedenen Herangehensweisen an politische, wirtschaftliche und soziale Probleme, dann kann die urenglische Skepsis gegenüber Europa kaum mehr wundern. Aus englischer Sicht ist »Europa« ein typisch kontinentales, aus unserem Blickwinkel die Furcht vor Überregulierung, Einmischung und Freiheitsverlust ein typisch englisches Geisteskind. Heute beziehen die Engländer eine recht souveräne Position. Im stillen europafreundlicher als ihr Image, fallen sie nicht jubelnd in die Euro-Euphorie ein und stellen, befreit von überhöhten Erwartungen an Konformität, die unbequemen Fragen, die andere nicht zu äußern wagen. Da Engländer im Kollektiv der Nation weniger liebebedürftig sind als wir, bekümmert ihr europafeindliches Image sie recht wenig. Insgeheim sind einige kleinere EU-Mitglieder wahrscheinlich froh, dass die Engländer es den Eurofans nicht zu leicht machen.

Furcht vor Überregulierung, Einmischung und Freiheitsverlust

Für England als Land der geschäftstüchtigen Pragmatiker ist die Einbindung in die »Euro-Vision« vor allem eine Kosten-Nutzen-Rechnung. Sobald diese aufgeht, fällt auch die mentale Öffnung zum Kontinent leichter. Belege dafür entdeckt man, wenn man sich in unterschiedlichen gesellschaftlichen und beruflichen Kreisen umhört. Die coolen Köpfe der Londoner City z.B. gehen das Thema Europa ziemlich *relaxed* und viele, die aufgrund von Beruf und Geschäftskontakten über den Tellerrand schauen, auffallend aufgeschlossen an. Wer dagegen weniger aus seiner Umgebung herauskommt, ist oft schlechter informiert und leidet mehr an Verlustängsten. So sehr (viele!) Engländer für den Kontinent, seine kulturelle, landschaftliche und kulinarische Vielfalt schwärmen, so bleiben sie doch auf dem Boden englischer Tat-

Die Einbindung in die »Euro-Vision« ist für England vor allem eine Kosten-Nutzen-Rechnung.

sachen. Hätten Geographie und Historie uns eine ähnlich gefestigte nationale Identität beschert wie den Engländern, würden auch wir uns vermutlich ein wenig zögerlicher in das – noch recht unausgegorene – Konstrukt Europa eingliedern.

In den Medien finden sich häufig Seitenhiebe gegen Deutsche und andere Europäer, die in der Tat zuweilen etwas borniert und überflüssig wirken. Doch sollte man die vielbeschworene Macht der Presse nicht überschätzen. Denn in England pflegt der kommentierende Journalismus traditionell einen schärferen Ton, und unbekümmerter als bei uns sagt sich die Presse: Wer Zeitungen absetzen will, sollte beizeiten der nationalen Eitelkeit ein wenig schmeicheln. Selbst hochwertiger Journalismus hat weniger Scheu vor kontroverser Gedankenführung und *debate*. Das mag ausländische Leser mitunter zu übertriebenen Schlussfolgerungen verleiten. Nicht so die undogmatischen Engländer. Sie lesen Zeitungen ohnehin vornehmlich zur Unterhaltung, wobei sie Meinungen zu relativieren und mit dem sprichwörtlichen Abstand zu genießen wissen. Schärfe und Kritik in der öffentlichen Diskussion bedeuten nicht, dass sich die gesamte Nation vorbehaltlos mit den Argumentationsübungen ihrer Medienstars identifiziert.

TIPS

Thema Europa

▶ Versuchen Sie, bei Diskussionen über Europa faktenorientiert und pragmatisch zu argumentieren. Mit Eurosentimentalität können die meisten Engländer nichts anfangen.

▶ Lassen Sie auf keinen Fall verlauten, die Engländer sollten endlich ihr Inselbewusstsein aufgeben und sich wie »anständige« Europäer benehmen. Damit disqualifizieren Sie sich als Besserwisser und appellieren an jenen englischen Instinkt, der gegen Bevormundung rebelliert. Manche Engländer werden derlei Zugeständnisse selbst machen, doch womöglich lediglich, um durch das Höflichkeitsritual der Selbstanklage eine »zivilisierte Konversation« in Gang zu bringen oder um den ermüdenden Beschwörungen britischer Insularität entgegenzuwirken. *Be accommodating*, seien Sie entgegenkommend.

»Cool Britannia«: Visonen des Modernen

Modernize war das Zauberwort des Blairschen Wahlsiegs, wie die Tageszeitung *The Guardian* feststellte. Modernisieren, diese Devise vermittelt einen Eindruck von den Sehnsüchten einer Nation, die der Konservativen müde war. Nachdem die Gesellschaft sich unter Thatcher in Einzelkämpfertum aufgelöst hatte und auch John Major kein klassenüberwindendes Gemeinschaftsgefühl vermitteln konnte, beschwor sie zugleich die Vision einer »neuen« Gesellschaft, eines *new Britain*.

Populärpolitische Power, Dezentralisierung und Stärkung der Regionen mussten im historischen Kontext modern anmuten. Dass die Briten 1997 der Labour Party 44 Prozent ihrer Stimmen gaben, spricht dafür, dass sie trotz ihrer unverbrüchlichen Liebe für den *sunday roast* (Sonntagsbraten) und Jane Austen die Notwendigkeit einer politischen Veränderung erkannt haben. Tony Blairs ausgesprochen untypisches Labour-Image steht durchaus im Einklang mit den populärkapitalistischen Tendenzen seiner konservativen Wegbereiter. Die strukturellen Probleme und gesellschaftlichen Umwälzungen des späten 20. Jahrhunderts machen Blairs ehrgeiziges Ziel, die Modernisierung weiter voranzutreiben, zu einer schwierigen Aufgabe. Will England seine Erfolge langfristig absichern, muss es die beschrittenen Wege der Erneuerung aus- und durch Bildungsreformen eine breitere, besser ausgebildete und flexible Mittelschicht aufbauen. Seinen Wahlsieg verdankt Blair indes nicht allein mutmachenden Visionen, sondern auch dem umsichtigen Respekt vor traditionellen Strukturen; weder am System der privaten Eliteschulen noch der Monarchie wird gerüttelt.

Populärpolitische Power, Dezentralisierung und Stärkung der Regionen

Blair rührt nicht am Establishment, sondern geht die sozialen Probleme von unten an. Mit der Umstrukturierung der Versorgung sozial Schwacher wagt er wie Thatcher, sich unbeliebt zu machen. Harsche Kritik handelte er sich ein, als er die Unterstützung alleinerziehender Mütter kürzen wollte. Sozialhilfeempfänger zur Arbeitssuche zu ermutigen, ist im Ansatz sicher nicht falsch. Doch müssen die Voraussetzungen stimmen, im genannten Fall für die materielle Absicherung der Kindererziehung.

Blairs Erbe war insgesamt nicht das schlechteste. Immerhin konnte England in den 90er Jahren ausländische Investoren anlocken und sich als attraktiver Standort mit geringen Lohnnebenkosten, flexiblen Arbeitsbedingungen und neuen, öffentlich geförderten Industrien etablieren. Nissan kam ins geschröpfte Nordengland, Siemens eröffnete eine Halbleiterproduktion bei Newcastle, Bosch investierte in die Herstellung von Autozubehör in Süd-Wales … Und im Dienstleistungsbereich z.B. mischen sich deutsche Werbeagenturen unter die Londoner Szene. Das alte *Ownership*-Konzept überholt sich, wie in der Autoindustrie zu sehen, zwangsläufig: Ob Rover den Deutschen oder den Briten gehört, tritt hinter der Überlegung zurück, einen expandierenden Industriezweig im Lande zu behalten. Der Pragmatismus lässt grüßen.

Das England der 1990er Jahre zeigte sich als attraktiver Standort für ausländische Investoren.

Hauptursache der Arbeitslosigkeit ist, vor allem in den am ärgsten betroffenen Regionen, das schwache Bildungsniveau der unteren Schichten. Von einer Branche abhängige Arbeitskräfte vertragen strukturellen Wandel besonders schlecht. Daher lautet eine Priorität der Labour-Regierung *education, education and education*. Sie richtet sich nicht gegen die überholten Privilegien der Bildungselite, sondern will vielmehr noch stärkeren Druck auf die staatlichen Schulen ausüben, bessere messbare Resultate zu erzielen. Ob diese Ergebnisse den Schülern mehr Chancengleichheit einbringen, bleibt sehr fraglich.

»Education, education and education«

Bislang hat England die Talente seiner breiten Masse zu wenig gefördert, geschweige denn volkswirtschaftlich genutzt. Sein soziales Prestige gründete sich stets auf die Elite. Diese Elite ist inzwischen moderner, kreativer und unternehmerischer. Man könnte sie *performing elite* nennen, gemäß dem Prinzip der Leistungsgesellschaft, das überdurchschnittliche *performance* (Leistung) zum Aufnahmekriterium in die Elite macht. Eine gesunde Wirtschaft braucht jedoch ein breite und beständige personelle Rückendeckung. Soziale Stabilität ist nicht zuletzt auch für Investoren ein entscheidender Faktor.

Man darf gespannt sein.

Man darf also auf das »moderne England« der kommenden Jahrzehnte gespannt sein. Gefragt nach meinen Erwartungen an eine moderne Gesellschaft, würde ich nennen: freien Zugang zu Bildung und flexible Förderung der Besten, soziale und wirtschaftliche Mobilität, würdige Versorgung der sozial Schwachen und Transparenz bei politischen Ämtern, wirtschaftlichen und kulturellen Schlüsselpositionen. Entscheidungsträger sollten sich für Fehler verantworten müssen. Nicht zuletzt wären für eine moderne Wirtschaft Weltoffenheit und Flexibilität unabdingbar.

Im letzten Punkt schneidet England gut ab. Bei der Bildung aber behindern herkömmliche Strukturen eine grundlegende Verbesserung. Soziale und wirtschaftliche Mobilität wiederum sind möglich, aber noch nicht Alltag, weil das Angebot adäquater Schul- und Weiterbildung und der Zugang dazu beschränkt ist. Die Versorgung sozial Schwacher wird wohl lange, wenn nicht stets, ein Problem bleiben, da dem öffentlichen Sektor aufgrund der extremen Verteilung von Vermögen zu wenig Geld zufließt. Gegen den sozialen Nutzen von Steuererhöhungen sprechen die vielen wirtschaftlichen Konsequenzen, z.B. Kapitalflucht und verändertes Investitionsverhalten. Außerdem kostet ein bürokratischer Wasserkopf den Steuerzahler mehr Geld und Nerven als Sozialleistungen. In diesem Land, in dem das Staatsverständnis frei ist von überhöhten Erwartungen, hält man *charities* für effizienter: Oxfam, Friends of the Earth, World Wildlife Fund, Save the Children … die Liste privater Wohlfahrtsorganisationen ließe sich endlos fortsetzen.

Für Transparenz schließlich ist zumindest teilweise gesorgt. Dies bewirkt zum einen die – seriöse (!) – Presse. Sie ist für Engländer eine zwar umstrittene, aber demokratische Macht wie das Parlament. Der Wirtschaftsjournalismus z.B. nimmt die Leistungen der führenden Köpfe recht kritisch unter die Lupe. Ob einflussreicher Banker oder Leiter der Covent Garden Opera, die Presse hat wenig Respekt vor elitären Blendern. Wessen *performance* vor dem Urteil der Presse nicht besteht, muss gehen. Ferner hat der »Fortschrittsfaktor« Transparenz insgesamt mehr Gewicht als bei uns, wo man sich durch Abschlüsse, Ausbildungen und Qualifikationen einen Posten sichert. In England wird jeder Kandidat, ob in Wirtschaft, Kultur oder Politik, auf Herz und Nieren geprüft – und zwar als Persönlichkeit. Leistungsdruck hört auch in Führungspositionen nie auf. Das Ausruhen auf einem Posten ist deshalb so gut wie unmöglich.

Leistungsdruck hört auch in Führungspositionen nie auf.

Tony Blair ist ein Beispiel – oder, im Jargon des Medienzeitalters ein »Produkt« – dieser Kultur. Im Gegensatz zu seinem grau wirkenden Vorgänger John Major poliert er mit Elan und Professionalität sein Profil. Designerpolitik? Macht nichts – solange sie was bringt, ist's gut.

Geschichte: »How to be a Cool German in England«

In England schätzt man theoretische Verallgemeinerungen, wie ich sie auf den letzten Seiten von mir gegeben habe, überhaupt nicht. Deutschen fällt bei Gesprächen immer wieder auf, dass das historische Bewusstsein der Engländer nicht nur ausgeprägter, sondern auch stärker an Personen gebunden ist. Von Monarchen, Aristokraten, Helden und herausragenden Persönlichkeiten spricht man in England so engagiert wie von den eigenen Vorfahren.

Von Monarchen, Aristokraten, Helden und herausragenden Persönlichkeiten spricht man in England so engagiert wie von den eigenen Vorfahren.

Ob tot oder lebendig, in Geschichte und Gegenwart spielen Personen die Hauptrolle, nicht Reformen, Ideale und Parteien. Man könnte meinen, Lord Nelson, Sir Francis Drake und Oliver Cromwell seien erst gestern noch hier gewesen. Stellenweise bietet die Historie sich tatsächlich dafür an, z.B. beim Kapitel Reformation, die die Engländer auf den Egoismus Heinrichs VIII. zurückführen. Als der Papst ihm 1534 die Scheidung von Katharina von Aragon verwehrte, brach Heinrich kurz entschlossen mit Rom. Gegenüber dieser launischen und folgenschweren Episode erscheint unsere Reformationsgeschichte erzsolide. Zwar gab ebenfalls eine Einzelperson, nämlich Luther, den Anstoß zu einer einschneidenden Veränderung, doch wurde diese, typisch deutsch, zu einer verinnerlichten geistgeschichlichen Bewegung.

Geistesgeschichtliche Zeitkategorien wie Aufklärung und Romantik spielen in England eine untergeordnete Rolle. England ist das Land der *kings* und *queens*. Epochenbezeichnungen wie *Elizabethan* und *Victorian* bekunden die zentralistische Prägung von Politik, Kultur und Gesellschaft. Nicht allein weil sie eine politische Ideologie vertrat, konnte Margaret Thatcher sich durch das Schlagwort *Thatcherism* verewigen. Dies entspricht nicht zuletzt einer Tradition, die das Oberhaupt der Nation in den Mittelpunkt rücken will und in einer Demokratie unserer Tage museal anmutet. Zwar erkennen auch wir mit Begriffen wie Adenauer- und Brandt-Ära an, dass Leistungen und Persönlichkeit einzelner Politiker dem Zeitgeschehen ihren Stempel aufdrücken, doch ist dieses Geschichtsverständnis im zentralistischen England ungleich verbreiteter.

Geistesgeschichtliche Zeitkategorien spielen in England eine untergeordnete Rolle

Sie kennen sich möglicherweise sehr gut in der Weltgeschichte aus. Gut so, doch Achtung: gerade dann ist bei Diskussionen ein gewisses Feingefühl wichtig. Das gilt speziell für die Geschichte des 20. Jahrhunderts. Wie erwähnt, haben Engländer ein sehr unverklemmtes Verhältnis zu ihrer Vergangenheit,

Lord Nelson über dem Trafalgar Square

auch zu deren dunkelsten Kapiteln. So werden sie deutschen Reisegästen gegenüber eventuell andeuten, dass die Briten fürchterliche Barbaren waren – ungefähr so entsetzlich wie die Deutschen, wenn nicht viel schlimmer: »Haben die Briten den Deutschen nicht vorgemacht, wie man Konzentrationslager baut und Massenmorde begeht?! In den Kolonien haben sie sich skrupellos bereichert und den Einwohnern brutal ihre Zivilisation aufgezwungen ...« Hier sollten Sie nicht spontan reagieren, indem Sie zustimmen oder gar erklären, dass Nationalsozialimus und britisches Kolonialherrentum zwei Paar Stiefel seien. Dass dem so ist, weiß ein halbwegs intelligenter Engländer auch. Seine scheinbare Selbstanklage transportiert mit hoher Wahrscheinlichkeit eine andere Botschaft: Sie soll signalisieren, dass man, fortschrittlicherweise, nichts gegen Deutsche hat und die altbekannten, auf den Erfahrungen der beiden Weltkriege beruhenden Vorbehalte endgültig ausgeräumt sind. Und da Ihr Gesprächspartner gewiss weiß, dass Deutsche zu kultiviertem Schuldbewusstsein neigen, will er Ihnen in wohlerzogener englischer Manier *embarrassment*, das Gefühl von Peinlichkeit, ersparen.

Engländer haben ein sehr unverklemmtes Verhältnis zu ihrer Vergangenheit.

Engländer nutzen gern das Ethos des *fair play*, um ihren Heimvorteil ein wenig herunterzuspielen: Auch wir haben Leichen im Keller, also gehen wir mit denselben Voraussetzungen in die Runde. In solchen Momenten ist Ihr Gespür gefragt: Will Ihr Kontrahent sich tatsächlich auf eine intensive Auseinandersetzung einlassen? Führt er historische Details an oder lässt sich gar über die barbarische Bombardierung Dresdens aus – Vorsicht, nur ein Engländer darf diese zuerst ins Spiel bringen! –, dann können Sie davon ausgehen, dass seine Erwähnung englischer Schandtaten kein bloßes Höflichkeitsritual und er tatsächlich an Ihrer Meinung interessiert ist. Aber auch dann sollten Sie sich vor extremen Ansichten und Pauschalurteilen hüten.

Ich habe häufig festgestellt, dass die introvertiert deutsche Frage »Wie war Nationalsozialismus möglich?« vor allem ältere Engländer naturgemäß weniger beschäftigt als etwa die globalpolitischen Bedingungen des II. Weltkriegs, die Rolle der britischen Armee oder Hitlers und Churchills Strategien. Auch die Geschichte geht man konkret, pragmatisch und empirisch an. Meine Ausführungen beziehen sich auf Engländer, die das Thema Deutschland eher beiläufig interessiert. In anglo-deutschen Kreisen sind tiefschürfendere Auseinandersetzungen selbstverständlich üblich, und auch den jüngeren Generationen ist unser Geschichtsverständnis weniger fremd.

Hüten Sie sich vor extremen Ansichten und Pauschalurteilen!

Sie werden also vielleicht hören, dass die Briten *horrible* gewesen seien. Englische Schuldgefühle aufgrund historischer Untaten aber scheinen sich bis auf wenige Ausnahmen nur als Beiwerk der *political correctness* eingeschlichen zu haben. Bei den in der Tat diffizilen Debatten über Entschädigungsmöglichkeiten der Ex-Kolonien ist »Schuld« ein sehr rationalisiertes Motiv. »We should apologize« bekundet die intellektuell anerkannte Verantwortungspflicht für unrechtmäßiges Handeln (»whatever that is ...«). Im Hinterkopf aber schlummert die Auffassung, dass die »Opfer« ihren britischen Unterwerfern Zivilisation und Fortschritt verdanken.

Schuldgefühle schleichen sich meist nur als Beiwerk der »political correctness« ein.

Renommierte Kritiker des britischen Chauvinismus verlangen eine »moralischere« Geschichtsdiskussion. »Wo sind unsere Helden geblieben?« fragen hingegen

Britische Abwehrkanone aus dem II. Weltkrieg (Noir Mont Point, Jersey)

nostalgische Traditionalisten, die so gar nichts mit dem verweichlichten, egalitären Wertekonzept der *Post-Empire*-Generationen anfangen können. Wieder einmal ist es die Unvorhersehbarkeit, die Land und Leute so spannend macht. Sie werden Menschen mit Ansichten treffen, die Sie ihnen beim besten Willen nicht zugetraut hätten. Sie können sämtliche Bände der Britischen Enzyklopädie auswendig lernen, Sie können die Insel kennen wie Ihre Hosentasche – und darauf wetten, dass Ihnen jemand begegnet, der alles auf den Kopf stellt und Sie zu Schlüssen herausfordert, die Ihnen ferner nicht hätten liegen können.

Wie bei den Ausführungen zum *debating* erläutert, ist spielerisches, interdisziplinäres Denken, das sogenannte *lateral thinking*, eine angelsächsische Stärke. Es liegt in der Natur dieser sehr kreativen (übrigens erstaunlich gut mit dem nüchternen Empirismus harmonierenden) Form der Auseinandersetzung, dass sie oft krass unserem Bemühen um moralisch hochwertige Ansichten und Lösungsvorschläge widerspricht. Wen die häufig anzutreffende *political incorrectness* befremdet, wird bemerken, dass gutes Benehmen sie kompensiert. So äußern Engländer unverklemmt Unmut über die vielen pakistanischen Einwanderer. Die meisten aber wären

Englische Karikatur der eigenen Kolonialgeschichte aus dem Herrenmagazin »Men only« (1956)

nicht im Traum unfreundlich zu einem Pakistani. Man lädt ihn vielleicht nicht zu sich ein, kauft aber unbekümmert in seinem *corner shop* (Tante-Emma-Laden). Braucht ein asiatischer Nachbar Unterstützung, hilft man mit größter Selbstverständlichkeit – eben *civilized*. Im allgemeinen findet Integration, wie an anderer Stelle erörtert, im Alltag und kulturellen Spektrum statt, nicht als pflichtschuldige Einlösung einer moralischen gesamtgesellschaftlichen Forderung. Mir scheint's bei uns umgekehrt: Öffentlich predigt man soziales Verhalten, im Alltag herrscht Rücksichtslosigkeit. Sollte ich hier falsch beobachtet haben, ist es um so besser.

»Political incorrectness« wird durch gutes Benehmen kompensiert.

Kaum entgehen dürfte Ihnen, dass im englischen Fernsehen nach wie vor jede Menge Kriegsfilme laufen. Daraus auf »Deutschenhass« zu schließen, erscheint mir unangebracht. Solche Filme werden meist am frühen Nachmittag gezeigt, wahrscheinlich mit Blick auf die Einschaltquoten der Rentner. Für diese Generation stellt der Zweite Weltkrieg außer der einschneidendsten Lebenserfahrung die letzte Phase englischer Erfolgsgeschichte dar. Und das halte ich eher für den Grund der Beliebtheit der altbacken schwarz-weißen Heldenepen als Deutschenhass.

TIPS

Tips für anglo-deutsche Diskussionen

- Entwickeln Sie Gespür dafür, ob Ihr Gesprächspartner sich tatsächlich auf eine Diskussion einlassen will oder selbstschuldnerische Bekenntnisse nur aus Höflichkeit vorbringt.
- Selbst wenn Sie zum Gespräch aufgefordert werden: zügeln Sie Ihre Emotionen. Mit Weltanschauungen können die empirisch denkenden Engländer in der Regel weniger anfangen als mit konkreten Fakten und Beispielen.

Abwehrbunker gegen eine deutsche Invasion im II. Weltkrieg (Guernsey)

TIPS

▶ Engländer denken weniger in Kategorien von richtig und falsch. Sie wollen wissen, welche Fakten Sie zu Ihren Schlussfolgerungen bewegen.

▶ Vergessen Sie nicht, dass provozierende Fragen Sie spielerisch herausfordern wollen.

▶ Stellen Sie konkrete Fragen. Und hören Sie gut zu. Sie erfahren garantiert Dinge, von denen Sie nichts wussten.

▶ Formulieren Sie Argumente so, dass der andere etwas darauf antworten kann.

▶ Sprechen Sie Engländer nicht auf »Deutschenhass« an, nur weil Sie im Fernsehprogramm Kriegsfilme entdeckt haben. Auch wenn die Zeitungen sich kritisch über Deutschland äußern, sollten Sie abwartend argumentieren und hören, was dahinter steckt.

▶ Wer durch Selbstbeschuldigung und moralisierenden Ernst signalisieren will, dass er die deutsche Geschichte »aufgearbeitet« hat, landet im Sand. Ebensowenig interessieren Beweise, dass Sie ein »guter Mensch« sind und alles richtig machen oder gar wissen, wie alle es richtig machen können. Vorschläge zur Weltverbesserung und weltanschauliche Totallösungen, gerade von Deutschen, lassen die meisten Engländer kalt. Um es zu wiederholen: stellen Sie lieber Fragen.

Arbeitsleben

Konformität: »Corporate Lives«

Während bei uns Mittelstand und Großindustrie das Rückgrat der Wirtschaft bilden, ist es in England der Dienstleistungssektor. Vor allem in der Londoner City, aber auch in anderen Teilen des Landes, stehen die Dienstleistungsbetriebe in ehrgeizigem Wettbewerb und wissen genau, dass die Mitarbeiter ihr Kapital sind. Mit den Mitarbeitern steht und fällt ihr Unternehmen. Dass in diesem Klima vom einzelnen verlässliche Professionalität verlangt wird, versteht sich.

Anpassung an die Firmenkultur

Doch versteht man unter Professionalität nicht dasselbe wie wir. Zu ihr gehört unbedingt die Anpassung an die Firmenkultur, die *corporate identity*. Das gilt nicht nur für die großen Anwaltskanzleien, Steuer-, Anlageberater, Investmentbanken etc., sondern ebensosehr, wenn auch weniger sichtbar, für die kreativen Dienstleistungsfirmen wie Werbe-, PR-, Marketingagenturen und Filmproduktionsgesellschaften. *Corporate-Identity*-Bewusstsein verlangt entsprechendes Auftreten nach außen hin sowie im Kollegenkreis. Daher zählen Fähigkeiten wie einwandfreie Manieren, verbindlicher Umgang mit Telefonpartnern und Kunden sowie anstandsloses Engagement wesentlich mehr als fachliche Qualifikationen. Sie würden diese zwar niemals ersetzen, doch ohne das Vermögen, *corporate* zu denken und zu handeln, wird man in einem Betrieb schwerlich überleben.

»I am very corporate, you know? I couldn't work for myself ...«, mit diesen Worten charakterisieren sich so manche Engländer. So individualistisch sie sind, so wenig

Anderssein braucht Selbstbewusstsein: Punk und Liza Doolittle in London.

sind ihnen Konformität und Leistungsdruck fremd. Schon in der Schule lernen sie, sich in eine Gemeinschaft einzufügen. Wie in der Schule hat der einzelne sich der Kultur des Ganzen unterzuordnen: Die falsche Kragenform wird unweigerlich kommentiert. Wer sich auffallend anders kleidet oder unbedingt »anders« sein will, muss gut einstecken können oder über ein extrem einnehmendes Charisma verfügen. Andernfalls setzt er sich dem Spott der Kollegen aus. Außerdem klingt Charisma in englischen Ohren nicht sehr humorvoll und wird selten gewürdigt, da man im Alltag so gut wie keinen Persönlichkeitskult betreibt.

Ein Angestellter einer deutsch-englischen Investmentbank hatte viele Jahren in der Frankfurter Niederlassung gearbeitet. Zurück in London, erzählte er mir, am meisten habe ihn die Einzelzimmermentalität seiner deutschen Kollegen verwundert: »Jeder, der einen halbwegs interessanten Posten hat, verschanzt sich in seinem Einzelzimmer.« Das wäre in England undenkbar. Man gehört zusammen. Privatsphäre am Arbeitsplatz? Vergessen Sie's. Großraumbüro, *jokes* über die Stellwände hinweg, die Mischung aus Diskretion und Teilnahme machen es unmöglich, sein Privatleben lange für sich zu behalten.

Privatsphäre am Arbeitsplatz? Vergessen Sie's.

Auch für Ordnungshüter ist Lächeln ein »must«.

Lächeln und geselliger Umgang: ein »must«

Lächeln ist ein *must*, Höflichkeit ohnehin und: geselliger Umgang. Man hat Zeit, ein paar freundliche Worte zu wechseln, selbst wenn man keine Zeit hat. In der Londoner City, Englands größtem Arbeitsplatz gewissermaßen, sitzen die Leute buchstäblich auf einem Haufen. Deshalb ist dort die berufliche Alltagsetikette besonders hoch entwickelt. Sie ist nicht verkrampft und distanziert, sondern locker und verbindlich. Wer nach dem Job nicht ab und an auf einen *drink* mitkommt, macht sich verdächtig.

Ich arbeitete ein Jahr lang in einer Filmproduktionsgesellschaft. Die Abteilungsleiterin war, wie es der Zufall wollte, eine Deutsche, und, Sie werden es vielleicht ahnen, im englischen Kollegenkreis nicht gerade beliebt. Offenbar meinte sie, der Titel *production manager* gäbe ihr das Recht, Mitarbeiter herumzukommandieren. Nicht in England! Zum einen gibt es *manager* und *director* wie Sand am Meer. Ein *director* einer Bank muss noch lange kein Bankdirektor sein. Und falls doch, wird er keinen Befehlston anschlagen – dann wäre er nämlich nicht *director* geworden. Das Heraushängenlassen von Titeln, Status und Macht gehört sich nicht.

Man bleibt bescheiden und hört sich an, was andere zu sagen haben.

Man bleibt bescheiden und hört sich an, was andere zu sagen haben. Deswegen kommen Anweisungen als höfliche Anfragen daher. »You couldn't possibly finish the report by lunchtime tomorrow, could you?« bedeutet auf gut Deutsch: »Wir brauchen den Bericht bis morgen Mittag.« Also bleibt Ihnen keine andere Wahl, als den Bericht bis zum nächsten Tag fertigzustellen. Und wenn Sie sich damit die Nacht um die Ohren schlagen müssen …

Zur Unbeliebtheit der deutschen Abteilungsleiterin trug ferner ihre Direktheit an Stellen bei, an denen Engländer gern viele Worte machen. Unsere unumwundene Methode der »Wurzelbehandlung« liegt der angelsächsischen Seele fern. Englische Zwischenmenschlicheit sucht stets nach dem Kompromiss, nach einer individuellen Problemlösung. Die universelle Herangehensweise lautet: »What can we do?« Anschaulichkeit, Pragmatismus, Flexibilität und Humor stechen Prinzipien und Logik aus.

»We will see« und »It depends«

Bleiben Sie cool, auch wenn die überhöfliche, scheinbar unorganisierte und uneffektive »Problembewältigung« Ihre Nerven strapaziert. Fragen Sie nicht: »Also, wie steht's? Wie packen wir's an? Das muss doch …« Nichts *muss* so oder so getan werden, sondern: »One could do it this way.« Oder auch nicht, »we will see«. Ungeduldig in den Startlöchern stehend, werden über alles geliebte Auskünfte wie *»It depends«* Ihnen den letzten Nerv rauben. Nicht ohne Grund ist »Es kommt darauf an« eine der Phrasen, die deutschlernende Engländer an erster Stelle interessiert.

Respekt und Hierarchie

Ob Mitarbeiter, Assistent, Abteilungsleiter, Direktor, Sekretärin oder Laufbursche, jeder behandelt *jeden* mit Respekt. In englischen Firmen kennt Respekt keine Hierarchie.

Zu diesem Respekt gehört es, zwischenmenschliche Beziehungen aufzubauen – und zu pflegen. Die Mitarbeiter eines Teams wissen genau, dass die Zusammenarbeit besser funktioniert, wenn man einander ein wenig kennt und freundliche Worte wechselt. Es ist ebenso normal, sich nach der Kinderzahl der Zugehfrau zu erkundigen wie nach dem Golfwochenende des Chefs. Eine Sekretärin wird nicht auf ihre Funktion reduziert. Sie ist ein Mensch, der sein Bestes tut und mit dessen Einsatz der Erfolg des Teams steht und fällt. Jeder ist sich dessen bewusst und verhält sich entsprechend. Respektvoller Umgang mit Mitarbeitern ist professionell, soziale Nachlässigkeit hingegen unakzeptabel.

In englischen Firmen kennt Respekt keine Hierarchie.

Teamwork

Engländer sind Teamgeister. Das Ziel der Firma, der Abteilung, der Gruppe ist wichtiger als die eigene Karriere. Diese macht man nämlich nur, wenn man mit seinem Team gut auskommt. Egomanen, die auf Kosten anderer glänzen, können einpacken. Profil gewinnt man nicht durch brillante individuelle Meinungen, sondern vor allem durch Gespür für die Dynamik zwischen Menschen und Märkten und geschickten Umgang mit Kunden. Nützen Ideen und Strategien der Organisation, so bringen sie auch den einzelnen voran.

Das Ziel der Firma, der Abteilung, der Gruppe ist wichtiger als die eigene Karriere.

Diesem Arbeitsethos kommt entgegen, dass Firmen sich um gutes Betriebsklima kümmern. Man integriert alle Mitarbeiter, so gut es geht. So wird man Ihnen, wenn die Situation es zulässt, beim Besuch eines Büros auch die Zugehfrau, Rezeptionistin und Sekretärinnen mit Namen vorstellen: »This is Brenda, she is doing our cleaning …« Die Anrede mit dem Vornamen zeugt nicht von Herablassung, sondern ist ein Nonplusultra der beruflichen Alltagsetikette. Fast niemand lässt sich mit Nachnamen ansprechen. So bleiben die sozialen Barrieren unsichtbar.

Fast niemand lässt sich mit Nachnamen ansprechen. So bleiben die sozialen Barrieren unsichtbar.

In diesem Sinne nimmt keiner sich wichtiger als nötig. Man macht *jokes*, die nicht immer sauber und schon gar nicht *politically correct* sind, und auch Frauen lachen über Blondinenwitze. Wenn ein Kollege sich bei Jane scherzend darüber beschwert, dass sie keine Röcke trägt und er ihre Beine nie zu Gesicht bekommt, wird sie lachen und ihn bitten, selbst im Rock im Büro zu erscheinen. Dann wird sie es sich vielleicht überlegen … Bemerkungen gehen selten unter die Gürtellinie, der Ton bleibt heiter. Mitunter kann man den Eindruck gewinnen, die Atmosphäre enthebe den einzelnen seiner Grenzen – zugunsten des Teams, natürlich. Binnen kurzem werden Sie bemerken, dass Ihr Humor zunimmt und zwischenmenschlicher Stress sich langsam verabschiedet: Sie werden *relaxter*.

Von Teamgeist zeigt auch die Spielregel, bei Unterhaltungen nach Gemeinsamkeiten, einem *common ground*, zu suchen. Sie gilt in der Arbeitswelt ebenso wie im Privatleben. Ob Verhandlung oder scheinbar lockere Konversation, Ziel der Übung bleibt es, Gemeinsamkeiten zu entdecken. Kooperieren Sie! Machen Sie es Kolle-

Eine gelungene Konversation befriedigt Engländer weit mehr, als Recht zu haben.

gen/Kunden/Vorgesetzten leicht, Sie zu erobern. Werden Sie aber nicht persönlicher als Ihr Gegenüber. Und auf keinen Fall gewinnt der Lauteste – zumal es nicht ums Gewinnen geht. Eine gelungene Konversation befriedigt Engländer weit mehr, als Recht zu haben. Sobald Sie Luft holen, um etwas zu sagen, wird der andere nachgeben: »Yes? Sorry? You wanted to say something?« Angst, nicht zu Wort zu kommen, müssen Sie wahrhaftig nicht haben.

»Work Hard, Play Hard«

Die anglo-amerikanische Devise *work hard, play hard* beherzigt man auch bei uns. »Wer hart arbeitet, darf auch kräftig feiern«, diese Übersetzung beschwört sinnenfrohe Feierabend-Gemütlichkeit. In England bedeutet *play hard* mehr als feiern und ist weit kompetitiver. Unermüdlich macht man nach dem Job weiter, spielt Fussball oder Cricket, geht zur Chorprobe oder unternimmt etwas mit Freunden. Meist hat der Feierabend Programmcharakter. Sogar Abendessen mit sechs oder acht Personen werden strategisch geplant: Wer passt zu wem, wer ist interessant, wer hat etwas Neues zu berichten?

»Performance never stops« – meist hat der Feierabend Programmcharakter.

Performance never stops, das klingt anstrengend, ist es aber nicht. Denn weil das *hard play* in der Regel unterhaltsamer ist als bei uns, ist es weniger ermüdend. Selbst nach einem exzessivem Saufgelage wird ein Engländer um sechs Uhr aufstehen und zum Tauchen im Ärmelkanal aufbrechen. (Falls er Taucher ist und die Unternehmung geplant hat, natürlich. Ansonsten bleiben auch Engländer gemütlich in ihrem Bett liegen …) Disziplin kommt beim *work hard, play hard* nicht zu kurz, soll heißen: Aus der Rolle fällt man nie.

Feierabend im Pub (mit – wie üblich – randvoll gefülltem Glas)

TIPS

Tips für »Gastarbeiter«

▶ Seien Sie darauf gefasst, dass man Sie kurz nach der Vorstellung mit vollem Namen beim Vornamen nennt. Der Vorname dient als allgemein übliche alltägliche Anrede.

▶ In England greift man lieber zum Telefon als zum Briefpapier. Anrufen spart Zeit und ist persönlicher.

▶ Schulen Sie Ihr Improvisationsvermögen. Sie werden es mehr als alles andere brauchen.

▶ Fügen Sie Sich unbedingt in die *corporate culture* ein. Da Firmen – durch Mitgliedschaften in einem Fitness-Studio, einem Chor oder einer Band, durch *office parties, corporate entertainment* (»Wer kommt mit nach Wimbledon?«) und vieles mehr – nach Kräften das Gemeinschaftsbewusstsein fördern helfen, fällt es auch Einsteigern nicht allzu schwer, diese so wichtige Eigenschaft zu entwickeln.

▶ Legen Sie Überheblichkeit, gleich in welcher Position, ab. Über Arroganz macht man sich hemmungslos lustig – die Großraumatmosphäre ist egalitär.

▶ Lassen Sie sich von imposanten Titeln wie *manager* und *director* nicht blenden, sondern finden Sie heraus, was tatsächlich dahinter steckt.

▶ Passen Sie sich an die lockere Umgangsweise an, doch verwechseln Sie Lockerheit nicht mit Mangel an Disziplin.

▶ Streben Sie nicht Extreme und Totallösungen an, sondern Kompromisse nach dem Motto: »It always depends on the circumstances.« Deswegen sollten Sie sich keineswegs scheuen, Ihnen Unverständliches oder Unbekanntes unverzüglich zu erforschen, zu erfragen und zu klären; nur so können Sie Ihre Gedanken und Vorschläge in eine sinnvolle Richtung steuern.

▶ Üben Sie sich in Geduld. Lernen Sie, *to play things by ear* – die Dinge zu nehmen, wie sie kommen – und trotzdem professionell zu arbeiten. Das erreichen Sie vermutlich am besten, indem Sie bei Konzentration auf das Wesentliche auf einen strikten Ablauf verzichten, ohne dabei das Ziel aus dem Auge zu verlieren.

▶ Zeigen Sie Initiative, aber mit der nötigen Sensibilität. Springen Sie über Ihren Schatten. Das Motto heißt: Selbstverständlich können wir das erledigen! Im Englischen klingt's geschmeidiger: »Leave it with me and we will take care of it …«

▶ Das Überspringen von Hierarchien ist nicht tabu: Weshalb soll der PR-Assistent nicht den *managing director* um Hilfe bitten, wenn dies tatsächlich zur Lösung eines aktuellen Problems beiträgt? Das erforderliche Feingefühl gewinnen Sie *by doing* – Regeln gibt es nicht dafür.

▶ Wahren Sie unbedingt Diskretion! Plaudern Sie nicht über die Verhältnisse im Büro oder darüber, mit wem Sie über was telefoniert haben.

TIPS

Besucher / Gesprächspartner / Kollegen interessieren Vorgänge Ihres Arbeitsalltags nur, wenn sie sachlich von Bedeutung sind. Fassen Sie nötigenfalls die Sachlage zusammen, aber verfallen Sie nie ins Schwatzen.

▶ Klagen gehört sich nicht, weder über den Arbeitgeber noch die Organisation von Büro, Laden, Agentur o.ä. Urteile sollten stets diplomatisch ausfallen. Engländer vergessen selten, welche Konsequenzen Worte und Verhalten haben können.

▶ Fallen Sie nicht mit der Tür ins Haus. Engländer werden Sie äußerst selten mit Bitten behelligen, ohne zuvor einen Eiertanz aufzuführen. Sie stellen Fragen und erzählen dieses und jenes, um ein Gespür für die Situation zu entwickeln. Erst dann kommen sie *to the heart of the matter.*

▶ Dringlichkeit bringt man nicht dadurch zum Ausdruck, dass man hektisch telefoniert und Dampf macht. Sollten Sie hören: »Well ... yes, it's fairly urgent ...«, dann brennt's wirklich. Drängt eine Angelegenheit, fragt man, wie weit die Aufgabe erledigt ist, und beschreibt dann die Situation: Unsere Besprechung findet morgen nachmittag statt. Bis dahin sollten wir einige Entwürfe vorlegen können: »Do you think you could do that?« Achtung, dies ist keine Frage! Ihnen bleibt keine Antwort als: »It shouldn't be a problem.« *Otherwise you'll soon be out of business.*

▶ Eine weitere Faustregel lautet: Freizeit richtet sich danach, was der Job verlangt, nicht umgekehrt. Seien Sie also einsatzbereit. Lassen Sie jedoch nie eine Freizeitverabredung sausen, nur weil Sie einen Kater haben. Dafür hätten Ihre englischen Freunde und Kollegen wenig Verständnis. Es stört Teamgeist und *moral* empfindlich, wenn Sie Ihrem persönlichen Wohlbefinden zuliebe eine Unternehmung absagen. Seien Sie kein *spoil sport* – kein Spielverderber. *Join the spirit.*

▶ Ansonsten gelten im Arbeitsleben die in England üblichen Verhaltensweisen. *Common sense*, Höflichkeit und Umsicht werden Ihnen stets helfen, Situationen zu meistern.

»Home, Sweet Home«: Wohnen in England

England bleibt England – vor allem zu Hause. Am wenigsten hat sich in den vergangenen Jahrzehnten vermutlich in den eigenen vier Wänden geändert. Ihnen wird der mangelnde Ehrgeiz der Engländer auffallen, Trendbewusstsein nach Hause zu tragen. Im eigenen Heim gelten die Gesetze der Tradition. Diesen Eindruck verstärkt, dass *terraced houses* (Reihenhäuser) des 18. und 19. Jahrhunderts die englischen Städte prägen. Stil und Grundriss dieser Einfamilienhäuser folgen einem gewissen Muster, das je nach Bauzeit, Architekt, Umgebung und Anspruch variiert. Die Grundstruktur ist jedoch fast immer die gleiche.

Wohnungen, *purpose built flats*, wurden erst im 20. Jahrhundert gebaut. Die englische Psyche empfindet Wohnungen als Zumutung. Wie kann eine Wohnung je ein *home* sein? Daher ahmten die *purpose built flats* das Reihenhaus-Ambiente mit Kaminen, Erkern und Nischen nach. Erst die Generation der postmodernen Engländer entdeckte selbstbewusstes urbanes Wohnen in Wohnungen.

Die englische Psyche empfindet Wohnungen als Zumutung.

Das *terraced house* ist ebenso ein Inbegriff englischer Wohnkultur wie sein geschmacksbildendes Vorbild, das Landhaus. Das Landhaus wurde nach der *Glorious Revolution* für die wohlhabende, mit dem Landadel verbundene Mittelschicht zur Wohnform schlechthin und einem Markenzeichen von *Englishness*. Da der Hochadel mit Entmachtung der Krone keine wesentlichen Repräsentations-

Backstein-Reihenhäuser (Snowhill, Cotswolds, Gloucestershire)

pflichten mehr bei Hofe zu erfüllen hatte, konnten die oberen Schichten eine ruhigere, privatere Lebensweise kultivieren und sich auf Ausbau und Gestaltung ihrer Landsitze und Gärten konzentrieren. Im 18. Jahrhundert entstanden zahlreiche Schlösser und Landhäuser im klassizistischem Stil. Sie werden etliche architektonische Einflüsse entdecken, wenn Sie die öffentlich zugänglichen Landsitze besichtigen. So beeinflusste z.B. der Italiener Andrea Palladio (1508–80) vor allem in der ersten Hälfte des 18. Jahrhunderts den englischen Klassizismus. Der strenge Palladianismus wurde vom schlichten und zugleich wohnlichen *Georgian style* abgelöst, der insbesondere in der urbanen Architektur Spuren hinterließ. *Georgian style houses* prägen das Stadtbild von Bath und Edinburgh. Sie finden sich vereinzelt auch in London und anderen Städten, allerdings überwiegt dort Bausubstanz aus der Übergangszeit vom *Georgian* zum *regency style* im frühen 19. Jh. Die Wohnhäuser des späteren *terraced Victorian style* tragen zumeist die Handschrift des Architekten Cubitt. *Cubitt towns* nannte man die weitläufigen Siedlungen aus *Victorian brick terraces*, viktorianischen Backstein-Reihenhäusern, die Londons Vororte charakterisieren. Entworfen wurde diese Einheitsarchitektur für die untere

Palladianismus und »Georgian style«

Reihenhäuser mit typischem Erker (St. Peter Port, Guernsey)

middle class, doch heute muss man entschieden besser verdienen, um in einem dieser Reihenhäuser am Rand der Metropole residieren zu können.

Viele Elemente des »typisch englischen« Lebensstils stellen von der breiten Mittelschicht adaptiertes Kulturgut der oberen Schichten des 18. Jh. dar.

Benehmen, Kleidung, Geschmack und viele andere Elemente des »typisch englischen« Lebensstils stellen von der breiten Mittelschicht adaptiertes Kulturgut der oberen Schichten des 18. Jh. dar. So verfügen sogar die bescheidenen viktorianischen Reihenhäuser über einen – bisweilen klitzekleinen – *reception room*, ein Empfangszimmer. (Bei in unserem Sinne bürgerlichen Wohnhäusern würde man von einem Salon sprechen.) Dieser Raum diente Repräsentationszwecken. Dort wurde mit Besuchern, die einem nicht sehr nah standen, Tee eingenommen und über das Wetter parliert. Trotz Lockerung der Etikette seit den 1960er Jahren finden Sie heute noch Einfamilienhäuser mit *reception rooms*. Die Größe von Haus und Räumen war – und ist – jeweils Indiz von Wohlstand und *class*.

Auch heute noch werden Sie auf Einfamilienhäuser mit Empfangszimmern stoßen.

Von der Landhauskultur sind ferner der offene Kamin, den selbst Arbeiterhäuschen vorweisen, sowie der Erker inspiriert. Die Erkerfenster von Häusern der unteren *middle class* aus dem 19. Jh. greifen die Fassadengliederung durch vertikale Linien auf, die im 18. Jh. die *terraced houses* der Oberschichten kennzeichnete. Ihre Häufung verleiht Fassaden Schlosscharakter und ist ein beliebtes Stilmittel der englischen Architektur, das man u.a. am Parlamentsgebäude erkennt. Bei den winzigen viktorianischen Wohnhäusern jedoch wirken die Erkerfenster der *reception rooms* manieriert. Diese Räumchen lassen sich kaum einrichten. Die einzige durchgehende Wand dieser Räumchen ist häufig nicht länger als drei Meter, die Längsseite gegenüber von der Tür unterbrochen, an der schmalen dritten Wand liegt der Kamin, und der Erker ist zu klein für eine bequeme Möblierung. Damit ist die Einrichtung mehr oder minder vorprogrammiert: Die Nischen rechts und links des Kaminvorsprungs stopft man mit Bücherregalen, versperrt den Zugang zum Erker mit dem Sofa und kann, wenn man Glück hat, neben die Tür ein Klavier quetschen. *Storage*, Stauraum, ist in den Häuschen Mangelware. Es gibt keinen Keller und in den Räumen kaum Platz für Schränke. Großzügigere Stadthäuser dagegen besitzen oft vortreffliche Einbauschränke, in denen alles verschwindet, was das Auge stören könnte, und verfügen über entsprechend geräumige Repräsentationszimmer.

»Gardening« – ein nationales Hobby

Die Einfamilienhaus-Tradition erklärt auch das Faible der Engländer, selbst der Londoner, für das *gardening*, wobei die Gestaltung des Gartens im Mittelpunkt dieses nationalen Hobbys steht. Zu fast jeder urbanen Landhausimitation gehört ein mindestens »handtuchgroßer« Garten, den man liebevoll pflegt. Durch geschickte, scheinbar zwanglose Anordnung von Blumen, Büschen und Bäumen wirkt er stets etwas weitläufiger. Im englischen Garten und seinem Ideal scheinbar natürlicher Landschaft erblicken manche einen Ausdruck des kompromisslerischen Wesens der Engländer, die sich weder in ungezähmter Natur noch nackter Urbanität wohl fühlten. Genau dies, nämlich der harmonische Kontrast von hochkultiviertem Interieur und großzügiger, gepflegter Natur, fasziniert mich an den ländlichen Adelssitzen. Städtisches Wohnen in England zeigt, dass sich diese Paarung überall ver-

Der englische Garten und sein Ideal

Gartenkunst in hoher Vollendung (Packwood House, Warwickshire)

wirklichen lässt, ja wie ein roter Faden durch die englische Lebensart zieht. Urbanität und naturferne »Zivilisiertheit« bilden keineswegs, selbst in London nicht, eine Zwangsgemeinschaft. Ob Picknick vor der Kulisse des Opernhauses von Glyndebourne oder gepflegte Unterhaltung auf dem Golfplatz, die Natur hebt den Kulturgenuss. In England sind Provinzen niemals vollkommen provinziell, die Städte nie gänzlich urban – und damit einzigartig englisch.

»My Home Is My Castle«

Das »home« ist Dreh- und Angelpunkt der englischen Lebenskultur.

… dieses Klischee trifft auch im übertragenen Sinn zu. Das *home* ist Dreh- und Angelpunkt der englischen Lebenskultur. Ob Geselligkeit sich in England auch heute noch mehr als auf dem europäischen Kontinent zu Hause abspielt, hat niemand genau erforscht – ich vermute es aber. Das englische Haus symbolisiert den Rahmen des traditionellen Gesellschaftslebens. Jahrhundertelang lautete eine unumstößliche Regel der Society, nicht mit jemandem zu sprechen, *to whom you haven't been introduced*, dem man nicht vorgestellt wurde.

Ein Rest dieser Haltung hat überlebt: Engländer können im häuslichen Rahmen sehr locker auf Unbekannte zugehen, während sie sich an öffentlichen Orten wie Pubs, Restaurants und Cafés stets ein wenig zurückhalten. Das Ausgehen, ja der urbane Lebensstil insgesamt, ist weit stärker als bei uns an kulturelle Aktivitäten gebunden. In Kneipen versacken und bis 4 Uhr morgens auf Partys herumhängen, dieser Art von Nachtleben frönt man in England vergleichsweise selten. Eher gibt man einen Haufen Geld in irgendeinem Club aus.

Viele Teilzeitbewohner Londons kombinieren kulturelles Gesellschaftsleben mit ländlichem Lifestyle, d.h. mit Geselligkeit *at home*. Das englische Haus hat deshalb die Funktion eines halböffentlichen Orts. In London wie auf dem Land besitzt jedes größere Haus einen oder mehrere Räume, die ohne Umstände geselliges Beisammensein erlauben. Häuser von Engländern sind wie ihre Manieren: *accommodating*, entgegenkommend, und gesellschaftsfähig. Sie bestehen gewissermaßen aus einem öffentlichen und privaten Bereich, ohne dass man Gäste diese Trennung spüren lässt. Die öffentlichen Räume wirken nie unpersönlich, die privaten nie ganz persönlich.

Häuser von Engländern sind wie ihre Manieren: »accommodating«, entgegenkommend, und gesellschaftsfähig.

Das englische Haus ist nicht zuletzt deshalb ein wahres *home*, weil in ihm die Vergangenheit fortlebt. Neue Häuser gibt es nur wenige, und die alten bewahren traditionelle englische Lebensgewohnheiten. Diese bemerkt man bei den gleichförmigen Durchschnittshäusern nicht nur außen, sondern auch innen: Sofas und Esstische stehen an denselben Flecken, in sämtlichen Räumen, auch den Bädern liegt Teppichboden aus, über dem Kamin hängt der obligatorische Spiegel, auf dem *mantlepiece*, dem Kaminsims, sind Fotorahmen, Vasen und Souvenirs arrangiert, vor den Fenstern schwere Vorhänge drapiert. Wie das »gute Benehmen« haben diese Elemente herkömmlicher Wohnkultur anders als bei uns keinen radikalen Bruch erfahren. Wir haben uns angewöhnt, Geschmacks- und Verhaltensnormen (welch bezeichnende Begriffe!) in Frage zu stellen. Engländer nicht. Sie hinterfragen, kritisieren und erneuern weniger. Wozu bezweifeln, dass in alten Landhäusern der ein oder andere Geist haust? Wer in historischen Mauern lebt, muss damit rechnen, dass er's nicht allein tut. Schließlich haben Geister das ältere Wohnrecht.

Geister haben das ältere Wohnrecht.

Englische *homes* sind nie so aufgeräumt und keimfrei wie unsere. Sie wirken ein bisschen alt, ein bisschen schmuddelig und immer ein bisschen improvisiert. Meist wird

Salon

Englische »homes« wirken ein bisschen alt, ein bisschen schmuddelig und immer ein bisschen improvisiert.

Geschmacksdiktat ist ein Fremdwort.

irgendwo etwas umgebaut, ein Tier wohnt mit, der Untermieter übt Geige. Exzentrische Details wie ausgestopfte Hunde, eine kuriose Gemäldesammlung oder eine Toilette voller Bücherregale gehören zum englischen Wohnen wie (wenn man schon keine Suppe mehr kocht) das Salz ans Spaghettiwasser. Londons Kreative haben mittlerweile das moderne Wohnen entdeckt und leben in gestylten alten Häusern, in *lofts* (umgebauten Fabriketagen) oder schicken *flats* am Fluss. Geschmacklich geben sie zwar nicht den Ton an, doch die undogmatische Freude an Ideen erfrischt. *Keeping up with the Johnsons is over* – in Kreisen mit Stil herrscht Toleranz. Wohnen bleibt in England Ausdruck unerschütterlicher Individualität und Geschmacksdiktat ein Fremdwort. In den eigenen vier Wänden darf jeder tun und lassen, was ihm Spaß macht.

»Landlords and Landladies«: Vom Kaufen und Mieten

Landlord bzw. *landlady* heißt, wer ein Haus oder eine Wohnung – gleich ob einen Landsitz oder eine Londoner Zwei-Zimmer-Wohnung – besitzt und vermietet. Diese feudalzeitlich pompös tönenden Begriffe stehen also schlichtweg für Vermieter, häufig auch Untervermieter. Besonders in jungen Londoner Kreisen ist es üblich, eine Wohnung zu kaufen und die *mortgage* oder Hypothek durch einen *lodger*, einen Untermieter, zu finanzieren.

Die erste Wohnung kauft man im Alter von ungefähr 25 Jahren.

Wer es zu etwas bringen will, wird beizeiten *landlord* bzw. *landlady*: Die erste Wohnung kauft man im Alter von ungefähr 25 Jahren. *Bricks and mortar*, Ziegelstein und Mörtel, gelten immer noch als sicherste Kapitalanlage. Selbst wer kaum Geld erübrigen kann, kommt angesichts der hohen Mieten meist besser davon, wenn er eine Hypothek abstottert. Außerdem stellt das Abzahlen von Hypotheken eine englische Form des Sparens dar. Während wir gewöhnlich Bausparverträge abschließen und erst kaufen oder bauen, wenn wir genügend Kröten zusammengekratzt haben, verschulden Engländer sich fürs Eigenheim so früh wie möglich. Hausbesitzer zahlen weniger Steuern und haben, wenn sie 30 Jahre alt sind, die halbe Bude finanziert. Steigt das Gehalt, zieht man in eine größere Behausung um. Damit beginnt das Spiel von vorn: Hypothek aufnehmen und abtragen, nach ein paar Jahren erneut umziehen und abzahlen. Wie man den besten Deal im Wald der Zinsen, Steuern und Raten macht, das tüftelt einem der *mortgage adviser* (Hypothekenberater) aus.

Infolgedessen sind unmöblierte Mietwohnungen auf englischem Boden rar. Wenn Sie einen kürzeren Aufenthalt planen, werden Sie vermutlich eine voll- oder teilmöblierte Wohnung mieten wollen. Wer länger bleiben will und ein regelmäßiges Einkommen vorweist, kann mit einer Anzahlung von 10 bis 25 Prozent ein Haus oder eine Wohnung kaufen. Die Hypothek berechnet sich aus der etwa dreifachen Summe des Jahresgehalts, und ihre Abzahlung erweist sich langfristig günstiger als das Entrichten von Miete.

Sie werden feststellen, dass viele junge Leute ihre vier Wände sehr einfach möblieren und auf teure Klamotten verzichten, um statt dessen in wertsteigernde Renovierungen zu investieren. Gleichwohl bleibt – hier schlägt die kaufmännische Ader der Angelsachsen durch – das Verhältnis zum eigenen Heim prosaisch: Wer Gewinn machen kann, trennt sich ohne Sentimentalität. Das fällt um so leichter, weil das neue Zuhause mit großer Wahrscheinlichkeit nicht grundlegend anders aussehen wird. Wundern Sie sich also nicht, dass man in England schon beim Hauserwerb an den Wiederverkauf denkt. Von allzu ausgefallenen Installationen und Umbauten rät die Bank ab: »Sie riskieren, keinen Käufer zu finden, wenn Sie umziehen wollen.« Dies ist ein Argument, das Engländer überzeugt – und ein Grund dafür, weshalb die Wohnstile sich auf den ersten Blick so wenig unterscheiden. Den Standardgeschmack zu treffen hebt den Wert des Objekts.

Die Wohnstile unterscheiden sich auf den ersten Blick wenig: den Standardgeschmack zu treffen, hebt den Wert des Objekts.

Neubauten sind unbeliebt, obwohl sie oft mehr Komfort und ein wesentlich besseres Preis-Leistungs-Verhältnis bieten. Engländer haben nun einmal ihr Herz an Erker, Gärten und Kamine verloren. Ein *home* mit diesen liebenswerten Vorzügen findet allemal mehr Nachfrage als ein kühles modernes Heim. Ein herkömmliches »normales« Haus ist wie Lebensstil und Geschmack der Engländer weder extrem urban noch extrem ländlich. In ihm dürfen Stile und Epochen auf eigentümlich malerische Weise koexistieren. Das Sammelsurium mag gelungen oder schräg, der Wohnraum knapp oder großzügig bemessen sein: wohl fühlt man sich als Gast fast immer im englischen *castle*.

Ein »home« mit Erker, Garten und Kamin findet allemal mehr Nachfrage als ein kühles modernes Heim.

TIPS

Hausbesuche

- Obwohl es in englischen Häusern sehr entspannt zugehen kann, sollten Sie nie einen spontanen Besuch abstatten! Unangemeldeter Besuch (»Ich war gerade in der Nähe«) ist tabu, außer man klingelt aus gutem Grund beim Nachbarn oder schneit bei den allerbesten Freunden hinein.
- Nehmen Sie unverbindliche Einladungen wie »Do come back any time« und »You must come round for tea« nicht beim Wort. Sie wissen schon: Nichts bedeutet, was es zu bedeuten vorgibt …
- Legitim ist bei akutem Besuchsbedürfnis allenfalls die höfliche telefonische Anfrage, ob ein Besuch genehm wäre. Zumeist wird man antworten: »I'm afraid we are busy … sorry, lovely idea, but … another time.« Begreifen Sie dies nicht – sofern Sie kein unerträglicher Mitmensch sind – als persönlichen Affront. Vielmehr planen Engländer, vor allem jene, für die Zeit Geld ist, ihre Zeit gern bewusst. Deshalb erhalten Sie Einladungen für den 15. Juni bereits am 28. April. In England überlässt man nichts dem Zufall – *generally speaking*.
- Beherzigen Sie die Devise: *Don't outstay your welcome!* Dass man bei Einladungen, ob zum Tee oder Dinner, seine Gastgeber nicht zu lange »beehren« soll, lernen Engländer schon im Kindesalter. Die Regeln sind unausgesprochen, aber unbedingt gültig. Als Reisegast fahren Sie wie immer am besten mit einer ordentlichen Portion Feingefühl.

Liebe und Beziehungen

In England werden über 40 Prozent der Ehen geschieden.

Um mit unserem fomulierungsbegabten Hausaristokraten Loriot zu sprechen: Männer und Frauen passen einfach nicht zusammen. *This rings true*, das hört sich irgendwie wahr an. Jedenfalls vermittelt die Scheidungsrate diesen Eindruck: In England werden über 40 Prozent der Ehen geschieden. Hinzu kommt, dass auf der Insel eine konsequentere Geschlechtertrennung besteht als bei uns. Mädchen- und Jungenschulen, getrennte Vereine, die Clubs natürlich, die ausgesprochen männlichen Teamsports und die von Frauen gemanagten *charities* – all dies sorgt für eine ganz selbstverständliche Unabhängigkeit beider Geschlechter.

Verhindert die Geschlechtertrennung eine wirklich nahe Verbindung der Geschlechter?

Unabhängigkeit ist freilich nichts Schlechtes. Allerdings kommt es mir vor, als gingen englische Männer und Frauen selten eine wirklich nahe Verbindung ein. Steril und dialogreich leben sie nebeneinander her, ohne Dramen, ohne Szenen, ohne Leidenschaft. Eine Beziehung, *relationship*, eingehen, das scheint wenig mehr zu bedeuten, als sich für jemanden zu entscheiden, der *nice* ist und die Partnerlücke füllt. So zumindest offenbart sich dem Außenstehenden die englische Beziehungswelt.

Doch halt, lassen Sie sich nicht abschrecken! Natürlich gibt es sie, die selbstbewussten reifen Paare, die seit Ewigkeiten aneinander hängen, und die jungen dynamischen Gleichgesinnten, die zu zweit die Welt erobern wollen. Es gibt sie wahrscheinlich genauso oft bzw. selten wie hierzulande. Das kollektive englische Beziehungsklima aber scheint ein anderes zu sein – und es wäre merkwürdig, wenn dem angesichts der vielen sonstigen Unterschiede nicht so wäre.

Selten werden junge Paare gemeinsam alt. (Knightsbridge, London)

Verzweifelt gesucht: Leidenschaft

Den Mangel an Leidenschaft habe ich bereits als englische Untugend angepriesen. Doch Achtung: Es ist gewiss ein nationales Charakteristikum, Gefühle nicht zu zeigen und Leidenschaft nicht auszuleben; Romantik geht im pragmatischen Lebensentwurf der Engländer unter wie die Titanic. Andererseits bemühen viele Paare sich sehr wohl um kontinentalen Love-style. Kombiniert man diesen mit der englischen Fasson, sein unverdientes Glück zu suchen, kommt folgendes heraus: »Win a romantic weekend for two in Venice worth 1295 pounds!« Manche Inszenierungen von Romantik mögen unbeholfen und importiert anmuten, aber immerhin gibt es sie. *It's the thought that counts,* der Gedanke zählt.

Romantik geht im pragmatischen Lebensentwurf der Engländer unter.

»Crazy for you!«, Musical in Soho, London. Exotisches Motto?

Die englische Kultur, das sollte man sich immer wieder vor Augen halten, ist keine Macho-Kultur. Sie ist körperlos, verhalten im Gestus, von den gesellschaftlichen Spielregeln kontrolliert. Wie sollte da Lust auf Leidenschaft aufkommen? Meines Erachtens entfaltet sich die englische Libido im Humor, in der intellektuellen Brillanz, in der *performance* – nicht in triebhafter Emotion. Das wäre zu direkt, zu einfach, zu grob, sprich: *unsophisticated*, also unkultiviert und nicht besonders raffiniert.

Die englische Kultur ist körperlos.

Kein Wunder, dass hormonintakte Frauen manchmal einfach die Wände hochgehen. Zugleich aber mögen sie ihre domestizierten Männer, denen kein überflüssig überhöhtes Ego haushaltliches Pflichtbewusstsein untersagt. Sie wissen, wie man Männer manipuliert – und das wissen die Männer allerdings auch, weshalb sie rechtzeitig Schutz im Kreis männlicher Freunde suchen.

Männer suchen unter Männern Schutz vor weiblicher Manipulation.

Viele Hochzeiten und kein Todesfall

Statistiken zeigen, dass in England viel geheiratet wird – doch anscheinend nicht mehr mit dem Versprechen »bis dass der Tod uns scheidet«, sondern unter dem Vorbehalt »bis uns irgend etwas dazwischenkommt«. Tatsächlich unterscheiden sich englische Ehen häufig kaum noch von Beziehungen ohne Trauschein. Auch wenn viele die Verpflichtungen der Institution Ehe für *out of date* halten – geheiratet wird gern. Nicht selten erscheint der Gang zum Traualtar und/oder Standesamt wie

Die Institution Ehe – gesellschaftlicher Karriereschritt »bis uns irgend etwas dazwischenkommt«.

ein gesellschaftlicher Karriereschritt von zwei Partnern, die sich sagen: »Es ist soweit. *Wir etablieren uns* auf dem Parkett der *Ehepaare*.«

Die Häufigkeit des Scheiterns von Ehen beschäftigt viele Beobachter: Liegt es daran, dass man in England sehr früh heiratet? Daran, dass die Menschen älter werden und Partnerschaften sich somit in mehr Lebensphasen bewähren müssen? Oder daran, dass Mann und Frau wirtschaftlich zunehmend eigenständig werden, es aber versäumen, in der Zweierbeziehung ihre neuen Rollen zu definieren und zu leben? Liegt es an der sexuellen Freizügigkeit? …

Die Tatsache, dass über zwei Drittel aller Scheidungen von Frauen eingereicht werden, legt nahe, dass mit der wachsenden finanziellen Unabhängigkeit der Frau die Toleranz gegenüber männlichen Unzulänglichkeiten abnimmt und die weiblichen Ansprüche an eine Paarbeziehung sich ändern. Und zwar schneller, als die Partner sich ändern können. Moderne Angelsächsinnen sind scharfe Beobachterinnen, die äußerst präzise die Machtverhältnisse in Beziehungen zu analysieren vermögen – und wissen, wie frau die Oberhand behält.

Eine unzeitgemäße Ehe wird immer weniger toleriert. Dann lieber keine!

Man duldet so manches auf der Insel, doch eines wird immer weniger toleriert: eine unzeitgemäße Ehe. Dann lieber keine! Gleichwohl bemühen sich viele Paare, ihre Partnerschaft dem Gebot der Zeit anzupassen. Allerdings lassen sich die jahrtausendealten Designfehler psychologischer Konditionierung nicht von heute auf morgen aus der sich immer schneller wandelnden Welt schaffen. Weder in England, noch irgendwo anders.

Auf der Insel geht man auch Partnerschaftsfragen pragmatisch an: Nicht die tief verankerten Strukturen tastet man an, sondern die Formen des Verhaltens. Das positivistische Weltbild kommt mit ins Bett, und seit die lernfähigen Angelsachsen entdeckt haben, dass man an Partnerschaften arbeiten kann, tun sie es, solange die Kosten-Nutzen-Rechnung aufgeht. Manche zumindest versuchen es. Andere bleiben, wie sie sind. Nicht ohne Grund ist der Typ des *married bachelor*, des verheirateten Junggesellen, nirgendwo besser aufgehoben als im kühlen Klima der englischen Partnerschaftsetikette.

Liebe ist selten das alleinige Motiv für eine Partnerschaft.

Liebe ist selten das alleinige Motiv für das Eingehen und Aufrechterhalten einer Partnerschaft. Das Vokabular, mit dem Männer und Frauen einander taxieren, verrät einiges über ihren nüchternen Umgang miteinander. Frauen sind in den Augen der Männer zu einem *shelf-life* mit *sell by date* verdammt, zu dem Leben von Waren im Regal mit Verfallsdatum: Ab dem 30. Lebensjahr werde es schwierig, die schnell verderbliche »Ware« Frau an den Mann zu bringen. »Wer im Alter von 30 Jahren nicht verheiratet ist, wird es nie sein«, so lautete noch vor wenigen Jahren die Devise. Mittlerweile gerät diese Ansicht ins Wanken. Die Frauen wiederum interessieren sich nicht selten vorrangig für den Kontostand und den *background* des Mannes: *»Is he rich and successful?«* heißt dann die erste Frage. Vom weiblichen Wettbewerb um (erfolg)reiche Junggesellen berichtete schon Jane Austen (1775–1817) in ihren Romanen. In diesen siegen indes Intelligenz und Edelmut, der Reichtum ist schmückendes Beiwerk. In der rauhen Wirklichkeit des modernen

»Is he rich and successful?«

England dagegen geht es häufig recht materialistisch zu. Der »gesellschaftliche Wert« eines Mannes wird von seinem *earning potential* bedingt, seinen Verdienstmöglichkeiten; bei einer Frau fallen *looks*, das Aussehen, ins Gewicht. Mit kühlem Kopf wägen Mann und Frau ab, ob sie sich als Paar sehen lassen können.

Immerhin zeitigt der globale Klimawandel auch auf der Insel erste Folgen: Immer mehr Männer und Frauen befreien sich von gesellschaftlichen Normen und entwickeln individuelle Vorstellungen von ihrem Lebens- und Partnerschaftsmodell. Ein allgemeinverbindlicher Beziehungskonsens ist kaum mehr auszumachen. Ich kann Ihnen hier nur ein sehr generelles Klima beschreiben – die Schwankungen werden Sie im Einzelfall besser beurteilen können.

Auch in England macht sich der globale Klimawandel bemerkbar.

»Love«: Inflation eines Wortes

Da man in der englischen Sprache außerordentlich viel liebt, liegt der Schluss nah, dass *love* nicht dasselbe bedeutet wie unsere Begriffe »Liebe« und »lieben«. *»I love gardening, … Switzerland, … Austrian wine«*, in solchen Fällen reduziert »lieben« sich auf »mögen«. Die Liebe zu den Mitmenschen wird verbal großzügig verteilt: *Lots of love* steht auf nahezu jeder Karte, selbst als Gruß an entfernte Bekannte. »Give my love to Anne!« trägt man dem Freund beim Abschied auf: Er soll nicht vergessen, seine Frau Anne zu grüßen. »This bus is for Tottenham, love!« ruft der Busfahrer und meint kaum mehr als *meine Liebe*. *»We would love you to come!«* – »Es wäre schön, wenn du kämst.« Und Sie antworten: »Sure, I'd love to come!«

Und so weiter und so fort geht es den ganzen Tag – und manchmal gar noch in der Nacht, *if you are making love* … Sagen Sie Ihrem *lover* nicht gleich: »I love you.« Testen Sie ihn oder sie gelassen-pragmatisch auf häusliche Verwertbarkeit: »I'd love a cup of tea in the morning …« Mal sehen, was geschieht. *You never know* …

Sex: »Watch it!«

»Continental people have sex-life – English people have hot water bottles«, konstatierte George Mikes anno 1946. Inzwischen gäbe es elektrische Heizdecken, lautete die einzige Kritik an einer späteren Auflage von Mikes' Buch.

Niemand hat die englische Einstellung zum Sex besser auf den Punkt gebracht als Mikes: *England mag ein kopulierendes Land sein, aber es ist kein erotisches Land. Man geht mit Frauen ins Bett, aber man hofiert sie nicht. Man »macht Liebe« aber man wirbt nicht um Liebe. Frauen sind leicht ins Bett zu locken, aber sie flirten höchst selten* … In meinen Augen trifft diese Beobachtung heute noch die Atmosphäre. Es ist selbstverständlich, jemanden ins Bett zu manipulieren, aber hinsichtlich der Kunst der Verführung ist England ein Entwicklungsland.

Hinsichtlich der Kunst der Verführung ist England ein Entwicklungsland.

Wie bereits an anderer Stelle ausgeführt, geht Sex nicht zwangsläufig mit *emotional involvement* einher, mit gefühlsmäßigem Engagement oder Bindungswunsch. *Having sex* ist unter anderem integraler Bestandteil der berüchtigten Christmas-Partys, bei denen sich die gesamte Bürobelegschaft betrinkt und man am Morgen darauf mit dickem Kopf neben einem Kollegen bzw. einer Kollegin aufwacht. »Are you okay?« Hm. Anschließend geht man zur Tagesordnung über – bis zur nächsten Christmas-Party …

»Having an affair is not a big deal.«

Dem Sex kommt anscheinend keine Funktion zu außer der, die er unbestritten hat: Triebbefriedigung. *Having an affair is not a big deal* – es sei denn, die Medien stürzen sich auf Affären von Politikern. Dann wird aus einer Maus ein Elefant, eine schwere moralische Verfehlung, die es gegen den Usus zu verurteilen gilt.

TIPS

Tip für Liebeshungrige

- Genießen Sie mit Bedacht undVorsicht! Im übetragenen Sinn: wie die Igel.

Vom Essen und Englands einziger Revolution

»You Say You Wanna Revolution ...«

Hatte ich nicht an anderer Stelle ausgeführt, in England gebe es keine Revolutionen? Sorry, ich war ungenau. Es gibt eine Ausnahme, und zwar in dem lebenswichtigen Bereich *food*.

Englische Küche, dies ließ lange Zeit an die übelsten kulinarischen Verbrechen der Menschheit denken – zu Recht, wie zu Unrecht. Noch in den 1980er Jahren assoziierten wir englische Koch-»Kultur« unweigerlich mit wässrigen Erbsen, fettigem fritierten Fisch und pappigen, kränklich belegten Weißbrotdreiecken namens *sandwich*. Gemüse kam bekanntermaßen überkocht und salzlos zu Tisch. Lediglich die Aussicht auf *tea and bisquits* und Frühstück mit *cereals, scrambled eggs, toast* und *marmelade* vermittelte Englandreisenden die Hoffnung, einige Wochen durchzuhalten. Diese Lichtblicke haben glücklicherweise die Revolution überlebt.

Sie werden England nicht wiedererkennen ...

Ansonsten aber hat sich die kulinarische Landschaft der Insel radikal und komplett geändert. Nicht nur Küchen aus aller Welt sind fest etabliert, auch die heimische Kochkunst weiß mit sicherem Geschmackssinn ihre Besonderheiten zu kultivieren sowie Fremdeinflüsse aufzugreifen. Sie werden sie nicht wiedererkennen, die Sandwich-Bars, die Restaurants und Pubs in der Stadt und auf dem Land, die Einkaufsmöglichkeiten, das Angebot der Lebensmittelindustrie ... Sie werden sehen, *food* ist in England ein Thema von revolutionär neuer Bedeutung.

»The continent has good food, the English have good table manners« – dieser Ausspruch hat heute keine Geltung mehr.

Zwei Überlegungen möchte ich voranschicken, um Ihre mögliche Verwunderung über die Länge dieses Kapitels aufzufangen. Zum einen sind in den westlichen Industriegesellschaften die Ansprüche an »gutes« Essen erheblich gestiegen. Wie sehr und wie schnell, das belegt England besonders deutlich, da es keinen Ruf zu verteidigen hatte und sich deshalb nun um so intensiver mit der Kochkunst befasst. »The continent has good food, the English have good table manners«, dieser Ausspruch klingt heute

Fish & Chips: Eine Grundmahlzeit der traditionellen englischen Küche

geradezu antiquiert. Zum anderen teile ich Loriots Ansicht, dass der Mensch gerade »beim Einnehmen seiner Mahlzeiten seine menschlichen Eigenheiten enthüllt« und daher die Ernährung eines der bedeutendsten kulturellen Themen darstellt – oder besser: darstellen sollte.

Lukullisches London

Anfang der 1990er Jahre versammelten sich die ehrgeizigsten Kochkünstler der Welt in London.

Seit Beginn der 1990er Jahre geben die umwälzenden Entwicklungen der Londoner Gastro-Szene der internationalen Presse Futter. Anführer der *Food*-Revolution waren die ehrgeizigsten Kochkünstler der Welt. Sie versammelten sich in London, um den Kampf um die Gaumengunst der zahlungskräftigen Klientel aufzunehmen. Das Restaurant als professionell gemanagtes Business – mit Personal aus Frankreich, Portugal, Italien, Osteuropa und den USA – setzte allmählich neue Standards und trug das Sprichwort »Wer nichts wird, wird Wirt« feierlich zu Grabe.

Dass die englische Metropole Pflaster gastronomischer Großinvestitionen wurde, hatte neben dem zeitgeistigen Trend zum Leben im Hier und Jetzt zwei gute Gründe. Einerseits war Londons Restaurantszene qualitativ fraglos entwicklungsbedürftig, andererseits ein breites zahlungskräftiges und -williges Klientel vorhanden. Dem Restaurantgewerbe ist es gelungen, sich darüber hinaus sein spezielles Publikum heranzuziehen.

Konzept-Restaurants genießen heute den Unterhaltungswert von Theatern und Kinos.

Heute genießen sogenannte Konzept-Restaurants in London den Unterhaltungswert von Theatern und Kinos: »Warst du schon im neuen Conran(-Restaurant)?« Das Londoner Publikum geht essen, um sich zu unterhalten, die Leute zu beobachten und zu sehen, welche neuen Kreationen die *menues*, die Speisekarten, bieten und wie das *interior*, die Inneneinrichtung, gelöst ist. Hinter der Konzeption solcher Restaurants steckt meist ein Team von Profis aus Finanzwelt, Werbung, Design, PR sowie einem Manager und ehrgeizigen Küchenchef. Letztere, die Küchenmeister, machen in der Londoner Lifestyle-Presse eifrig Schlagzeilen; fast nie fehlt die Bemerkung, dass es ohne diesen oder jenen *chef*, Koch, die moderne englische Küche nicht gäbe. Ob Marco Pierre White, Anton Mosimann, Jean-Christophe Novelli, der Spitzenkoch Albert Roux oder der Design-Guru Sir Terence Conran – sie und viele andere gelten als Schöpfer der neuen englischen Esskultur.

In der Tat haben sie eine kulinarische Obsession entfacht, die den Engländern unlängst noch fremd war. Getragen wird diese von einer gut situierten Mittelklasse, die Freude an Konsum und Lifestyle gefunden hat. Restaurantkritiken, Kochkurse, Rezepte und Einkaufstips für die wachsende Zahl der Heimköche füllen täglich seitenweise Zeitungspapier. Food ist in aller Munde. Und da England keine hohe Esskultur besaß, haben die neuen Küchenpäpste freie Bahn und können den gelehrigen Konsumenten ungehemmt ihr Metier predigen.

Als zwangsläufige Kehrseite der Medaille wurde Londons Restaurantszene von einem Darwinismus befallen, der seinesgleichen sucht. Neueröffnungen müssen zwar selten bald wieder schließen, um so mehr aber ältere, eher mittelmäßige Lokale. Diese kommen gegen die Trendsetter vielfach nicht an, verlieren ihre Kundschaft und werden aufgekauft. Andere krempeln die Ärmel auf, modernisieren Service und Cuisine und starten eine zweite Karriere.

In Londons Restaurantszene herrscht ein Darwinismus, der seinesgleichen sucht.

Wie Revolutionen es an sich haben, stößt auch diese auf Gegner bzw. Kritik an ihrer Qualität. Vor allem die französische Presse verwirft die modernen Londoner Konzepte und Kreationen gnadenlos als Produkte frivoler Scharlatane, denen jegliches tiefere kulinarische Verständnis abgeht und die ihre gutgläubigen Schäflein zu blenden verstehen. Dass der »Gott in Frankreich« Blasphemie im Keim ersticken will, dürfte niemanden überraschen. Vollkommen unbegründet ist die Skepsis gegenüber dem publikumswirksamen Rummel ums Essen an der Themse nicht. Wo Restaurants wie Pilze aus dem Boden schießen, mischen selbstredend Trittbrettfahrer mit. Eines allerdings verschweigen die französischen Kritiker gern: Ihre Elite schwingt längst auch in England den Kochlöffel. Mit Lust hat sie die Herausforderung angenommen, sich innovativer betätigen zu dürfen als am traditionalistischen heimischen Herd. Wenn man eine verlässliche Prognose abgeben kann, dann die folgende: Im steten Wandel der Restaurantszene werden kulinarische Erlebnisse in London und Gesamtengland zunehmend köstliche Abenteuer bieten.

Kritik ertönt insbesondere aus Frankreich.

Streifzug durch Englands Küchen

Bei Tisch gibt in England ausnahmsweise nicht die Tradition den Ton an. Es gibt sie zwar noch, die englische Küche, doch eher als eine unter vielen anderen. Sie selbst hat zu einem einträchtigen Nebeneinander der »traditionellen« und »neuen« englischen Cuisine gefunden.

Was ist typisch für die traditionelle englische Küche? Nun, allem voran der *roast & 2 veg*, der Braten mit zwei Gemüsen. Er ist das klassische englische Sonntagsgericht schlechthin. Zum Rinderbraten, dem *roastbeef*, gibt's als Beilage den *Yorkshire pudding*, der kein Pudding in unserem Sinne ist, sondern ein pikanter, mit Rindernierenfett in der Pfanne gebackener Eierkuchenteig. Die Qualitätsunterschiede sind enorm, probieren lohnt immer. *Roast & 2 veg* kann daherkommen als Braten vom Lamm, Rind oder Schwein – und der Schweine-»Braten« im übrigen auch als *gammon*, gekochtes Schweinefleisch.

Die traditionelle englische Küche – es gibt sie noch.

Die *2 veg* bzw. zwei Gemüsebeilagen bestehen wahlweise aus Karotten, Erbsen, Bohnen, Rosenkohl, *parsnips* (Pastinaken) und *cabbage* (Kohl), die unter anderem ebenfalls zu gebackenem Huhn, Fasan und Wild gereicht werden. Wie Engländer Gemüse – mit Ausnahme der stets im Ofen gebackenen *parsnips* – zu servieren pflegten, ist Ihnen wahrscheinlich bekannt: wässrig, weich und salzlos. Die neue

Gemüse – einst wässrig und geschmacklos, nun knackig und wohlschmeckend

englische Cuisine hingegen tischt Gemüse knackig und wohlschmeckend auf: Blattspinat, Bohnen und *mange-tout* (grüne Bohnen, Zuckererbsen) zum Beispiel kurz gedünstet, gebuttert und gewürzt, Karotten glasiert und so weiter.

Beim lokalen Fischsortiment bevorzugte die traditionelle Küche Gerichte aus *Dover sole* (Seezunge), *cod* (Kabeljau), *smoked haddock* (geräucherter Schellfisch), *kippered makerel* (geräucherte Makrele), *jellied eel* (Aal in Aspik) und *fish pie* (Fischauflauf) in Kombination mit *chips* (Pommes Frites) oder Kartoffeln und Erbsen. Die neue Cuisine setzt andere, raffiniertere und phantasievollere Akzente mit *scallops* (Jakobsmuscheln) etwa, *salmon* (Lachs), *oysters* (Austern), *lobster* (Hummer) und *crabs* (Krebsen), die ebenfalls in britischen Gewässern vorkommen. Dazu reicht sie eine Soße aus pürierten Erbsen mit frischer Minze, Sellerie- oder Kürbispüree als Beilage, um einige wenige Beispiele der kreativen Zubereitung von Gemüsen zu nennen.

Wie bei uns sind auch in England die Speisenkarten Moden unterworfen. Gefragt, wie er die neue englische Küche beschreiben würde, antwortete mir ein kulinarisch bewanderter Engländer: »Older English meets California.« Damit erinnerte er daran, dass Jakobsmuscheln und Austern als Arme-Leute-Essen galten – anders angerichtet und präsentiert als heute, versteht sich. Unverändert ist dagegen die Zubereitung von Aal in Aspik geblieben, einer waschechten *Working-class*-Speise, die zur Delikatesse mancher Fischlokale avanciert ist: Bei einem feinen Fischmenü *jellied eel* zu ordern, dies demonstriert häufig *inverted snobism*, das scheinbare Gegenteil von Snobismus, den ich bereits beschrieben habe. Auch *bangers & mash* (Würstchen mit Kartoffelpüree) erleben gelegentlich aufgestylte Inkarnationen »à la nouvelle cuisine made in England«. Im herkömmlichen Outfit besitzt es den Charme eines zerlöcherten Kaschmirpullovers, eines rostigen Saabs oder grüner Gummistiefel – und einen Symbolwert, der höher ist als seine Kalorienzahl. Dieser heißt: »Ich habe kein *Middle-class*-Getue nötig. Ich habe *class*, und das muss ich niemandem beweisen.« Zur Verständnishilfe: Englands *upper* und *lower classes* haben – Revolution hin, Revolution her – ihre Essgewohnheiten herzlich wenig geändert. Das neue kulinarische Know-how ist ein Faible der *middle classes* – und also für »echte« Snobs *very mc*, sehr mittelklassig.

Das neue kulinarische Know-how ist ein Faible der »middle classes« – und also nichts für »echte« Snobs.

»Cornish Pastries«, Fleischpasteten aus Cornwall

Sie werden feststellen, dass die neue englische Küche auch mit Fleisch einfallsreicher und zugleich mit Sinn für Tradition umgeht. Ochsenschwanz, Kalbsleber, Nieren, Hasenrücken, Entenbrust gart sie klassisch, doch mit findigem Gaumenkitzel. Für diesen können Salbei und Ingwer sorgen, Früchte und andere Geschmackszutaten, die unterschiedlichsten Beilagen und Gemüsekreationen. Ochsenschwanz am Knochen, geschmort mit Linsen und Ingwer, schmeckte mir in Zeiten, als Knochenfleisch noch als unbedenklich galt, besonders gut. Zu Fleisch und Geflügel serviert man oft dunkle Soßen auf der Basis von *gravy*, Bratensaft, die wesentlich leichter sind als unsere Pendants. Vorzüglich munden alle Varianten von Chutneys, die ihren Weg aus der indischen in die englische Küche gefunden haben und gelegentlich Fleisch- und Geflügelgerichte begleiten.

Eine Stärke der englischen Küche sind seit jeher die Desserts. Die neue Cuisine hält sich an die klassischen Rezepte, wandelt sie allerdings einfallsreich auf leichtere, feinere Art ab. Um Ihnen mit einigen Klassikern den Mund zu wässern: *Bread and butter pudding*, eine Süßspeise aus Weißbrot, Ei, Butter und Milch, kann alt wie neu himmlisch munden, ebenso *summer pudding*, eine Art Rote Grütze in fruchtdurchtränktem Weißbrotmantel, und *brandybutter*, eine zu den beliebten *mince pies* (Hackfleischpasteten) gereichte Weihnachtsdelikatesse. *Trifle* dürfte das urenglischste Dessert sein, scheint jedoch aus der Mode zu kommen. Es ist die englische Antwort auf Tiramisu: Mit Fruchtgelee durchtränkter Biskuit wird mit alkoholisierten Früchten, *custard* (Vanillepudding) und *cream* beschichtet – eine Nachspeise, die in einem »guten« Haushalt umwerfend schmeckt.

Die englische Antwort auf Tiramisu

Die englischen Klassiker

Noch englischer – und kalorienreicher – sind das *breakfast*, der *tea* und gewisse *snacks*. Ihnen haftet mehr englische Esskultur an als irgendeinem Mahl im Restaurant.

Zu einem *cooked breakfast*, einem warmen Frühstück, gibt es zum Beispiel *scrambled eggs, sausage*, Speck, gegrillte Tomate, Champignons sowie *black pudding* (eine Art Blutwurst), dazu Toast, Orangenmarmelade und gesalzene Butter. Nicht zu vergessen sind die *cereals*, Getreideprodukte wie Cornflakes in allen erdenklichen Variationen. Bei einem Streifzug durch einen englischen Supermarkt können Sie die Vielfalt dieser *breakfast cereals* bewundern; abgefüllt in Riesenpackungen, füllen sie die Regale eines langen Gangs. Im wahrsten Sinn des Wortes heißgeliebt sind die wie Spülschwämme aussehenden *crumpets*. Man genießt sie frisch getoastet mit zerlaufender Butter zum Frühstück. Nach den Maßstäben unserer Ökobrotkultur sind diese industriegefertigten Produkte wunderbar ungesund – und schmecken herrlich nach Verbotenem.

Das »cooked breakfast« ist eines der englischten und kalorienreichsten Phänomene der traditionellen Küche.

Der traditionelle englische *tea* hat mehr zu bieten als diverse Sorten Tee, »Finger-Sandwiches«, kleine Törtchen, *fruit cake* und andere Delikatessen.

Der traditionelle englische »tea« hat mehr zu bieten als Tee.

Die Krönung der *teas* ist der sogenannte *cream tea*, zu dem man *scones* (ein ursprünglich schottisches Gebäck) mit *clotted cream* (einer Art Mascarpone) und

Devon Cream Tea

Erdbeermarmelade reicht. Auch die *biscuits*, Kekse, zum Tee sind unübertroffen. Beim *afternoon tea* stellt sich nach der ersten Tasse eine feine, zivilisierte englische Ruhe ein, die sich jeder Beschreibung durch Worte entzieht.

Nun kommen wir zu den Snacks, und hier muss ich Ihnen leider einige bittere Wahrheiten über die Essgewohnheiten der Engländer auftischen. Snacks genießen in den Herzen und Mägen der Insulaner einen Sonderstatus. Dieser manifestiert sich exemplarisch in den *crisps*. (Achtung: *crisps* sind Kartoffelchips und *chips*, auch: *french fries*, Pommes Frites.) Nur Pseudosnobs vom Kontinent halten *crisps* für ordinäre Kartoffelchips. Die in die *Crisp*-Kultur eingeweihten Engländer lassen für die *crisps* alles stehen und liegen. *Crisps* sind omnipräsent. Sie gehören in jedes Pub, jeden *corner shop* und selbst die noble Hotelbar. *Crisps* sind der kleinste gemeinsame Nenner englischer Geschmacksempfindungen. *Crisps* gibt es übrigens in den ausgefallensten *flavours*, Geschmacksrichtungen: *salt & vinegar, mature cheddar, smoked bacon* u.v.m. Überall werden Sie sie sehen, die Schulkinder, die Cricketspieler, die Investmentbanker …, die cool ihr *Crisp*-Tütchen öffnen, mit den Fingerspitzen die geschmacksmanipulierten Kartoffelscheiben heraus fischen und kennerisch zu Munde führen.

»Crisps« sind omnipräsent. Sie gehören in jedes Pub, jeden »corner shop« und selbst die noble Hotelbar.

»Glorious Potato«

Endlich darf ich auf des Engländers Beziehung zur Kartoffel zu sprechen kommen. Eine Stärke der englischen Landwirtschaft besteht in der Züchtung köstlicher Kartoffeln. *English potatoes* sind allgegenwärtig – obwohl ich mich nicht entsinnen kann, je einen Kartoffelacker gesehen zu haben.

Vielleicht verschlägt es Sie zufällig an eine Schule, ein College oder in eine große Firma. Sie begeben sich in den Speisesaal oder in die Kantine und entscheiden sich an der Essensausgabe für eine unverfänglich und sättigend aussehende *vegetable lasagne* mit Salat. »Would you like jacket (in der Schale gebackene), boiled potatoes or chips, dear?« Auf diese Frage sind Sie nicht vorbereitet. Angesichts der Warteschlange antworten Sie hastig. »Äh ... I don't know ... well, chips, please ...« Und ziehen mit einer anglo-italienischen Komposition von dannen. Gleich ob Sie Pizza, Pasta, Chili con carne oder indisches Curry mit Reis bestellen, eine der obigen Kartoffelvarianten gesellt sich unweigerlich dazu. Die Kartoffel ist wie ein Banner der nationalen Kultur, das England gegenüber seiner kulinarischen Kolonialisierung durch die im Grunde äußerst willkommene *foreign food* hochhält.

Der Erdapfel ist wie ein Reichsapfel der nationalen Kultur.

Englands Kartoffel ist salonfähig. Ein befreundetes Ehepaar lud mich einmal zu einem festlichen *Christmas*-Dinner ein. Zum Hauptgang wurde zartes Huhn mit einer raffinierten Füllung aus Nüssen, Salbei, Ei, Brot und Gewürzen serviert. Dazu reichte die Gastgeberin feine Gemüse, Brot und: im Ofen erhitzte *crisps* – eine gelungene Beförderung von gemeinen Chips zur exquisiten Beilage und ein Beleg unprätentiösen Erfindungsgeistes. An die Vielzahl der uns bekannten Möglichkeiten, Kartoffeln zu verarbeiten, kommt die englische *Potato*-Kultur gewiss nicht heran. Doch es ist nicht ihre Verwertung bis zur Unkenntlichkeit, die in England die Kartoffel zu kulinarischen Königin krönt, sondern ihre Qualität und vor allem die Beharrlichkeit, mit der man sie genießt.

Englische Küche – eine brotlose Kunst

»Hätten Sie noch einen Wunsch?« »Ja, bitte. Brot!« Roggenbrot, um genau zu sein. Für Sie als Reisegast wird ein Englandaufenthalt den Verzicht auf das vertraute tägliche Brot bedeuten und – sofern Sie kein Vegetarier sind – den dazugehörigen »Aufschnitt«.

Brot spielt nur eine untergeordnete Rolle.

Auf der Insel spielt Brot eine untergeordnete Rolle. Zwar gibt es außer dem Toastbrot delikate italienische und französische Brote, deutsches Sauerteig- und Vollkornbrot jedoch nur in Ausnahmefällen. Entsprechend fehlt, was wir unter Aufschnitt verstehen. Englischer *ham* und *cheese* sowie die mediterranen Schinken, Pasteten und Käsesorten passen in der Tat besser zu Weißbrot und bereichern als Vorspeise die neuen englischen Essgewohnheiten.

Fastfood für Feinschmecker: Das Sandwich

In England gibt es keine Mahlzeit auf Brotbasis, behaupte ich kühn. Aber es gibt doch Sandwich, werden Sie einwenden. Stimmt. »Erfunden« wurde dieses übrigens von John Montagu, dem wegen Bestechung, Intrigen und Betrug berüchtigten Earl of Sandwich. In die Geschichte des Essens schrieb der Earl sich im Jahr 1762 ein, als

Picknick mit Sandwiches und Pasteten

er sich eines Nachts nicht vom Spieltisch losreißen konnte. Er orderte in Scheiben geschnittenes Fleisch und Brot von seinem Bediensteten und hob damit Englands Ikone *sandwich* aus der Taufe.

Beim Sandwich ist Brot Nebensache.

Wenn Sie heute die drei Finger dick mit Huhn und Gemüse oder Lachs, *cream cheese* und Salat belegten Sandwiches der Lunchbars betrachten, werden Sie mir beipflichten: Das Brot ist Nebensache. Es scheint lediglich dazu zu dienen, den üppigen Belag zu halten. Die Sandwiches unserer Tage präsentiern sich eher als Cocktails aus festen Stoffen denn als »belegte Brote«: Genialisch mixt man exotische Kompositionen aus Shrimps und Salat, Früchten und Mayonnaise, Huhn und Mandeln, Curryrahm und Rosinen. Alles ist erlaubt, Hauptsache es schmeckt.

Diese Gourmet-Sandwiches haben wenig mit ihren traditionellen Namensvettern zu tun, die in Hotels um 17 Uhr zur *teatime* gereicht werden. Auch diese sind als Nachmittagsimbiss nicht zu verachten. Mit ihren klassischen, recht faden Füllungen aus Eiermayonnaise, Lachs oder Frischkäse mit Gurken schneiden sie im Vergleich zwar spartanisch ab, doch in Gesellschaft von Tee, *scones* oder Kuchen kann man ihnen eine gewisse Eleganz nicht absprechen. Die aufwendigen Lunchversionen werden vornehmlich in der Londoner Innenstadt offeriert sowie überall dort, wo das Geschäftsleben boomt und man sich in der Mittagspause schnell, aber gut stärken möchte.

Kulinarische Multikultur

Eine Vorstellung der englischen Esskultur wäre ohne einen kurzen Ausflug in die Küchen anderer Länder unvollständig. Zwar identifizierten sich noch kürzlich laut einer Umfrage 82 Prozent der Briten mit dem *sunday roast* und nur 16 Prozent mit dem indischen Curry. Das Ergebnis dieser statistischen Gretchenfrage verfälscht indes das Alltagsbild. Die Engländer lieben »ihr« Curry, auch wenn es nicht die sonntägliche Familienmahlzeit ersetzt, mit der man die *traditional family values* assoziiert.

Auch wenn es nicht die sonntägliche Familienmahlzeit ersetzt – die Engländer lieben »ihr« Curry.

Die stattliche indische *community* sowie koloniale Essgewohnheiten haben das Curry gesellschaftsfähig gemacht. (Apropos Curry: damit ist selbstverständlich nicht das ominöse Gewürzpulver gemeint, sondern die Palette der indischen Soßengerichte auf Grundlage von Fleisch, Fisch oder Gemüse.) Im übrigen sind 16 Prozent eine beachtliche Quote, erst recht angesichts der kulinarischen Vielfalt. Von den asiatischen Küchen hat sich nach der indischen am stärksten die chinesische durchgesetzt, die anderen fehlen selbstredend nicht.

Neben japanischen Trendlokalen und Thai-Restaurants finden Sie, vor allem in Städten und besonders in London, Spezialitätenlokale zahlreicher *communities*, karibische, spanische, portugiesische, russische, türkische, griechische, afghanische, libanesische, polnische, belgische, deutsche, italienische, französische ... Zu fairen Preisen gut essen, das können Sie in London am besten in den *ethnic restaurants*. Zuweilen stoßen Sie auch auf interessante Mischkulturen wie Thai-plus-Italo-Küche oder ein japanisches Restaurant, das sich von Spaniens *Tapas*-Künsten inspirieren lässt. Doch keine Angst: Londons Lokale bieten aufgrund der vielen ansässigen ethnischen Gruppen recht authentische Kost (jedenfalls soweit der Import von Kulturgut es gestattet). Da mein Urteilsvermögen zugestanden begrenzt ist, berufe ich mich hier stark auf das Statement vielgereister, kundiger Begleiter. Was die Zukunft der multikulturellen Küche betrifft, möchte ich mit

Zu fairen Preisen gut essen, das können Sie in London am besten in den »ethnic restaurants«.

Punjabi-(Sikh)-Küche (Nordwestindien) in London

meiner persönlichen Meinung nicht hinter dem Berg halten. Sie liegt in meinen Augen in ihrer Verschmelzung, und dann wird Authentizität einen gleichwertigen Platz neben Qualität und Originalität einnehmen.

Eine erfolgreiche Integration: Italien in England

Die englische Sprache und die italienische Nudel haben einiges gemeinsam.

So wie Englisch zur Weltsprache aufgestiegen ist, so mausert sich die Pasta zur Weltspeise. Die englische Sprache und die italienische (von Marco Polo aus China gebrachte) Nudel haben in der Tat einiges gemeinsam: Beide kann man auf dem gesamten Globus finden und einsetzen, beide lassen sich selbst vom Anfänger ohne große Mühe verwenden und befriedigen ihre Benutzer ungemein, nicht zuletzt aufgrund des stimmigen Verhältnisses von Aufwand und Resultat.

Italiens *pasta* (der Begriff *noodle* ist den asiatischen Verwandten vorbehalten) hat England erobert. Pasta ist eine universelle Antwort auf jedes Gaumengelüst. Pasta-Salate kommen in den unglaublichsten anglo-italienischen Variationen daher, mit Oliven, Mozarella, luftgetrockneten Tomaten, Pickles, Pilzen, Mais ... Wie Sie sich denken können, sind diese Mischungen nicht immer gelungen. Übrigens stellt man nicht nur bei italienischem Essen fest, dass den in England erhältlichen Tomaten und Pilzen das satte mediterrane Aroma abgeht. Dafür führen italienische *delis*, Feinkostläden, vor allem in London und Südwest-England hervorragende Ware: Pasta, getrocknete Pilze und Kräuter, eingelegte Gemüse, diverse Käse- und Schinkensorten, Soßen, Essig und Öl. *Ciabbata*-Brot hat sich authentisch im »gehobenen« Brotsortiment etabliert.

Andere italienische Brotarten und Delikatessen, darunter Pinienkerne, Basilikum, Pesto und getrocknete Tomaten, werden von der neuen englischen Küche für Speisen verwandt, die mit Italien nicht mehr viel zu tun haben. Dieser Trend kam aus Amerika und hat in England eine geballte Ladung kreativer Energie freigesetzt (wobei es so manchem findigen Koch an Subtilität komplett mangelt).

Insgesamt aber hat man die italienische Cuisine durchaus fachmännisch importiert. Ihre Beliebtheit verdankt sie dem Umstand, dass sie mit Hilfe vorgefertigter Vorspeisen und Pasta schnell und leicht zuzubereiten ist. So wurde sie zur Gourmet-Fastfood und aufgrund ihrer *userfriendlyness* zur idealen Kost der stetig wachsenden Schar von Singles und Kleinhaushalten. Die Presse trug bei, indem sie die italienische Küche zur *healthy diet*, gesunden Ernährung, erklärte.

Wie das indische Curry haben italienische und andere mediterrane Zutaten auch in Englands häuslichen Küchen festen Platz gefunden, und zwar auf eine Weise, dass die italienischen Restaurants beim Vergleich eher enttäuschen. Liegt es am Geschmack der Tomaten, an den recht temperamentlosen Speisekarten oder dem uncharmanten Service? Ich weiß es nicht, esse aber wie viele meine Pasta lieber zu Hause.

Ein Trauerspiel: Essen in England

Englisches Essen und Essen in England, das sind zwei Paar Stiefel. Das englische Essen kann gut oder schlecht sein;. Auf alle Fälle steht es deutschem in nichts nach; auch wir brauchten kleine Revolutionen und Fremdeinflüsse, um gute neue Ideen zu entwickeln. Im Gegensatz zu uns sind die Engländer nicht besonders stolz auf ihre Küche. Essen kommentieren sie bis auf wenige Ausnahmen kaum, schon gar nicht während des Speisens. Engländer mit *education*, die sich weder auf Trends noch auf Gefühlsausbrüche einlassen, mögen daheim noch so gut essen und Gaumenfreuden noch so sehr schätzen – die distanzierte englische Art mit den sinnlichen Seiten des Lebens umzugehen, verbietet ihnen laute Schwärmerei. Das Höchste der Gefühle ist ein gelegentliches: »Absolutely delicious!« In England schätzt man die Dinge leise.

Essen wird in England selten kommentiert, am allerwenigsten während der Mahlzeit selbst.

Als ich Ende der 80er Jahre nach England kam – ich wohnte zunächst in einem Vorort von London –, schockierte mich mehr noch als das Essen selbst die allgemeine kulinarische Kenntnislosigkeit, ja Gleichgültigkeit. (Es scheint, als hätte England erst in den 1990er Jahren den Schritt vom finstersten Mittelalter in die Neuzeit des Geschmacks- und Vitaminkults vollzogen.) Esskultur gibt es hier nicht, befand ich. Das offenbarte sich mir unter anderen bei Einladungen in Wohnungen, in denen die Gäste, mit irgend etwas Undefinierbarem gefüllte Teller auf den Knien balancierend, um den Couchtisch herum aßen. (Wie man auf einen Esstisch zugunsten einer Couch mit Tischchen verzichten konnte, war mir ein Rätsel. Erst später erfuhr ich, dass man in Wohnungen vormaliger Einfamilienhäuser häufig schlichtweg aus Platzmangel auf den Essbereich verzichten muss.) An reichhaltiges Essen gewöhnt, fand ich die Portionen zu mager und kehrte am Ende des Abends verstimmt heim.

Erinnerungen an das finstere Mittelalter der Kulinarik

Zum Glück traf ich in dieser puritanischen Diaspora bald Leidensgenossen, darunter Engländer, die im Ausland gelebt hatten. Gleichzeitig stieg das Interesse der Inselbewohner an kontinentalen Kochkünsten. Und so wurde mir leiblich allmählich sehr viel wohler.

Trotzdem möchte ich hier die Gelegenheit nutzen, jenen Englandreisenden einen Rat zu geben, die in näheren Kontakt mit englischen Familien geraten oder gar mehrere Tage am englischen Familienleben teilnehmen. Er heißt schlicht und ergreifend: Essen Sie sich vorher richtig satt! Höchstwahrscheinlich wird man Sie mit unterwürzten und winzigen Portionen einer deprimierenden *traditional family food* abspeisen. Mahlzeiten, die lustvoll rundum sättigen, sind im englischen *family life* eine Rarität.

Einladungen zum Essen: Ein Nachschlag ist nicht einkalkuliert.

Vielmehr kommt am Familientisch eine nationale Unart zum Ausdruck: mangelnde Großzügigkeit. Auch wenn mich jetzt einige Engländer zu Recht verfluchen: gegenüber dem Bestreben unserer und vieler anderen Kulturen, von allem genügend aufzutischen und an einer reich gedeckten Tafel Spaß zu finden, wirkt die »Ess-Art« im englischen Familienkreis spartanisch. Man könnte meinen, der Anstand verbiete es, mehr anzubieten als unbedingt nötig. Besonders bestürzt diese angelsächsische Eigenheit – die Kelten lassen bei Tisch mehr Freigiebigkeit walten – bei festlichen Anlässen. Nimmt man im Verein der feierlich gestimmten Großfamilie erwartungsvoll an der Tafel Platz und erblasst angesichts der winzigen Portionen, mag man dies zunächst für eine »feine« Sitte halten – statt ganz einfach für eine Unsitte. Ein »Nachschlag« ist nicht einkalkuliert, und das verdirbt mir bereits bei den ersten Häppchen den Spaß. Für mich gehört zu einem »guten Essen«, dass es davon genug gibt, so viel, dass ein wenig übrigbleibt.

Wer weiß, vielleicht geizen die Engländer deswegen mit dem Essen, weil sie nach dem II. Weltkrieg weit länger als wir unter dem *food rationing* litten. Bis 1954 waren Fleisch und Butter knapp und noch in den folgenden Jahren Engpässe bei der Versorgung mit hochwertigen Nahrungsmitteln vorhanden. Gegen diese Entschuldigung spricht, dass in vielen ungleich ärmeren Kulturen stets reichlich gedeckte Tafeln zu finden sind. Aus welchen Gründen auch immer: sich mit wenigem zufriedengeben ist eine angelsächsische Universaltugend, die erklären hilft, weshalb die kulinarischen Ansprüche so zögerlich gestiegen sind.

Lebensmittelrationierung

Gewöhnungsbedürftig ist ferner die englische Marotte, Zutaten auf einem Teller zu vereinen, die für unseren Gaumen nicht zusammengehören. So wurde mir bei einem Familienessen ein indisches Curry mit Lasagne statt mit Reis serviert. Englische Zungen stören sich nicht an Truthahn mit Würstchen und Fleischbällchen plus vollkommen geschmacklosen Gemüsen und dünner Bratensoße. Trotz der gepriesenen Food-Revolution kann »Essen in England« heute noch nach jener Vergangenheit schmecken, in der man sich »einfach und ohne Aufwand« ernährte. Letzteres wusste man übrigens intellektuell zu rechtfertigen. Ein Engländer erklärte mir, dass in seiner Familie nach dem Motto gekocht wurde: Sind die Nahrungsmittel gut, benötigen sie keine Gewürze; Aufwand beim Zubereiten bezeuge lediglich ein Vertuschen von Mängeln. Dieses Argument hat eine gewisse Berechtigung – solange es in der Praxis nicht jeglichen Gaumenkitzel vermissen lässt. Ein gutes Essen besteht nun einmal aus mehr als der Summe seiner Zutaten.

»Da wird auch nur mit Wasser gekocht!« haben Sie sich schon gefragt, woher dieses beschwichtigende Sprichwort stammt? Ich tippe auf England. Nach diesem Leitmotiv kochen vor allem die öffentlichen englischen Küchen und Kantinen. Auch die ältere Generation gart bevorzugt fett- und geschmacksfrei.

Glaubt man der Presse, dann sind TV und Fastfood dabei, die Tradition des *family dinner*, des gemeinsamen Abendessens der Famiilie, auszurotten. Das reiche Angebot an *microwavable ready meals* untermauert diese Befürchtung. Doch ist dieses Phänomen, um fair zu sein, kein speziell englisches und *convenience food* für die Masse der Engländer nun einmal die »authentischere« Ausdrucksform ihres Lebensstils. Ein Blick in die Einkaufswagen eines *suburb* genügt, um

Die »national diet« steckt immer noch in den Kinderschuhen.

zu erkennen, dass die *national diet*, die Ernährung der Nation, noch in den Kinderschuhen steckt.

Wen es in Gegenden verschlägt, die nicht an das kommerzielle Netz der Lifestyle-Industrie angeschlossen sind, der wird mich für all meine positiven Ausführungen zur englischen Esskultur Lügen strafen. Es ist gar nicht so lange her, da beklagte der *NHS (National Health Service*, die staatliche Krankenkasse) die *food deserts* in von Armut und Arbeitslosigkeit geprägten Wohngegenden – »Nahrungsmittelwüsten«, in denen im Umkreis mehrerer Meilen annähernd Gesundes wie frisches Obst und Gemüse kaum erhältlich sei.

Tante-Emma-Läden und Delikatessengeschäfte

Folgendes Bild bot sich früher in den meisten englischen Tante-Emma-Läden, und man sieht es heute noch, sogar in London: In einer Vitrine lagern hartgekochte Eier, Mayonnaise, Senf, Schinken, Cheddar und Weißbrotscheiben, mit denen man sich ein Sandwich seiner Wahl zubereiten lassen kann. In den Regalen schlummern Dosen mit *baked beans* (den zur Legende gewordenen weißen Bohnen in Tomatensoße), Thunfisch und Spaghetti in Tomatensoße, des weiteren Instantkaffee, Dosenmilch, Cornflakes und ähnliches. Im Kühlschrank entdeckt man Softdrinks und frische (!) Milch. Das übrige Angebot besteht aus Süßigkeiten, *biscuits* und nicht zu vergessen einer gehörigen Auswahl von *crisps*. Im Licht der Neonröhren wirken diese *corner shops* wie Museen britischer Alltagskultur der Nachkriegsära. Ihr Sortiment mag sich erweitern, aber nicht unbedingt verbessern. Davon heben sich krass die die zahlreichen Delikatessengeschäfte *(Delis)* ab, die insbesondere in der Metropole, aber auch in den Counties an Boden gewinnen und ihr Angebot stetig um Köstlichkeiten aus England, Schottland, Italien, Frankreich und anderen Ländern bereichern.

Eine Oase in der Nahrungsmittelwüste: Fischmarkt in Cornwall

Immer gut für Überraschungen: Ländliche Pubs

Als ich Anfang der 1990er Jahre Pubs und Restaurants in Südengland abklapperte, um die Betreiber über ihre Bezugsquellen zu befragen, gelangte ich zu einem deprimierenden Ergebnis: Nur ein knappes Fünftel ihrer Ware kauften die Inselköche frisch! Auf den Tellern der Gäste landete Tiefkühlkost, weit angereist in Kühlwagen über Land. Entsprechend trostlos sahen die Speisekarten aus: Wochentags gab's diversen fritierten Fisch mit Pommes frites und Erbsen, Tagliatelle in Mehltunke mit Kochschinken und Pilzen (vorportioniert und tiefgekühlt), sonntags den nach nichts schmeckenden *sunday roast* mit den durchs Wasser gezogenen *2 veg*. Ich war verzweifelt und wollte nach Hause.

Auch die Pubs am Land sind inzwischen von der »food revolution« ergriffen wurden.

Wem noch vor wenigen Jahren angesichts solch freudloser Aussichten die Tränen kamen, dem dürfte heute das Wasser im Munde zusammenlaufen. Die Food-Revolution hat auch die bezaubernden englischen Grafschaften erfasst, in denen sich eine erlesene *Country*-Klientel und genießerische *middle class* gute Nacht sagen. Auch auf dem Land stellt man inzwischen höchste Ansprüche an die Qualität der Produkte, die Kochkunst der *chefs* und das Ambiente. Das gilt nicht allein für die Restaurants, sondern ebenfalls für die Pubs.

Das (wie gesagt von *public house* abgeleitete) *pub* erfüllte einst wie ein *inn* die Funktion eines Gasthauses, in dem Reisende übernachteten; an seiner Bar trafen sich die Leute der Umgebung. Im Vordergrund des gastronomischen Angebots stand die breite Auswahl von Biersorten lokaler wie überregionaler Brauereien; etwa die Hälfte aller Pubs gehörte direkt oder indirekt einer Brauerei. Unter Essen verstand man wenig mehr als »warme Mahlzeit«. So kam der moderne Tiefkühlservice von

Royal Oak Inn, Winsford, Somerset

Großlieferanten den bierkundigen Pub-Betreibern gerade recht; mit geringem Personalaufwand konnten sie fortan ihren Gästen eine kalorienhaltige Grundlage für den bis 23 Uhr lizensierten Alkoholkonsum offerieren.

Ursprünglich lieferten die Pubs nur eine kalorienreiche Grundlage für den abendlichen Alkoholkonsum.

Diese Zeiten sind passé. Die ländlichen Pubs mausern sich zunehmend zu Restaurants, die es locker mit den Londoner Vorbildern aufnehmen können. Sie sind weniger prätentiös und zeitgeistig, ihre Preise dafür ziviler und ihr Engagement ehrlicher, die Speisen weniger aufwendig angerichtet, aber subtil im Geschmack und von feinster Qualität. Das Pub auf dem Land ist kein »professionell gemanagtes«, sondern ein hervorragend geführtes Lokal.

Sie finden in guten Pubs den gesamten Spannbogen der traditionellen und neuen englischen Küche, nicht selten auch mit asiatischem Touch. Die Palette umfasst Klassiker wie Rumpsteak, Entenbrust in Orangensoße, *lamb and apricot pie*, die altbeliebte *steak and kidney pie* (Fleischpastete mit Nieren), *wild boar and apple sausages* (Wildschweinwürstchen mit Apfel), jede Menge Fisch und nicht zu vergessen gute Suppen, unter anderem auf der Basis von Kürbis, Lauch, dem Blauschimmelkäse Stilton oder frischen Erbsen mit Minze. Man experimentiert zwar gern mit neuen Geschmackskombinationen, doch bleiben die Hauptgerichte weitgehend orientiert an der klassischen Country-Cuisine. Sie werden häufig Ingwer, Knoblauch, Zitrone, Salbei und Minze schmecken, aber auch Kräuter, Chutneys und andere Zutaten der thailändischen und indischen Küche. Eine weitere Anleihe aus der asiatischen Kochkunst ist die gesunde Garungsart des *stir fry*, des raschen Pfannenbratens unter Rühren. Doch dies ist weder ein Kochbuch noch ein Restaurantführer: Lassen Sie sich von Talent und Kreativität der englischen Köche überraschen.

»Survival Guide«: Kulinarische Überlebenshilfen

TIPS

Tips zum Wohl von Magen und Portemonnaie

- Im englischen Buchhandel finden Sie eine Fülle gastronomischer »Reiseführer« mit unterschiedlichen Schwerpunkten, die Ihnen den Weg zu gutem Essen auf der Insel weisen. Stöbern lohnt! Zu den zuverlässigsten Quellenzählen der *Good Food Guide* oder der *Good Pub Guide*.
- Hilfreich sind ferner die Restaurantkritiken der überregionalen Sonntagszeitungen. Auch dazu ein Tipp: Lassen Sie sich nicht zu sehr von Verrissen beeindrucken. Die sogenannten *food writers* und *restaurant critics* schreiben gegen die wachsende Konkurrenz ihrer Zunft an und sind deshalb um ihr persönliches Profil ebenso besorgt wie um Ihr kulinarisches Erlebnis. Dass ein Restaurant oder Pub überhaupt besprochen wird, zeigt bereits an, dass es in die Liga der ernstzunehmenden Etablissements aufgerückt ist.

TIPS

▶ Tips für Gastro-Wüsten: Sollte es Sie in eine noch sehr »englische« kulinarische Diaspora verschlagen, beherzigen Sie folgende Ratschläge. Frühstücken Sie reichhaltig, am besten in Form eines *cooked breakfast* oder auch nur mit Rührei und Toast. Zum Lunch sind *soup and a roll*, ein Brötchen, im Pub meist ganz genießbar. Tanken Sie nachmittags bei einem *cream tea* mit *scones, clotted cream* und Erdbeermarmelade Kräfte. Abends überlisten Sie selbst das hinterwäldlerischste Speiselokal, indem Sie das am schwersten zu verderbende Gericht ordern; dazu beachte man die Garungsart und bestelle Kurzgebratenes oder Gegrilltes ohne Soßen und anderen Schnickschnack. Diese Vorsichtsmaßnahme ist besonders bei einem Ambiente geboten, das sich durch künstliche Blumen in altmodischen Kitschväschen oder irgendwelchen geschmacksverirrten Gefäßen auszeichnet, durch schlechte Ölbilder, allgemeine Leere, verklebte Salz- und Pfefferstreuer sowie zu kleine und zu dünne Papierservietten. Das Interieur besserer Esslokale zeigt zwar häufig ebenfalls fragwürdige Elemente, zeichnet sich jedoch durch Abwesenheit obiger Warnsignale aus.

▶ Faustregel für Restaurants in London: In den inneren Bezirken der Metropole sind Ethno-Lokale dünner gesät. Dort können Sie beim Essen im Restaurant im Wesentlichen zwischen drei Alternativen wählen: zu teuer und schlecht, etwas teurer und gut, sehr teuer und sehr gut. Ich selbst ziehe das Preis-Leistungs-Verhältnis »etwas teurer und gut« vor, denn der Unterschied zwischen »zu teuer« und »teurer« ist ungleich geringer als jener zwischen »gut« und »schlecht«. Und da man in London ohnehin zuviel ausgibt, sollte man sich gleich für »gutes« Essen entscheiden. Als Wegweiser dienen Gastroführer, persönliche Empfehlungen und Zeitungen, insbesondere der *Evening Standard*.

»Dos and Don'ts« im Lokal und bei Tisch

▶ Zahlen im Restaurant und Pub: In Pubs zahlt man Getränke, Lunch und Dinner nach Pubsitte an der Bar, meist vor dem Essen; je ausgeprägter der Restaurantcharakter, desto üblicher ist das Bestellen bei Tisch. In Restaurants wie Pubs findet das Bezahlen sehr diskret statt. Die Bedienung bringt Ihnen auf einem Teller die Rechnung und entfernt sich. Dann legen Sie Bargeld oder Kreditkarte auf den Teller; hat man mit mehreren Gleichgestellten gespeist, zahlen alle zu gleichen Teilen. Die Bedienung holt den so gefüllten Teller ab und gibt danach das Wechselgeld bzw die Kreditkarte zurück. Achten Sie auf Hinweise wie »Service not included«. Geben Sie ungefähr zehn Prozent Trinkgeld.

▶ Absolute Tabus: Sagen Sie niemals zur Bedienung »Stimmt so!« oder ähnliches! Trinkgeld lässt man kommentarlos bei Verlassen des Restaurants auf dem Tellerchen zurück. Auch zückt man nicht vor aller Augen den Geldbeutel, um sofort nach Überreichen der Rechnung zu zahlen. Und noch weniger gehört es sich, wenn man in geselligem Kreis gespeist hat, im Beisein der Bedienung den individuellen »Unkostenbeitrag« auseinanderzudividieren. Vielmehr teilt man, sofern der jeweilige Verzehr sich preislich nicht wesentlich unterscheidet, den Gesamtbetrag durch die Anzahl der Rundenteilnehmer. Das Gemeinschaftsereignis zählt meist höher als die Ansicht, jeder solle gefälligst zahlen, was er verzehrt hat. Wer derart auf den Penny schaut, sollte in England besser allein essen gehen. Ob einfach oder gediegen, ob gemeinsame oder getrennte Rechnung: beim Zahlen zählt Diskretion.

▶ Tischmanieren: Sie dürfen und sollen sich bei Tisch entspannen. Die englischen Tischmanieren sind nicht überaus streng und dazu den unseren ähnlich. Die linke Hand lässt man, wenn man sie nicht benötigt, häufig locker auf dem Schoß liegen; sie ständig neben dem Teller zu halten wirkt in England steif. Den Suppenlöffel führt man seitlich zum Mund. (Ihnen wird die Form der englischen Suppenlöffel auffallen.) Ellbogen haben wie bei uns auf dem Esstisch nichts zu suchen. Strikter geht man in England mit Messer und Gabel um. »Richtig herum« hält man die Gabel mit den Zinken zum Teller, spießt auf sie das Fleisch und befördert den »Rest« kunstvoll auf die Außenwölbung der Zinken; nie benutzt man die innere Wölbung als Transportmittel – selbst Erbsen werden akrobatisch auf der Außenseite zum Mund balanciert. Bei zwei Tischregeln zeigen die Engländer weniger Nachsicht als wir. Die erste lautet, dass man sein Besteck während des Essens nur auf dem Teller ablegt – die Gabel mit den Zinken auf der Tellermitte, die Griffe des Bestecks auf dem Tellerrand, nie auf dem Tisch. Zweitens ist es ein *must*, sein Besteck nicht bloß, wie in der guten deutschen Kinderstube, nebeneinander auf dem Teller abzulegen, sondern überdies von sich zur Tellermitte hin in der Position von Uhrzeigern, die auf halb sechs stehen. Fragen Sie mich nicht, weshalb man das tut. Eine eindeutige Erklärung habe ich bis heute nicht gefunden. Vielleicht wurde diese Sitte ersonnen von Privilegierten, die sich Bedienstete leisten konnten, denn sie erleichtert das Abräumen des Geschirrs von rechts. Vollkommen tabu bei Tisch sind: Lautes Reden, Fuchteln mit Besteck, anderen auf den Teller Starren oder gar lauthalses Kommentieren des Essens.

▶ Das letztgenannte Verbot erinnert mich an den Rat, sich im Restaurant leise zu verhalten, und die folgende Episode: Ich verbrachte ein Wochenende mit meinem Freund in einem schönen Country-Hotel in Surrey. Beim Abendessen saß am Nebentisch eine Runde aus sechs deutschen Mittfünfzigern. Die Männer redeten laut, die Frauen kreischten vor Lachen. Der Speiseraum war bereits aufmerksam, als endlich eine Dame aus dem deutschen Kreis mahnte: »Kinder, seid nicht so laut, wir sind hier nicht allein.« Worauf ihr schwergewichtiges Tischoberhaupt trompetete: »Wieso?! Ich hab' doch bezahlt, da kann ich machen, was ich will.« Ich möchte Ihnen die gute Nachricht nicht vorenthalten: Dieser Touristentypus scheint vom Aussterben bedroht. Dass Sie ihm nicht angehören, versteht sich von selbst. Trotzdem meine ich, dass diese Geschichte hier ihr Plätzchen verdient hat.

Mehr als Worte: »Let's speak English«

Der Gebrauch des Englischen ist derart eng mit dem Benimmcode, dem *behaviour*, verknüpft, dass es lohnen würde, allein darüber ein Buch zu schreiben. Meines Erachtens sagt der Sprachgebrauch über diesen Code im angelsächsischen Sprachraum mehr aus, als es zum Beispiel im germanischen und romanischen der Fall ist.

Denn es ist nicht in erster Linie die Grammatik, die der englischen Sprache ihre Struktur und Eigenheit verleiht, sondern vor allem die Konvention ihrer Anwendung. Sie haben sicher bemerkt, dass viele simple englische Konstruktionen im Deutschen ihre natürliche Geschmeidigkeit verlieren. *»It was fun«, »Oh, don't bother«, »Having said that, it's also true that ...«* Bei der Übertragung ins Deutsche entstehen vergleichsweise komplexe grammatikalische Gebilde. »Es hat Spaß gemacht«, dies klingt noch kurz und bündig, etwas komplizierter bereits: »Ach, machen Sie sich keine Umstände.« Und die vielen möglichen Übersetzungen der dritten Redewendung – »Einschränkend muss ich allerdings sagen ...«, »... was nicht heißen soll, dass ... nicht ...« »... und doch kann man durchaus ...« – erfordern nicht nur mehr grammatikalische Verrenkungen, sondern wirken auch abstrakter. Das Idiom, die Redewendung, trägt der englischen Sprache ihre lebendige Ausdruckskraft ein und macht sie auf unmittelbare Weise zugänglich.

»Idioms« – Redewendungen prägen die englische Sprache.

Je fortgeschrittener man sich in der englischen Sprache bewegt, um so regelloser erscheint sie. Wie man etwas sagt, welche der zahlreichen, teils sehr subtilen Varianten einer Ausdrucksmöglichkeit man wählt, dies ist schwerer zu erlernen als die englische Grammatik – und im sozialen Umgang wichtiger.

Having said that, kennt natürlich auch das Englische komplexe grammatikalische Strukturen, beim Gebrauch der Zeiten beispielsweise. Ein umfassenderer Vergleich indes offenbart, dass englische Formulierungen mit weit weniger Regeln auskommen als deutsche. *Having said that* zum Beispiel erweist sich – einmal gelernt – als ungemeine Vereinfachung: Das Gerundium erspart Ihnen die Nebensatzbildung mit Konjunktion, Subjekt und Perfektkonstruktion aus Hilfsverb und Partizip.

Um wieder auf den Gebrauch oder *usage* der Sprache zurückzukommen: Sie werden gelegentlich vor irgendeinem Kiosk in London, Dublin oder Edinburgh frustriert rätseln, was die Schlagzeilen der Tageszeitungen wohl bedeuten mögen. In solchen Fällen helfen weder Vokabeln noch Grammatik, nicht einmal der *common sense*. Die Logik der englischen *headlines* ist ein eigenwilliges Konglomerat aus Sprachkonvention, journalistischer Kreativität und Anspielungen auf Insiderwissen. Sie erschließt sich Außenstehenden manchmal nur schwer, schwerer jedenfalls als in Italien und Frankreich. Was sich hinter der Schlagzeile *Kohl's Rival Rides Out Scandal* verbirgt, das erfahren Sie spätestens bei der Lektüre des Artikels.

Die Logik der englischen Schlagzeilen erschließt sich dem Außenstehenden nur schwer.

Die Schlagzeilen der Zeitungen folgen einer eigenen Sprachlogik.

Von der Kunst Worte nicht beim Wort zu nehmen

»That's great!« »Fantastic!« »We absolutely loved it.« »Brilliant!« ... Derlei Beteuerungen klingen nicht gerade nach *understatement*, oder? Die meisten Rätsel gibt der englische Sprachgebrauch mir heute noch in den einfachsten Situationen auf. Wenn Engländer verbal Begeisterung ausdrücken, Eindrücke schildern oder ein persönliches Urteil abgeben, kann man sich ihrer tatsächlichen Meinung nie ganz sicher sein. Das erfährt man erst in einem aufrichtig engagierten Gespräch, nicht aber in einer *conversation*.

Konversation und Gespräch sind so grundverschieden wie ihr Zweck.

Wie an anderer Stelle bereits beschrieben, beherrschen die Engländer meisterhaft die hohe Kunst der *conversation*. Konversation und Gespräch sind so grundverschieden wie ihr Zweck. Konversation ist zum Beispiel angesagt bei offizielleren und halboffiziellen Anlässen, bei denen man Sie möglichst vielen Personen vorstellt. Länger als einige Minuten werden Sie kaum mit jemandem reden können, dann reicht man Sie weiter. So bleibt lediglich Zeit für eine kurze *conversation*. Man plaudert vielleicht über ein Konzert, eine Ausstellung oder woher man die Gastgeber kennt. Tiefschürfende Themen und höchstpersönliche Bekenntnisse sind unangebracht. Auch wenn man Sie fragt, was Sie von diesem oder jenem Solisten halten, ob moderne Kunst Sie anspricht oder wie Ihnen England gefällt: man erwartet eine kurze, interessante, aber nicht um jeden Preis ehrliche Antwort. Man will ein elegantes Pingpong mit unverfänglichen Stichworten, keinen intensiven Gedankenaustausch. Nehmen Sie die Fragen also nicht zu ernst. Auf den Punkt kommen dürfen Sie, wenn Ihr Gegenüber freiwillig signalisiert, dass es von der Konversation zu einem Gespräch übergehen möchte. Sie sehen: Die englische Sprache ist leicht, ihr Gebrauch schwer zu erlernen.

Die englische Sprache ist leicht, ihr Gebrauch schwer zu erlernen.

Mit recht wenig Grammatikpaukerei allerhand ausdrücken zu können, das beflügelt so manche Schüler des Englischen. Mit guten Englischzensuren reiste ich als selbstbewusster Teenager zu einem Sprachurlaub an – und fiel erst einmal auf den Mund. Zwar verstand ich beim Begrüßungsdinner meiner Gastfamilie fast jedes Wort, aber die Welt nicht mehr, als der Vater von einem »... friend, who would have benefited from another fifteen minutes in the oven ...« erzählte. Gab es in England Kannibalen? Selbstverständlich nicht. Aber ein mir unbekanntes Idiom: *half baked* steht für jemanden, der ein bisschen »unterbelichtet« ist. Daher also die Viertelstunde im Backofen.

Spricht man so über einen »Freund«? Von »close friends«,»good friends« und »false friends«

Nachdem ich dies begriffen hatte, wunderte ich mich weiter: Spricht man so über einen »Freund«? Es brauchte seine Zeit, bis ich bemerkte – und akzeptierte –, dass englische Zungen mit dem Freundschaftsbegriff wesentlich lockerer umgehen als deutschsprachige. Sie werden staunen, wie viele *friends* Engländer haben – ob es *close friends, good friends* oder bloß Bekannte sind, erfahren Sie erst bei näherem Hinhören.

Ach ja, und dann gibt es noch die vielen *false friends*, über die unsereiner in der englischen Sprache gern stolpert. Das sind jene Worte, häufig romanischen Ursprungs, die wir aus dem Deutschen kennen, im Englischen jedoch keineswegs dasselbe bedeuten. Ein Beispiel: Wie drücken Sie aus, dass Sie eine Bekannte mögen? »She is really sympathetic«, schlagen Sie vor? *Well*, damit sagen Sie, sie habe Mitgefühl, *sympathy* – eine angenehme Eigenschaft, gewiss. Aber eigentlich meinen Sie: »She is really nice.« *Nice!* So einfach ist das! Hätte ich das gleich gewusst, hätte ich mir die jahrelange Suche nach differenzierten Worten für meine Sympathien erspart.

Einige weitere Beispiele: »I studied German!« versichert Ihnen eine freundliche Zugbekanntschaft. Vermutlich hat sie irgendwann einmal, vielleicht in der Schule, Deutsch gelernt. Hätte sie es »studiert«, würde sie wohl zufügen »at university«. »My boyfriend and I had a serious argument.« Wofür bzw. wogegen richtete sich ihr »Argument«? Schlichtweg gegeneinander, denn *argument* bedeutet »Streit«. »We are decorating our house.« Zu welchem Anlass und wie? Mit Girlanden und Luftschlangen? Nein, es wird nicht »dekoriert«, sondern renoviert! »They have a great chef in that place.« Schön, dass die Angestellten einen tollen Boss haben, könnte man meinen. Aber darum geht's nicht: *chef* bedeutet Koch, nicht einmal Küchenchef oder Chefkoch, sondern einfach Koch bzw. Köchin. Ach so, deshalb prostet man sich bei Dinnerpartys zu: »To the chef!« Und wenn Sie in einem Restaurant um das *menue* bitten, bringt der Ober Ihnen nicht das »Menü«, sondern die Speisekarte.

»We are decorating our house.« Mit Girlanden und Luftschlangen?

Womöglich macht man Ihrem Heimatland das Kompliment: »Switzerland is a very civilized country.« Mit Arroganz hat dies nicht das geringste zu tun, im Gegenteil: Ihr Gesprächspartner möchte Ihnen freundlich vermitteln, dass er sich in der Schweiz sehr wohl gefühlt hat. *Civilized* meint soviel wie gepflegt, mit Stil. Die Liste der Fallbeispiele, die meine Unkenntnis langsam in eine einigermaßen »zivilisierte« Form der verständigen Annäherung verwandelt haben, ließe sich endlos fortsetzen. Vermutlich werden Sie mit mehr angelsächsischem Sachverstand anreisen als seinerzeit ich.

Der Ton macht die Musik

Als BMW Rover übernahm und Walter Hasselkuß in England die Zusammenarbeit einleitete, kam ein Rover-Mitarbeiter auf Hasselkuß zu: »I'am afraid we have a slight problem …« Da ein *slight problem*, ein »kleines Problem«, nicht dringend sein konnte, widmete Hasselkuß sich zunächst scheinbar wichtigeren Angelegenheiten – und erfuhr kurz darauf, dass es sich um einen Fall der Alarmstufe Eins handelte. Er hatte die bewusst indirekte, zurückhaltende Untertreibung seines englischen Kollegen nicht zu interpretieren gewusst.

Im Umkehrschluss empfinden Engländer unsere direkte Art oft als *rude*, als grob und unverschämt. Die Formulierungen *I want, we must, I want you to* … klingen in ihren Ohren nahezu unweigerlich so miss wie in unseren die Alternativen *I would like to, we should, would you mind* … übertrieben höflich. Zu höflich kann man in England kaum sein, selbst wenn Engländer es bestreiten mögen. (Schließlich klagt man auf der Insel gern über den Einzug amerikanischer Sitten und beteuert, dass früher alles besser war – ein vermutlich ebenfalls nicht urenglischer Zug.)

Zu höflich kann man in England kaum sein.

Die Sprachkonventionen bergen noch mehr Fallen als die zitierten *false friends*, die sich immerhin eindeutig übersetzen lassen. In ihnen spiegeln sich wesentliche Mentalitätsunterschiede. Wenn Sie längere Zeit in England verbringen, werden Sie Ihre Fähigkeit, Bitten und Forderungen höflich zu verpacken, zwangsläufig perfektionieren. Mich hat die überhöfliche Art der Engländer zu Beginn meines Exils oft Nerven gekostet. Ich fühlte mich regelrecht manipuliert, wenn jemand eine Bitte einleitete mit den Worten: »*Would you mind awfully doing this for me?*« oder »You couldn't possibly find out, could you …?« Innerlich sehnte ich mich nach der klaren Frage: »Könnten Sie das bitte noch erledigen?« Lange verweigerte ich mich dem englischen Eiertanz um den Kern der Bitte, der letztendlich einer eindeutigen Aufforderung gleichkommt. Wenn ich ihn heute gelegentlich ohne Skrupel selbst aufführe, erreiche ich erstaunlich schnell mein Ziel.

Vollkommen unberechtigt sind Zweifel am ach so manierlichen Umgangston übrigens nicht. Es gibt durchaus Tonarten von Höflichkeit, die an das Gegenteil grenzen, an *rudeness*. Frauen wissen sie besonders gut anzustimmen. Aus einem frostig-schrillen »Nice meeting you« oder »Nice having met you« spricht blanke Abweisung. Deutlich unengagierter Tonfall bekundet, dass der Sprecher sich abgrenzen will. Überzogene *politeness* dient als todsicheres Mittel, sich andere vom Leib zu halten oder gar bloßzustellen. Englische Höflichkeit bietet – bei allem Respekt vor der subtilen, zivilisierten Konversationskultur – unendlich mehr Möglichkeiten, soziale Grausamkeit auszuleben. Wer ein Opfer quälen will, kann seinem Sadismus unter dem Deckmäntelchen der Höflichkeit ausgiebig und ungestraft frönen. *To be bitchy* nennen die Engländer das, »gemein, gehässig sein«. Jemandem ein *bitchy behaviour* zuzuschreiben, bedeutet nicht gerade ein Kompliment.

Es gibt Tonarten von Höflichkeit, die an das Gegenteil grenzen.

Bei der Pub-Konversation herrscht in der Regel schlichte, freundliche Tonart vor.

Bei Dinnerparty-Konversationen sind Phantasie und Schlagfertigkeit wichtiger als eingefleischter Anstand.

Gleichwohl hält die Vielzüngigkeit bis zu einem gewissen Grad als beliebtes Gesellschaftsspiel her. Engländer »würzen« ihre Dinnerparty-Konversationen gern mit kleinen Gemeinheiten und Anspielungen. Dabei laden sie fairerweise allerdings offen zum Gegenzug ein – mit der Folge, dass Phantasie und Schlagfertigkeit bei derartigen sozialen Überlebenstrainings wichtiger sind als eingefleischter Anstand. Den unterstellt man Ihnen ohnehin, sonst hätte man Sie nicht eingeladen. Sie sollten also unterhaltsam kontern können, damit der Gastgeber seine Investition wieder einspielen kann. Ich hörte bei einer Konversation über Autos: »The car is an extension of yourself, isn't it?« Und darauf prompt: »Is that why you drive a Mini?« Derlei Spitzen gehen jedoch, um es zu wiederholen, niemals unter die Gürtellinie.

Von Klasse, Akzent und Dialekt

To have the right accent, learning to speak properly – Audrey Hepburn meisterte in *My Fair Lady*, der Verfilmung von George Bernard Shaws Bühnenstück *Pygmalion*, die beinharte Aufgabe, wegen einer Wette des Sprachwissenschaftlers Professor Higgins ihre Herkunft durch Sprache auszubügeln und sich vom ungebildeten, Slang sprechenden Blumenmädchen Eliza Doolittle in eine Lady zu verwandeln.

Der »accent« verweist nicht mehr zwangsläufig auf die soziale Herkunft.

An Brisanz hat Shaws Thema kaum verloren. Allerdings verweist ein *lower class accent* nicht mehr zwangsläufig auf eine bescheidene Herkunft, sondern lediglich darauf, dass der Sprecher keine private Schulbildung genossen hat. Ebensowenig lässt heutzutage ein *upper class accent* eindeutig auf die soziale Abkunft schließen.

Beides hat seine Ursache in der erhöhten sozialen Mobilität. Auch werden Sie feststellen, dass nur die eindeutigen, mit sich und ihrem Leben zufriedenen Angehörigen der *upper classes* und *working class* ein einigermaßen entspanntes Verhältnis zu ihrem Background haben.

Am eifrigsten tanzt die wachsende aufstrebende Mittelklasse um das Statussymbol gehobener Sprache. Die Schauspielerin Honor Blackman, bekannt als Pussy Galore im James-Bond-Streifen *Goldfinger*, schilderte in einem TV-Interview eindrucksvoll, weshalb ihre Familie Ende der 1940er Jahre vom berüchtigen East End in Londons vornehmeren Westen zog: Der Vater wollte, dass die Kinder den »richtigen« Akzent lernen. Er war sich nur allzu bewusst, dass Sprache nicht alles, aber ohne Sprache alles nichts ist. Diese Einsicht sollte seiner Tochter zugute kommen. Die Gabe, Feinheiten der Sprache zu intonieren, ist auch bei uns Voraussetzung einer erfolgreichen Schauspielerkarriere. In England verlangt sie die Beherrschung des *educated accent*, der bar jeglichen Lokalkolorits gesellschaftliche »Noblesse« signalisiert. Mit dem Umzug in ein wohlhabenderes Stadtviertel legte Honors Vater den Grundstein für den sozialen Aufstieg seiner Sprösslinge: Im neuen Umfeld konnten seine Kinder später nützliche Freundschaften schließen, Privatschulen besuchen und vor allem Akzent und Wortwahl polieren.

Sprache ist nicht alles, aber ohne Sprache ist alles nichts.

In den Nachkriegsjahren stellte *social climbing*, sozialer Aufstieg, noch ein recht ungewöhnliches Phänomen dar. Ein von lokalem Zungenschlag bereinigter, die Vokale leicht näselnder *upper class accent* war untrüglicher Beleg einer Privatschul-*education* (die *upper class* betrachtet staatliche Schulen bis heute als undiskutablen Bildungsweg) und nach dem Studium im elitären Oxbridge (Oxford & Cambridge) Eintrittsbillet für eine Laufbahn im *Foreign Office*, der *British Army* oder dem Bankenwesen der Londoner City.

An den Schranken dieser Klassengesellschaft rüttelte erstmals die Popkultur der Sixties. Die Stars der Beat-Generation mischten sich unter die Aristokraten und verschufen dem *working class accent* breite Anerkennung. Dessen ungeachtet beindruckt der *posh accent*, wie viele spöttisch die geschniegelte Sprechkultur der »High Society« nennen, weiterhin als soziale Visitenkarte – allerdings nicht mehr als exklusives Privileg der *upper class*, da inzwischen auch die wohlhabende *middle class* ihre Kids auf teure Eliteschulen schickt. (Ausgemachten Insidern der *private education* verrät er nach wie vor, welche Schule jemand besucht und welche Werte er sich dabei angeeignet hat). Zu hören ist der *upper-class*-Akzent in seiner extremen Ausprägung übrigens nur noch selten. In den *modern times* des regeren sozialen Austauschs und sprachlichen Ausdruckswillens, der Medien, Öffentlichkeitskultur und internationalen Kontakte kann ein *posh accent* gar von sozialer Isolation zeugen, wenn nicht von Ignoranz. Wer im weiteren Sinn wahrhaftig *educated* ist, sich also neuen Einflüssen aussetzt und sich durch seine Herkunft nicht abgrenzen will, spricht ein neutraleres, entspanntes Englisch, ähnlich dem BBC- oder Standard-Englisch.

Erst die Stars der Sixties verschafften dem »working class accent« breite Anerkennung.

BBC- oder Standard-Englisch

Ihre Begegnungen mit Engländern werden sicher weit differenzierter ausfallen, als ich hier ausführen kann. Möglicherweise treffen Sie Vertreter der *educated upper class*, die seit Jahrzehnten Standard-Englisch sprechen und sich über die übertrieben »klassenbewusste« Aussprache mokieren in dem Bewusstsein, dass solche elitären Attitüden Missstimmungen auslösen können. Eine noch raffiniertere Methode, sich von seiner »guten Kinderstube« zu distanzieren, besteht in der bereits beschriebenen *inverted snobbery*. Vor allem in der Welt der Künstler und Kreativen empfindet manch ein Engländer seinen Schliff als Makel.

Die Bewohner Nordenglands neigen eher dazu, ihren Dialekt als Teil ihrer Identität zu kultivieren.

In Nordengland hingegen, vor allem auf dem Land, und weit stärker als im Südosten Englands, bemerkt man dagegen einen gewissen Stolz, der »einfachen Leuten« zu eigen ist. Dialekt oder die örtliche Ausprägung gilt in der englischen Sprache immer als ein Zeichen »geringer« Klasse. Gerade im Norden Englands kultivieren viele Menschen ihre Sprachvariante. Sich nicht allzeit strebend um Ansehen bemühen, sondern seine soziale und lokale Identität mittels »Dialektik« hüten, dies gehört zum sprachlichen Alltagsbild ebenso wie der auslesende Umgang mit Wortwahl und Intonierung.

Wenn Sie das Kapitel über die Klassengesellschaft gelesen haben, werden Sie verstehen, dass diese die Sprachkultur prägt. Es gibt unendlich viele Möglichkeiten, mit Worten auf subtilste Weise Grenzen zu ziehen und zu erhalten. Die simple Grammatik, das egalitäre *you*, die scheinbar unkomplizierten Redewendungen mögen dazu verführen, die Klassenfrage zu ignorieren. Da diese Sie als Reisegast nicht unmittelbar betreffen wird, können Sie es getrost tun. Aber es schadet nicht, sich der Problematik bewusst zu sein.

»To Say One Thing ... and Mean the Other«

Die – gesprochene – englische Sprache, das werden Sie trotz all meiner echten und vermeintlichen Widersprüche feststellen, befolgt insgesamt sehr treu gesellschaftliche Spielregeln. Sie hält fest an Ritualen, Konventionen und Codes: bei *conversations* auf Dinner- und Drinkspartys, auf Hochzeiten und im Kollegenkreis.

Freundschaften bauen sich in England leichter auf, wenn man nicht alles zu wörtlich nimmt.

Ihr Reichtum, ihr Witz und ihre Subtilität offenbaren sich bevorzugt in lockererem Rahmen, etwa bei Diskussionen mit Freunden, beim geistreichen Schlagabtausch zu fortgeschrittener Stunde, bei *chat shows* und *comedys* im TV, bei Radiointerviews, aber auch in Lyrik, Prosa und sogar in Dokumentarfilmen. Unmittelbarer Kontakt zu Menschen, insbesondere Engländern, fordert Flexibilität. Nicht zuletzt deshalb entwickeln sich auf der Insel Freundschaften leichter, wenn man nicht alles *at face value*, zu wörtlich, nimmt.

Eine Deutsche, die bereits einige Monaten bei London lebte, litt wochenlang darunter, dass ihre netten Nachbarn die Ankündigung nicht wahr machten: »We must have you over for dinner sometime.« In England ist es durchaus üblich, das *dinner* gewissermaßen als höflichen Riegel vorzuschieben. Eine vage Einladung kann unverbindlich bedeuten: »Ich finde Sie interessant, es wär' schön, wenn wir uns einmal länger unterhalten könnten.« Damit hält der Sprecher sich offen, wie weit er den Kontakt ausbauen wird. Er kann aber auch genau das Gegenteil seiner Worte meinen, nämlich: »Auf ein langes Gespräch will ich mich jetzt nicht einlassen, aber ich möchte es zumindest höflich beenden.« Wenn Ihre Bekanntschaft die »Einladung« nicht konkretisiert, etwa durch einen bestimmten Anlass, Termin oder den Vorschlag, Sie jemandem vorzustellen, dann handelt es sich möglicherweise lediglich um eine der vielen Floskeln, die den Engländern eine reibungslose Umgangsweise ermöglichen.

»We must have you over for dinner sometime.«

Zu diesen zählt die Redewendung *»I must let you go now«*, die Sie wahrscheinlich eines Tages am Telefon vernehmen werden. Sie bedeutet keinesfalls, dass Ihr Gesprächspartner gern stundenlang weiter mit Ihnen plaudern würde, aber schweren Herzens auflegen muss. Der Ausdruck, Sie »gehen lassen zu müssen«, dient dazu, ein Gespräch höflich zu beenden. Er soll Ihnen das Gefühl vermitteln, dass man Ihre Person ernst nimmt. Man will Sie nicht verletzen mit der Aussage: »Ich habe keine Zeit mehr, ich muss auflegen.«

Gerade in der Sprache schlägt sich nieder, was ich an früherer Stelle schon beklagt habe: Die englische Kultur zeichnet sich nicht durch Aufrichtigkeit aus. Ehrlichkeit wirkt so unpassend wie Unterwäsche am Arbeitsplatz. Worte und Verhalten sollten sozialverträglich gekleidet sein. Die englischen Höflichkeitsrituale fungieren als Weichspüler in einer »harten und gefühllosen Welt«. Deshalb sagen Engländer nicht unbedingt, was sie meinen.

Die englischen Höflichkeitsrituale dienen als Weichspüler in einer »harten und gefühllosen Welt«.

»I must let you go now.« – »Ich muss jetzt auflegen.«

Ernsthafte Gespräche und persönliche Auseinandersetzungen sind durchaus möglich, wenn sie im entsprechenden Rahmen bleiben.

Der englische Verhaltenscode ist äußerst indirekt, unverfänglich und distanziert. Wo wir uns bemühen, der Ehrlichkeit halber Dinge klar auszusprechen und die treffenden Worte zu finden, schöpfen Engländer aus einem unerschöpflichen Repertoire griffbereiter Formulierungen, die Situationen und Sachverhalte spielerisch umkreisen und allzu persönliche Stellungnahmen meiden. Ernsthafte Gespäche und persönliche Auseinandersetzungen sind durchaus möglich, doch sollten sie nicht aus dem Rahmen springen, den die Situation, der Vorgesetzte oder der Gastgeber festlegen.

Da für Sie als Reisegast alle Engländer Gastgeber sind, müssen Sie zunächst nur etwas genauer hinhören. Wenn Sie Ihr Urteilsvermögen geschult haben, werden Sie die Signale erkennen und verstehen sowie zwischen den Anlässen und Situationen zu differenzieren wissen.

»What are Goods Manners?«

Umgang mit Engländern und unter Engländern

Was ist gutes Benehmen? Diese Frage hat die Engländer in solch hohem Masse bewegt und geprägt, dass *civilized behaviour* sich als Leitmotiv ihrer Kultur bezeichnen ließe. Im Dschungel der englischen Etikette gibt es unzählige Regeln für tausendundeine Situation. Ihr Sinn bleibt in jeder Lebenslage derselbe: *showing consideration for others*, Rücksicht auf andere nehmen. »Anständiges« Benehmen soll ermöglichen, dass man sich problemlos begegnet und Beisammensein wie Abschied angenehm verlaufen.

Der Sinn unzähliger Benimmregeln ist immer der gleiche: Rücksicht auf andere nehmen.

Man könnte daraus ableiten: Tue nichts, was einem anderen unangenehm sein könnte. Dies kann konkret natürlich vieles bedeuten, zum Beispiel, dass man einen mittellosen Freund nicht ausgerechnet ins teuerste Restaurant am Ort ausführt oder vor anderen nicht erwähnt, dass dieser soeben seinen Job verloren hat. Was man wann besser tut und lässt, das wird der *common sense* schon richten – sollte man meinen.

Doch er tut es häufig genug nicht. Denn auch und gerade gutes Benehmen erfordert außer gesundem Menschenverstand und Feingefühl Übung und Erfahrung. Nicht ohne Grund stellte unser Adolph Freiherr von Knigge 1788 im Geist der Aufklärung erzieherische Lebensregeln auf und nannte das Werk *Über den Umgang mit Menschen*.

Ich halte die Behauptung, dass Rücksichtnahme in unserem heutigen Alltag weniger selbstverständlich ist als in England, nicht für ein zu hartes Urteil. Höfliche Manieren kommen bei uns, nachdem sie uns vielfach ausgetrieben wurden, zwar wieder in Mode, doch nicht selten in Begleitung postmodern gehirngewaschener Verklärung dienstleisterischer Eilfertigkeit. »Selbstverständlich, kein Problem, das machen wir doch gern für Sie, überhaupt kein Thema Frau/Herr …«. Wenn ich, wie ich zugebe, hier einseitig und übertrieben karikiere, dann um den Unterschied zwischen unserer und der englischen Höflichkeit hervorzuheben. Engländer sind auf natürliche, leise und diskrete Weise höflich, während wir offenbar noch zu einem gesunden Maß der Mitte zwischen Un- und Überhöflichkeit finden müssen.

Engländer sind auf natürliche, leise und diskrete Weise höflich.

In England regeln viele Rituale aus vergangenen, weit förmlicheren Tagen im Großen wie im Kleinen den mitmenschlichen Umgang. So werden Sie auf Einladungen zu festlichen Anlässen Angaben entdecken wie: *7.30 reception, 8.00 concert, 9.30 dinner, 11.30 carriages*. Selbstredend werden um halb zwölf Uhr keine Kutschen, *carriages*, vorfahren, nicht einmal Taxis. Der Begriff *carriages* dient als Wink mit dem Zaunpfahl, der unmissverständlich, aber höflich-indirekt besagt: Zur genannten Uhrzeit ist Zapfenstreich! Länger sind Sie nicht erwünscht, so nett Sie auch sein mögen. Halten Sie sich daran!

Immer noch regeln Rituale aus vergangenen, weit förmlicheren Tagen den Umgang mit anderen.

Ausländische »Verhaltensforscher« weisen gern darauf hin, dass die Vertreter der angelsächsischen Spezies sich mit einem höflichen *sorry* entschuldigen, wenn ihnen jemand versehentlich auf den Fuß tritt, statt den Übeltäter mit vorwurfsvollem Blick zu strafen. Klischee hin, Klischee her – es stimmt. Die zwischenmenschliche Ausdruckskraft dieses Rituals ist an Eleganz und hinterlistiger Diskretion kaum zu überbieten. Sie geht davon aus, dass der mit einem *sorry* Gestrafte genau weiß, dass die Schuld bei ihm liegt und erhöht dessen *embarrassment* gerade dadurch, dass der Geschädigte ihn nicht offen tadelt. Dergestalt erhebt ein Gentleman sich über die Rücksichtslosigkeit anderer in die höchsten Sphären der Zivilisiertheit ...

Ein aus dem gleichen Holz geschnitztes *sorry* ernten Sie übrigens auch, wenn Sie jemanden unterbrechen. Sofort wird ihr Gesprächspartner seine Rede einstellen, um Ihnen zu lauschen. Das tut er nicht aus dem Glauben heraus, Ihr Beitrag sei wichtiger oder intelligenter als seiner. Zuhören gehört sich, Unterbrechen nicht – weshalb der höfliche Zuhörer der »Überlegene« ist. Nach diesem raffinierten Prinzip dient Höflichkeit als Katalysator, der all die kleinen und größeren Fehltritte des Alltags in diskret verschlüsselte, kaum wahrnehmbare Überlegenheitsdemonstrationen verwandelt. Dies veredelt die Atmosphäre des sozialen Anstands derart, dass uneingeweihte *foreigners*, nicht zuletzt solche aus deutschen Landen, wie ungeschliffene Barbaren daherkommen.

Wer auf fremde Fehler höflich reagiert, demonstriert damit seine Überlegenheit.

Vor vielen Fettnäpfchen habe ich Sie bereits gewarnt, anderen werden Sie durch genauere Lektüre dieses Buches – und natürlich Erfahrungen vor Ort – selbst auf die Schliche kommen. Einige grundlegende Fragen des »guten englischen Benehmens« seien hier abschließend kurz zusammengefasst.

TIPS: Tun und Lassen in Kürze

»Dos ...«

▶ Interesse zeigen: Als »Gastgeschenk« bietet sich für Englandreisende vor allem eines an: Interesse. Auch Engländer haben Egos, die es freut, wenn man ihnen Aufmerksamkeit entgegenbringt. Äußern Sie Ihr Interesse in nicht ganz geistlosen Fragen, statt allweil »interesting« zu sagen. Falls Sie nicht den richtigen Tonfall treffen, kann *interesting* nämlich genau das Gegenteil bedeuten.

▶ Zuhören: Lassen Sie Ihren Gesprächsparter ausreden. Ihnen zuliebe wird er sich selbst unterbrechen, sobald er bemerkt, dass Ihnen etwas auf der Zunge liegt. Engländer machen gern viele Worte um alles mögliche. Selbst wenn es Ihnen auf die Nerven geht: bleiben Sie *civilized*, und gehen Sie auf das Gesagte ein.

▶ »Jein« sagen: *»It depends«* – »Es kommt darauf an«, so lautet die typisch englische Antwort auf eine Ja-Nein-Frage. Was ist dies bloß für eine Insel, auf der man weder ein klares Ja noch Nein kennt, weder gut

TIPS

noch schlecht, weder richtig noch falsch? Nun, wie Sie inzwischen wissen, ist England in fast jeder Beziehung ein Land der Kompromisse. Extreme, Ausschließlichkeiten und Festlegungen widerstreben dem englischen Freiheitsgefühl. Sie werden, wie ausgeführt, weder echte Lügen noch echte Wahrheiten vernehmen. Vielleicht ist dies ein Grund, weshalb England stets vertraut und stets fremd zugleich bleibt.

▶ »Small talk«: Machen Sie sich vor Reiseantritt fit im *small talk* – auch und gerade, wenn Sie ihn als oberflächliches Geplänkel abtun. Der *small talk* stellt eine unabdingbare Konvention dar, die das Getriebe des englischen sozialen Umgangs ölt. Häufig dient er zum Aufwärmen, ehe man sich auf eine Diskussion einlässt. Warten Sie bei Einladungen höflich auf Signale Ihrer Gastgeber, die anzeigen, ob und wie weit *small talk, conversation* oder *debate* erwünscht sind.

Auch wenn Sie Morgenmuffel sind, zu einem höflichen und freundlichen Smalltalk mit der Landlady in Ihrer B&B-Unterkunft sollten Sie sich überwinden.

Alltägliche *small talks* mit Ihren Nachbarn, Ihrer *landlady* oder einem Taxifahrer können Sie übrigens mit wenigen Floskeln bestreiten: »Really? Would you believe it?«, »Amazing. She really said that?«, »How lovely! That sounds wonderful!«, »Oh, how nice.«, »Really? How sad ...« und so weiter und so fort.

▶ Schlange stehen: Der Begriff *queueing* ist allein deshalb bemerkenswert, weil er fünf aufeinanderfolgende Vokale verbuchen kann. Er klingt wie »kju-ing«, bedeutet »Schlange stehen« und wird irgendwo zwischen Etikette und Nationalsport angesiedelt. Stellen Sie sich an!

▶ Diskretion: Gerade dieser Rat sei lieber einmal zuviel als einmal zuwenig betont: Wahren Sie Diskretion! Am Arbeitsplatz zum Beispiel geht es

TIPS

außer den unmittelbar Betroffenen niemanden an, mit wem Sie wann worüber gesprochen haben. Je diskreter Sie handeln, um so mehr wird man Ihnen anvertrauen. Gar nicht gut tun wird es dagegegen Ihrem Ansehen, wenn Sie unnötig Ihre tollen Verbindungen hervorheben. Zügeln Sie gedankenlose Mitteilsamkeit. Es mag nett gemeint sein, sich über die Leiden einer gemeinsamen Freundin auszutauschen, doch sollten Sie sicher sein, dass es dieser Freundin genehm ist. Sprechen Sie in Gegenwart Dritter nicht unbedacht über eine Person! Engländer kennen mehr und feinere Tabus und *embarrassments*, von denen wir wenig verstehen, und verhalten sich daher vorsichtiger.

»… and Don'ts«

► Angeben: Die kompromissfreudigen, dem *understatement* und Kompromiss zuneigenden Engländer teilen unsere Vorstellungen vom Rechthaben und Gewinnen herzlich wenig. »I am the best«, dieser Ausspruch ist in der englischen Tradition nicht existent. »Ich habe das beste …, das größte …, das schönste …«, das sagen weder wohlerzogene Erwachsene noch Kinder. Auch Prahlen mit Leistungen ist *not on*, macht man nicht! Vielmehr greift man zum *understatement*, einem sozialen Code, der – wie erwähnt – nur Sinn macht, weil man ihn allgemein versteht. Letzteres ist, das gebe ich einschränkend zu, aufgrund neuer kultureller Einflüsse nicht mehr ganz so selbstverständlich wie noch vor einigen Jahren. Wenn die Mitmenschen sich unverblümt profilieren, wäre es dumm, der Etikette wegen das eigene Licht unter den Scheffel zu stellen. Pragmatische Jung-Insulaner werden sich also auf ihre Weise in Szene setzen müssen …

► »How are you?« Auf diese Frage gibt es nur eine Art von Antwort: »Fine, thanks! And how are you?«, »All right, and yourself?«, »Very well indeed« oder *something along these lines*, etwas ähnliches. Absolut nicht erzählen sollten Sie, wie es Ihnen tatsächlich geht. Das sparen Sie sich besser für Ihre heimatlichen und / oder wirklich guten Freunde auf. In allen anderen Fällen benutzen Engländer diese Frage als bloßes Höflichkeitsritual, das ein Gespräch einleitet, aber kein näheres Interesse an Ihrem Innenleben bekundet.

► Geld & Sex & Religion – tabu? Diese Themen durch die Bank als tabu zu bezeichnen, das erscheint mir ein wenig veraltet. Noch berechtigt ist das Gebot: *Don't talk about your own money*. Obwohl Sie in England häufig genug daran erinnert werden, dass Geld eine wichtige Sache ist, spricht man konkret nicht darüber. Sex und Religion jedoch dominieren häufig das Gespräch am urbanen *dinner table*, und zwar ohne pikierte Zurückhaltung. Sie können den Ratschlag, nie über Sex und Religion zu sprechen, meines Erachtens zu den Akten legen.

► Krankheit – tabu! Alle Gesellschaften haben ihre Tabus. Diese mögen sich ändern und gebrochen werden, doch geben wird es sie immer. Es ist schwer auszumachen, was in einer aufgeklärten Gesellschaft wirklich tabu ist – schließlich glänzen Tabus durch Abwesenheit auf der Liste der Gesprächsthemen. Dessen ungeachtet fiel mir jedoch auf, dass man in England so gut wie nie über Krankheiten spricht, erst recht nicht über die eigenen und die anwesender Personen. Beim Thema Krankheit ist man grundsätzlich reserviert; mehr als eine Erwähnung finden selbst die Kränksten der Kranken kaum. Erzählen Sie also nicht frisch von der Leber weg, wie schlecht es Ihnen oder Ihren Angehörigen geht.

▶ Beziehungsstress und Persönliches – heikel! Derlei Gesprächsstoff eignet sich nur für allerbeste Freunde! Man wird zwar offener, und die sozial mobile *middle class* debattiert solche Probleme mit ähnlichem Interesse wie wir. Gleichwohl halten sich die meisten Engländer zunächst ein wenig zurück, wenn sehr persönliche Themen angeschnitten werden. Während wir uns zuweilen sogar mit brandneuen Bekannten vertraulich über Partnerschaftsprobleme unterhalten, geschieht dies in England nur selten mit derselben Offenbarungslust.

TIPS

Verhalten bei Einladungen

»Dinnerpartys«

Am häufigsten wird man Sie wahrscheinlich zu *Dinnerpartys* einladen. Meist finden sich sechs bis acht Personen ein, die einander mehr oder weniger oder gar nicht kennen. In der Regel ist ihre Zusammenstellung wohl bedacht. Hat man Sie in Ihrer Eigenschaft als *German / Austrian / Swiss* eingeladen, treffen Sie vermutlich auf Gäste, die irgendeine Verbindung zu Ihrer Heimat haben. Eine *Dinnerparty* zielt darauf, Personen zusammenbringen, von denen man sich eine angeregte Unterhaltung verspricht und die einander gefallen oder gar nützen könnten. Die Gastgeber haben mit der Auswahl der Gäste und dem Zubereiten des Essens ihre Pflicht erfüllt. Sobald Sie eintreffen, sind Sie am Zuge.

▶ Konversation: Ihre Aufgabe besteht darin, möglichst geistreich zur Unterhaltung beizutragen. Lassen Sie sich nicht jedes Wort aus der Nase ziehen! Einsilbige Jas und Neins sind nicht gefragt. Nehmen Sie an der *conversation* teil, so gut Sie können! Erwarten Sie nicht, dass man Sie toll und interessant findet, nur weil Sie eine originelle Brille tragen.

Haben Sie keine Angst: Mit normalsterblichem Gespür und Geschick werden Sie eine abendlange Konversation meistern, wenn Sie sich an folgende einfache Strategien halten. Seien Sie nicht zu einsilbig mit (gesellschaftsfähigen) Auskünften über Ihre Person. Brechen Sie das Eis! Dies ist ein Leichtes, wenn Sie Ihre Tischnachbarn nach ihren *holiday plans* fragen, nach ihrer Meinung zum aktuellsten Skandal oder ihren Hobbys. So finden Sie einen *common ground*, Themen, die Ihre Gesprächspartner interessieren. Das übrige ergibt sich dann wie von selbst. Lassen Sie Ihre Gastgeber nicht im Stich, indem Sie initiativlos darauf warten, dass jemand Sie

TIPS

anspricht. Nichts bereitet einem Gastgeber mehr Pein als verlegene Stille. Es kommt einem Versagen gleich, wenn seine Gäste sich nicht angeregt unterhalten. Wenn Sie Ihren Gastgebern diese Qual ersparen, ernten Sie dicke Lorbeeren.

▶ Gastgeschenke: Wein ist ein beliebtes Mitbringsel in jungen, zwanglosen Kreisen. Bei förmlicheren Dinners stehen gute Pralinen hoch im Kurs. Blumen gelten als *very German* und sind wenig *userfriendly*: Die Gastgeberin hat keine Hand frei, soll aber rasch eine passende Vase auftreiben und das frische Grün versorgen. Je persönlicher der Rahmen, desto angebrachter ist eine Absprache, etwa die Frage, ob Sie Kuchen zum Dessert oder ähnliches mitbringen sollen.

▶ Aufbruch: Es ist unhöflich, zu lange zu verweilen. Bleiben Sie nie länger als die anderen Gäste. Erweist ein Abend sich als besonders anregend und lustig, wird Ihre Beobachtungsgabe Ihnen flüstern, wann Sie aufbrechen sollten.

»Flüssige« Empfänge

▶ Die sogenannten *early evening drinks parties* finden im allgemeinen zwischen 18 und 20 Uhr statt – höfliche Menschen machen sich um 19.30 Uhr auf den Heimweg.

▶ Bei *drinks parties* geht es darum, mit möglichst vielen Gästen ein paar Worte zu wechseln, Kontakte anzubahnen und gemeinsame Interessen auszumachen, an die man bei späterer Gelegenheit eventuell wieder anknüpft. Man wird Sie sozusagen von Hand zu Hand reichen: »How do you do?«, »Nice to meet you« usw.

▶ Falls Ihnen leicht die Worte fehlen: altbewährter und immer noch guter Aufhänger für Gespräche sind Erklärungen, woher man seine Gastgeber kennt.

▶ Absolut tabu ist es, jemanden allein stehen zu lassen. Versorgen Sie einen Gast stets mit einem neuen Gesprächspartner, ehe Sie sich anderen Personen zuwenden. Das wird man vice versa auch mit Ihnen tun.

▶ Ein *must* auf jeder Art von Party ist es, andere Gäste zu integrieren: »We were just talking about the Titanic / Cherie Blair's hair / dogs / French cuisine … – What do you think about …?«

Kleidung

Kleider machen Leute, darüber kann man heute noch Romane schreiben (wie seinerzeit Gottfried Keller). Ich entscheide mich für kürzeste Prosa. Vorangeschickt sei: Auch in England werden die Sitten lockerer.

▶ Am Arbeitsplatz sollten Sie sich an den »Stil des Hauses« halten.

▶ Deutsche erscheinen in scharfen englischen Augen bei gesellschaftlichen Anlässen oft *overdressed*, soll heißen mit zuviel Make-up und in zu

TIPS

auffallendem und / oder teuerem Outfit. Engländer und Engländerinnen »mit Stil« setzen Schmuck sparsam ein und kleiden sich dezenter als auf dem Kontinent üblich. Nichts liegt ihnen ferner als Auffallen um jeden Preis. Man verschreibt sich in Stilfragen der Konformität und trägt im übertragenen Sinn bis ins fortgeschrittene Alter seine Schuluniform. *Simple*, aber dem Anlaß angemessen, lautet die unverfängliche Kleidungsdevise. Laut einem englischen Benimmbuch ist man optimal gekleidet, wenn die Aufmachung kaum wahrgenommen wird. Ich finde, das klingt schon richtig.

Namen

▶ Da man in England pausenlos vorstellt und vorgestellt wird, bräuchte man ein Namensgedächtnis wie ein Computer. Das haben, um Sie zu beruhigen, selbst viele Engländer nicht. Aber es schlägt allemal als sozialer Bonus zu Buche, wenn Sie sich den Vornamen einer Person merken.

▶ Mit ziemlicher Gewissheit werden Sie sich auf einer Party dabei ertappen, dass Ihnen der Namen einer Person entfallen ist, die Sie in dieser Sekunde vorstellen müssen. Bleiben Sie locker. Am besten geben Sie es nett und verbindlich zu. (»I am so sorry, I didn't get your name …«) Zeigen Sie ehrlich Ihren guten Willen: Als Reisegast wird man Ihnen ohnehin eine gewisse Nachsicht entgegenbringen.

Wochenendeinladungen

▶ Man hat Sie übers Wochenende aufs Land eingeladen, und Sie überlegen, was von Ihnen erwartet wird? Grundsätzlich hilft, sich in die Situation seiner Gastgeber zu versetzen.

▶ Besprechen Sie zuvor (telefonisch) die geplanten Unternehmungen – steht Wandern, Reiten, Tennis … an? –, um das nötige Zubehör einpacken zu können.

▶ Als Mitbringsel eignen sich im Zweifelsfall immer gute Pralinen oder guter Whisky.

▶ Ihre Gastgeber werden erwarten, dass Sie sich ihrem Rhythmus anpassen, sich zwischen gemeinsamen Aktivitäten selbst beschäftigen und nicht laufend unterhalten werden wollen. Unkomplizierte Gäste sind die liebsten.

▶ Übliche Abreisezeit ist, sofern nicht anders verabredet, der Sonntagnachmittag.

»Musts«

▶ Ein must ist und bleibt die *Thank you card*. Nach jeder Einladung! Ein paar nette schriftliche Worte wie *Thank you very much for a lovely evening / weekend* etc. sind absolute Pflicht. Nach einer längeren Einladung emp-

TIPS

fiehlt sich ein verbindlicherer Brief. Ein Dankeschön ist generelles, selbstverständliches Muss, wohin in England Sie auch gehen.

▶ Ebenso selbstverständlich sollten Gäste um Erlaubnis bitten, wenn sie rauchen, telefonieren und ähnlichen Wünschen nachgehen möchten: »Do you mind if I smoke / make a phonecall ...« Ersparen Sie anderen (und sich) unangenehme Situationen.

▶ Gleichermaßen unerlässlich ist bei jeglicher Ungeschicklichkeit eine Entschuldigung, ein »sorry«.

▶ Hilfsbereitschaft ist ebenfalls ein *must* – wenn Sie helfen können. Und das können Sie vermutlich öfter, als Sie vermuten.

▶ Unbedingtes Hoheitsrecht genießt ferner der Gruppengeist. Wenn Sie sich zu etwas verpflichten, dann bleiben Sie bitte dabei! Ordnen Sie Ihre persönlichen Urteile, Launen und Wehwehchen dem *spirit* des *team* unter. *Be prepared!* – Seien Sie stets vorbereitet, um die anderen nicht unnötig aufzuhalten.

Ein letztes Wort

Wenn Sie den Grundsatz beachten, sich in die Lage anderer zu versetzen und Rücksicht zu nehmen, ehe Sie sprechen und handeln, werden Sie nicht viel falsch machen. Die Frage der Etikette ist selbst in England eine relative und selten Selbstzweck. Als Reisegast erhalten Sie einen gewissen Bonus, der durch lautes, unsensibles und unprofessionelles Verhalten allerdings irgendwann verspielt ist. Die Umgangsregeln mögen unausgesprochen sein, besitzen aber ausgeprägte Gültigkeit. Daher hebt es das Wohlbefinden ungemein, wenn man sich ihrer bewusst ist. Und wenn Sie einmal nicht wissen, was tun, dann fragen Sie höflich nach. *(»I hope you don't mind me asking ... I was wondering how to address Lady Mitchell ...«)* Engländer sind hilfsbereit. Und nichts ist entwaffnender als jemand, der Rat sucht!

Lexikon meiner Lieblingswörter

Englisch für Fortgeschrittene
Was Ihre Lehrer Ihnen nie beigebracht haben

Die englische Sprache hat wenig Privatleben. Sie ist in Wortschatz und Grammatik ungemein flexibel, doch ihr Gebrauch – wie bereits an vielen Beispielen aufgezeigt – ritualisiert nach einem Kodex, der für Außenstehende ebenso schwer durchschaubar ist wie jener des gesellschaftlichen Umgangs. Insofern ist die englische Sprache eine Gesellschaftssprache. Ob es um Mode, Wohn- oder Lebensstil geht, sie setzt alles in ein Verhältnis zur englischen Gesellschaft. Sie lebt aktiv von und mit historischen und sozialen Implikationen.

Engländer charakterisieren das Deutsche gern als eine *manufactured language*, in der jedem Begriff eine klar umrissene spezifische Bedeutung zukommt. Finden wir in unserem Vokabular nicht das gesuchte Wort, basteln wir es aus den Komponenten des Baukastens zusammen, und so kommt es zum »Bewerbungs-gespräch mit dem Arbeit-geber« – dem *interview with the employer / company / bank / boss* … Und so kommt es auch, dass im deutschen Sprachraum die einen dem Englischen mangelnde intellektuelle »Tiefenschärfe oder Schärfentiefe« unterstellen, während die anderen es gerade deswegen schätzen, weil es komplizierte Sachverhalte einfach und präzise zugleich auszudrücken vermag. Wie dem auch sei: das deutsche Misstrauen gegenüber sprachlicher Allgemeinverständlichkeit lasst tief blicken.

Die englische Umgangssprache ist eine erstaunlich anpassungsfähige Sprache. Viele Worte entziehen sich mit hohem Geschick einer Festlegung. Sie befinden sich in einem Zustand des Schwebens, um ihre Bedeutung erst in der aktuellen Situation zu finden. Wenn es zwischen Sprache und Gesellschaft einen Zusammenhang gibt, liegt der Schluss nah: Die englische Gesellschaft ist vergleichsweise kontextreich, unsere dagegen zugänglicher. Auch wenn Sie protestieren mögen, behaupte ich: Wir benötigen weniger soziales Wissen, um eine Situation zu meistern. Die deutsche Sprache ist schwerer zu erlernen, das sei zugestanden. Beherrscht man sie jedoch technisch, navigiert man ungleich leichter im sozialen Fahrwasser als ein *German native speaker* in englischen Strömungen. Denn diese sind tückisch, weil ihrer scheinbaren sprachlichen Lässigkeit eine höchst komplexe Struktur zugrunde liegt, die sich Systematisierungen entzieht.

Die englische Umgangssprache ist von einer erstaunlichen Anpassungsfähigkeit.

Was tun? mögen Sie fragen. Nun, den Sprung ins Wasser wagen. Damit es Sie nicht eiskalt erwischt, stelle ich Ihnen im folgenden einige Schlüsselbegriffe und ihren Anwendungen vor. Wenn Sie sich mit ihnen vertraut machen, rücken Sie der Insel Seemeilen näher.

Wagen Sie den Sprung ins Wasser!

»Sophisticated«

... ist z.B. Englands Gesellschaftsstruktur: komplex und differenziert. *It is impossible to have a sophisticated debate when Pamela Anderson is around.* – Unmöglich, ein niveauvolles Gespräch zu führen, wenn Pamela Anderson dabei ist. Bei Oscar Wilde hingegen würde man ohne zu zögern von einer *sophisticated company* sprechen, einer kultivierten, niveauvollen Gesellschaft. *French cuisine is more sophisticated than English*. Gut möglich: die französische, besagt dieses Statement, ist nicht unbedingt *besser*, aber komplizierter und aufwendiger als die neue englische Küche. *She has a very sophisticated dress sense,* urteilt man über eine Frau, die sich zu kleiden versteht – im weltfraulichen Sinn: Die Bedeutung, dass sie sich in überall in der zivilisierten Welt bewegen kann, schwingt mit. *She is sophisticated,* sie hat Niveau, Stil, Geschmack, Eleganz – doch wäre es ganz und gar *unsophisticated*, wenn sie dies allerorten offensiv zur Schau stellte. *Sophistication* bedeutet nämlich auch, sein Niveau der jeweiligen Situation anzupassen – ohne es aufzugeben, versteht sich.

James Bond – britische »sophistication« par excellence

Spricht man von einem *sophisticated plan*, so handelt es sich um einen ausgeklügelten Plan. Und Geheimdienstfachmann Q bezeichnet James Bonds *gadgets* (ein weiterer überaus vielseitiger Begriff) – Sie wissen schon: explodierende Aktentaschen, Uhren, die sich sekundenschnell in Mordinstrumente verwandeln, im Schuh versteckte Sender und ähnliche »Sonderausstattung« – als *sophisticated devices*, als raffinierte Hilfsmittel. Einsetzen kann diese *gadgets* allerdings nur, wer mindestens ebenso *sophisticated* ist: James Bond verkörpert britische *sophistication* der Sixties wie kein anderer. Gewappnet mit Intelligenz, Weltgewandtheit und Bildung, ist er jeder Situation gewachsen und vor allem diskret – sozusagen ein *upgraded gentleman*, eine verbesserte Auflage des unangestrengten Weltmannes, der sich in seinen Märchen für Erwachsene cool durch die zweite Hälfte des 20. Jh. laviert.

Ihnen werden viele *sophisticated people* in England begegnen und noch einige mehr, die es nicht sind. *Unsophisticated* ist es selbstverständlich, sich öffentlich für *sophisticated* zu halten. Oder insgeheim nachzudenken, wie man's werden könnte: Man ist es, oder man ist es nicht. Menschlich ist es übrigens kein Manko, nicht *sophisticated* zu sein: *Sophistication* gehört in einen ausgesprochen urbanen und nicht selten snobistischen Wertekatalog. Sie werden vielleicht entdecken, dass *sophisticated people* nicht unbedingt auch die liebenswertesten sind. *Decency*, Anstand, ist dagegen eine Währung, die überall zählt.

»Common«

Achtung: tabu! Dieses Wort sollten Sie nicht benutzen – jedenfalls nicht, wenn Sie über eine betimmte Person oder über *common people* (Normalbürger, einfache Leute) im allgemeinen sprechen. Die Chance, dass Sie den falschen Ton treffen, steht 80:20. Anders ausgedrückt: zu sagen, jemand sei *common*, ist in englischen Augen ein hartes, entschieden negatives Urteil, und dieses steht dem »einfachen

Reisegast« nicht zu. Nicht einmal Engländer fällen es sehr oft, wie Sie sich denken können. Wenn Sie im Wörterbuch nachschlagen, finden Sie neben den unverfänglichen Übertragungen »gemeinsam«, »gemeinschaftlich« und »üblich« Übersetzungen wie »schrecklich gewöhnlich« und »ordinär«. Letztere legen die Vermutung nahe, die Eigenschaft *common* sei an die untere soziale Schicht gebunden. Das ist nicht ganz richtig. Zu dickes Make-up, zu viel Schmuck und zu hohe Schuhe *look common*, gewiss. Gleichwohl kann eine Lady der High Society durch ihr Benehmen *common* wirken, eine Prostituierte hingegen dies nicht zwangsläufig – jedenfalls nicht in ihrer Eigenschaft als Mensch. Im Gebrauch dieses sensiblen Wörtchens lebt der Geist der Klassengesellschaft fort: Der Gärtner würde den Hausherrn nie als *common* bezeichnen, selbst wenn dieser sich in trunkenem Zustand äußerst schäbig an seiner Tochter vergriffe und damit *common behaviour* an den Tag legte. Der Lord von nebenan hingegen könnte seinen Freund zurechtweisen mit den Worten: »You behaved a bit common.«

Wer ein Defizit an menschlichem Niveau und Anstand zeigt, ist »common«.

Das Wort definiert sich am einfachsten durch etwas, das fehlt: durch ein Defizit an einem gewissen menschlichen Niveau und natürlichen Anstand. Was einen Menschen *common* macht oder nicht, ist wohl vor allem seine Grundmotivation. Das Verhalten eines eingefleischt hartherzigen, oberflächlichen Intriganten könnte man mit Fug und Recht als *common* bezeichnen. Jemand mit *education* und *sophistication* kann niedere Motive leichter überspielen als einer, der eine ähnlich »gute« Kinderstube nicht genossen hat. Deshalb setzt man *common* fälschlich leicht mit *low in class* gleich.

Die meisten Engländer haben indes ein intuitives Verhältnis zu diesem Wort (wie überhaupt zu jederlei moralischer Verurteilung) – und bezüglich seines Verständnisses mit Deutschen nicht viel *in common*. Der beste Rat erscheint mir: *»Don't use it.«*

»Amazing«

You are amazing! Alles kann *amazing* sein, erstaunlich, unglaublich. *Amazing* ist ein Zauberwort. Eher positiv als negativ, ist es immer zur Stelle, wenn kaum zu Glaubendes beschrieben werden soll. England scheint voller *amazing things*, voller *amazing people, amazing concerts, amazing artists, amazing houses* … »Just absolutely amazing!« Ob aus Bequemlichkeit oder Liebe zum Uneindeutigen heraus: *amazing* hat sich als Allround-Begriff etabliert, der das Nachdenken über präzisere Formulierungen erspart. Er gesellt sich im übrigen zu den »Nihilismen« des Englischen, sprich zu den Worten, die wie *interesting* und *nice* lediglich als Geschmacksverstärker fungieren.

»Amazing« ist ein Zauberwort.

Vielleicht sagt man Ihnen nach Ihrer Dinner Party: »You are an amazing host.« Dann dürfen Sie sich als »toller Gastgeber« geschmeichelt fühlen – wobei die Chance, dass Sie's nicht sind, etwas geringer ist als beim Kompliment *nice*.

»Fancy«

»Fancy« ist ganz schön »fancy«.

»Hmm, I fancy that strawberry tartlet.« Lecker, auf dieses Erdbeertörtchen habe ich jetzt richtig Lust. »Do you fancy a cup of tea with it?« Klar würd' ich gern ein Tässchen Tee dazu trinken. – Ich glaube, der Kellner mag dich: »I think he fancies you.« Quatsch: »You just fancy that«. Das bildest du dir ein. – »Can you fancy yourself as a best selling novelist?« Ob ich gern Bestseller-Autorin wäre? Aber sicher. Das wär' ja wohl jeder gern. – Was ziehst du heute Abend zur Party an? »Oh, nothing fancy«, nichts Besonderes. »You know, this dress would be too fancy for my taste«, für meinen Geschmack zu übertrieben. – »Do you fancy Mark?« »Not really, he always uses these big fancy words.« Er drückt sich immer so geschwollen aus … So, das ist nur ein Vorgeschmack. Ganz schön *fancy*, dieses Wort, oder?

»Mind«

»You are always on my mind«, schmachtete Elvis: »Du bist immer in meinen Gedanken.« »Is that what you have in mind?« wird man Sie höflich fragen, wenn Sie einen Ring kaufen. Entspricht dieser Ihren Vorstellungen? »Not quite, would you mind showing me something else?« Nicht so ganz, würde es Ihnen etwas ausmachen, mir etwas anderes zu zeigen? »I don't mind at all.« Kein Problem. »Hm, that one, may be, but I can't make up my mind.« Ich kann mich nicht entscheiden. »Well, don't worry, you don't have to. And you can always come back if you change your mind.« Sie können jederzeit wiederkommen, falls Sie es sich anders überlegen. – Wer sich nicht entscheiden kann, *is in two minds about something*.

»Do you fancy apple pie?«

»He can't keep his mind off sex.« Er denkt immer an Sex. »To my mind you are wrong: English people are not very sex-minded, are they?« Ich glaub', du irrst dich: Engländer sind nicht sonderlich sexfixiert, oder? Wohl eher *money-minded* ... »Well, one shouldn't generalize about these things, should one? How much was that car, by the way?« Nun ja, man soll nichts verallgemeinern. Was hat übrigens das Auto gekostet?

»I wouldn't mind writing a whole book about this word«, kann ich dazu nur sagen. Darin müssten dann auch geniale Köpfe vorkommen, solche mit *a brilliant mind* oder gar *one of the great minds of the 20th century*.

»Mind the gap!« tönt es aus der Londoner U-Bahn. Zurücktreten, der Zug fährt ein! »Mind your head!« Zieh den Kopf ein! »Mind your feet, dear!« Pass auf, wo du hintrittst. »Mind your language!« Drück dich anständig aus!

»Would you awfully mind taking your suitcase off my foot?« Könnten Sie bitte Ihren Koffer von meinem Fuß nehmen? Wenn ein Engländer höflich diese Worte an Sie richtet, dann erwidern Sie bitte nicht: »Yes.« *Would you awfully mind* beantwortet man nie mit *yes* oder *no*. Dann schon lieber mit *of course (not)*. Es handelt sich nämlich um ein dringendes Anliegen – Befehle gibt es im englischen Alltag nicht, wie Sie inzwischen wissen. »Nehmen Sie gefälligst Ihren Koffer von meinem Fuß!«, dies ist ein unübersetzbarer Imperativ. Und wenn Ihr Boss Sie fragt, ob es Sie »awfully minden« würde, eine Stunde länger zu arbeiten, so erwartet er die Antwort: »Of course I will, I don't mind at all.«

Erschöpfend kann man das Wörtchen *mind* nicht behandeln. Es besitzt Universalkräfte: *Mind over matter!* – Der Wille ist stärker als die Materie. *All a question of mind over matter*, reine Willenssache. »Well, I wouldn't mind talking about something else, actually.« Also, ich würde nun gern über etwas anderes sprechen. *Never mind*, macht nichts.

Erschöpfend kann man das Wörtchen »mind« nicht behandeln. Es besitzt Universalkräfte.

»Civilized«

Welcher Beliebtheit sich dieser Begriff erfreut, werden Sie beim Lesen dieses Buches bemerkt haben. Nicht die komplexe Bedeutung des Worts ist bemerkenswert, sondern vielmehr die Freude, mit der Engländer einander auf die Zivilisiertheit eines Zustands hinweisen. *»This is very civilized«*, kommentiert ein Engländer in glücklichem Tonfall eine unerwartet gastliche Tafel. Gepflegte Umgebung mit ein wenig kultiviertem Luxus hebt das Glücksgefühl. Groß ist die Freude beispielsweise auch, wenn man nicht allzu früh in die Pflicht genommen wird, sondern zu einer *civilized hour*, zu einer zivilen Zeit also. Engländer lieben das verwandte Wort *civilization*, denn sie sind der festen Überzeugung, dass sie es waren, die eine barbarische Welt zivilisiert haben.

»Actually«

Das Wörtchen *actually*, übrigens, werden Sie oft hören. Es gehört ebenfalls zu den Lieblingswörtern der Engländer, weil man es *actually* (nämlich) allzeit anwenden kann. »It is actually quite a useful word, isn't it?« Es ist eigentlich ein ganz nützliches Wort, nicht wahr? »It is, actually.« In der Tat. »You can't use it often enough, actually, can you?« »No, actually *(eigentlich)* not.« – Woraus man die amüsante Regel ableiten könnte: lieber ein *actually* zu viel, *actually*, als eines zu wenig.

»I haven't actually thought about this.« Daran habe ich eigentlich noch gar nicht gedacht. »This is actually quite rude!« Das ist eigentlich ganz schön unverschämt! »It is, actually, but what can you do?« Ist es auch (tatsächlich, wirklich), aber was willst du machen? – Ich wette, du hast wieder nicht beim Reisebüro angerufen. »I have, actually!« Du wirst lachen, hab' ich getan! – »Don't tell me you are actually going out with this guy!« Erzähl' mir bloß nicht, du hast was mit dem Typen! – »What do you actually want?« Was willst du eigentlich? – Theoretisch könnte das Parlament das Frauenwahlrecht mit nur 40 Stimmberechtigten abschaffen. »Well, yes, but would this actually happen?« Ja, aber ob das wirklich eintritt? »I don't think so, actually.« – Actually passt immer: »It does, actually – you don't actually believe me, do you? Well, why don't you actually come to England and see for yourself?«

TIPS

Sprach-Tip: »actually«

Auch wenn die Engländer das Wörtchen *actually* häufig verwenden: setzen Sie es lieber etwas sparsamer ein, sonst klingt es aufgesetzt.

»Indeed«

»Indeed« dient insbesondere der Bekräftigung, kann aber auch Interesse oder Überraschung ausdrücken.

Indeed wird wie *actually* nicht nur in seiner tatsächlichen Bedeutung (tatsächlich, in der Tat) benutzt. Es dient u.a. der Bekräftigung: »Aren't you coming?« »Indeed I am!« Oder: »May I smoke?« »You may indeed!« Letzteres bedeutet: *Selbstverständlich dürfen Sie!* und impliziert: Es ist mir keineswegs unangenehm.

Auch Interesse, Überraschung und sogar leichte Ironie lassen sich mit diesem Wörtchen ausdrücken: »Is it indeed?« Wirklich? – »His wife is a good cook.« »His wife, indeed!« Seine Frau, eine gute Köchin? Dass ich nicht lache! »Is she indeed? I didn't realize!« Wirklich? Ist mir gar nicht aufgefallen. »Well she is indeed!« Doch, wirklich wahr. »She does indeed cook horrible food sometimes.« Zugegeben, manchmal kocht sie furchtbar. »If indeed they are inviting us again ...« Sollten sie uns wirklich wieder einladen ...

Mit *indeed* können Sie Interesse , Verwunderung und Skepsis bekunden und vor allem jemanden bestätigen, *which is indeed very important to make friends*. Apropos:

»Friends«

Der Begriff *friend* hat ähnlich wie *love* für unser Empfinden stark inflationäre Züge: Man gebraucht ihn für alle und jeden. Wundern Sie sich also nicht, als »Freund«

vorgestellt zu werden in Fällen, in denen man hierzulande von einem Bekannten oder Kollegen sprechen würde. Rufen Sie auf keinen Fall aus: »Friend? You must be joking! We've only met yesterday!« Freund? Sie machen wohl Witze! Wir haben uns gestern erst kennengelernt! (Wär' mir beinahe mal passiert, *actually*.)

Tiefe, innige Freundschaft findet in England verbal nur spärlich Ausdruck. Aufgrund der Anrede mit Vornamen und der generell lockeren Umgangsweise sind unsere Differenzierungen meist fehl am Platz. So wie das universelle *nice* eine breite Palette unterschiedlicher Sympathiestufen *(very nice, quite nice)* abdecken muss, so wird auch *friend* nur sehr gelegentlich differenziert: »He is a very good friend of mine.« Er gehört sozusagen zum Haushalt, man hält zusammen. *A dear friend* bezeichnet eine Beziehung, die auf Respekt basiert, während *a close friend* in intimste Angelegenheiten eingeweiht und *an old friend* ein langjähriger Freund ist. *Lots of friends* bedeutet oft nicht mehr als »viele Leute, die man kennt«.

»Lots of friends«

Auf die Spitze trieb es eine Achtjährige: »She is a friend of mine. I don't like her very much, actually ...«

»Commitment«

Commitment ist mehr als ein Wort. England lebt vom *commitment*. Wer etwas werden will, muss Engagement zeigen, *commitments* machen, zuverlässig sein. Tiere und Kinder verlangen hohes *commitment*, bedeuten Bindung, Verpflichtung und Einschränkung. *Committed parents* nehmen ihre Elternrolle ernst; nicht minder wichtig ist dem *committed cricketer* sein Team. Wer in England ein *commitment* macht, erntet Respekt: *To be committed* gilt als soziales Statussymbol. Als *very committed singer* gibt man sich der Musik hin, macht sie zur Priorität im Leben und sucht nicht nach Ausflüchten, nur weil man eine Chorprobe sausen lassen will.

Wer etwas werden will, muss »commitments« machen.

Fear of commitment werfen die Frauen den Männern gern vor: Bindungsängste. Klar, die englischen *boys* brauchen ihre Freiheit und machen am liebsten erst dann ein *commitment* (gehen eine feste Bindung ein), wenn frau ihnen die Pistole auf die Brust setzt.

»Technically / Relatively / Strictly ... Speaking«

Diese Floskel ist eine herrlich geschmeidige Vereinfachung unserer unbeholfen wirkenden Gegenstücke: vom rein technischen Standpunkt aus gesehen, theoretisch, rein formal gesehen, genau genommen, in Relation zu *xyz* betrachtet ... Sie lässt sie durch diverse Adverbien variieren und ist äußerst praktisch, wenn man ein Argument auf einen bestimmten Aspekt einschränken möchte. *»Technically speaking she owns the house, but actually, he is in charge of everything ...«*

»-ish« und »Sort of«

Das neuerdings vielgebrauchte Suffix *-ish* (-lich, -haft) und das diffuse *sort of* (eine Art, ungefähr) haben die sehr ähnliche, manchmal austauschbare Bedeutung von »so ungefähr«, »in gewisser Weise«, »irgendwie«. Sie dienen als Weichspüler in fast allen Lebenslagen der modernen Kommunikation.

»What time shall we meet? Sort of ... eightish?« So um acht (Uhr)? – »How old is he?« »Fortyish.« Um die Vierzig. – »What colour is your new dress?« »(Sort of) greenish ...« »Is he rich?« »Well ... -ish. (Well ... sort of). One day he might inherit a lot of money.« Ist er reich? Also ... irgendwie schon. Eines Tages wird er eine Menge Geld erben. – »Is she attractive?« »Sort of. If you really like tall women.« Ja, wenn man auf große Frauen steht.

Männer sind *boyish*, Wein schmeckt *morish*, und eine Dame brachte das gesellschaftliche Stigma einer bescheidenen Herkunft mit den Worten auf den Punkt: »They come from a smallish home.« Typisch englisch: man relativiert, was das Zeug hält, und nimmt dem Gesagten die brutale Eindeutigkeit.

»Sexy«

Nicht nur das Fleischliche, sondern auch Intelligenz, Verstand und Sprache bringen das englische Herz erotisch zum Schlagen.

Dieser Begriff verrät so manches über die englische Denkweise: Neben der bekannten Bedeutung erotisch, aufreizend u.ä. findet er in Zusammenhängen Verwendung, die mit Sexualität wenig zu tun haben. Die *sexy industries* hatte ich bereits erwähnt: Branchen, in denen mit Intelligenz, Risiko und Kreativität viel Geld gemacht wird. »Let's find a sexy titel for your book.« Wir sollten uns einen spannenden / anregenden / stimulierenden Titel für dein Buch überlegen.

Appealing, attractive, sexy – der Sprachgebrauch zeigt, dass nicht nur das Fleischliche, sondern auch Intelligenz, Verstand und Sprache das englische Herz zum Schlagen bringen.

»Lovely«

Alles ist *lovely*, alles: *husband, wife, brother, sister, children, house, garden, dog, cat, neighbour, teacher, lady, gentleman, wheather, area, car, friends, enemies, policemen, food, drinks, pubs, clubs, books, opera, music* ... Ganz England ist *lovely!*

Situation I

Sie sind mit sechs weiteren Gästen zu einer Dinnerparty eingeladen. Die Ihnen noch wenig bekannte Gastgeberin hat sich bei der Bewirtung sichtlich die größte Mühe gegeben. Links neben Ihnen sitzt ein schüchterner, offenbar wenig wortgewandter junger Mann. Sie möchten den angeregt plaudernden Gästen zuhören, die sich über den neuesten Sexskandal in der Politszene mokieren. Ihr scheuer Tischnachbar blickt indessen unsicher in die Runde. Was tun Sie?

A Sie lassen den jungen Mann buchstäblich links liegen. Schließlich ist es nicht Ihr Problem, dass er den Mund nicht auftun kann.

B Sie versuchen, ihn ins Gespräch zu integrieren: »What do you think – should a politician who is caught having an affair loose his job?«

C Sie sprechen ihn auf seine Schüchternheit an. Wahrscheinlich hat er persönliche Probleme, und es täte ihm gut, sich endlich einmal auszusprechen.

D Sie versuchen, mit einem persönlichen Thema seine Zunge zu lockern: »What do you do?«

Kommentar

Wenn Sie sich für A entscheiden, entlarven Sie sich als schäbiger Egoist! Haben Sie etwa vergessen, dass man in England stets versuchen sollte, andere in die Unterhaltung einzubeziehen? Falls Sie B vorziehen: *Well done!* Ihre Wahl beweist, dass Sie dieses Buch brav studiert haben. Als Gast ist es gewissermaßen Ihre Pflicht, zum Gelingen des Abends beizutragen. Auf Dinnerpartys wendet man sich abwechselnd dem rechten und dem linken Nachbarn zu bzw. bemüht sich nach Kräften, die anderen Gäste zu integrieren. Wenn Ihnen C mehr zusagt, sollten Sie sich sozial engagieren – das aber besser nicht auf englischen Dinnerpartys. Eine derart persönliche, direkte Annäherung mag noch so gut gemeint sein, doch wird ein Angelsachse sich nie auf sie einlassen. D ist ein gut überlegtes, gleichwohl falsches Vorgehen, weil zu direkt. Selbst wenn man Interesse am Gegenüber bekunden will oder gar soll, tauscht man zunächst einige unverbindliche Worte aus: »It is so cold in London this time of the year. Where would you rather be, if you didn't have to be here?« Auf diese Weise kann man sich allmählich der Frage nach dem Beruf o.ä. nähern: »Do you travel a lot for your job?«

Situation 2

Sie sind zusammen mit einer größeren Gruppe zu einem halbprofessionellen *Charity*-Kirchenkonzert eingeladen. Einer der Orchestermusiker ist ein Kollege Ihrer Freunde. Als Liebhaber klassischer Musik stellen Sie höchste Ansprüche, fachsimpeln gern über Musik und hoffen, diesem Event im Kreis von Gleichgesinnten beizuwohnen.

Die Veranstaltung erweist sich als sehr nett präsentiert. Die Freizeitmusiker haben hart geprobt und spielen mit Hingabe. Allerdings haben Sie schon bessere Darbietungen der Musikwerke gehört. In der Pause steht Ihre Gruppe beisammen und diskutiert. Alle loben das Orchester und vor allem den *amazing enthusiasm*, die erstaunliche Begeisterung. Sie aber denken sich: Die Bässe klangen nicht sauber, die erste Geige verpasste zweimal ihren Einsatz, und stellenweise wirkte das Orchester etwas unsicher.

Was tun Sie?

A Sie stimmen in den Lobeskanon ein und unterdrücken Ihre Kritik.

B Sie gestehen, bessere Konzerte besucht zu haben, räumen aber ein, dass Sie die Begeisterung der Musiker sympathisch finden – so ahnen die anderen wenigstens, dass Sie musikalisch beschlagen sind.

C Sie sprechen offen und ehrlich über die Qualität der Musik, mildern allerdings Ihre Kritik mit dem Hinweis, es handele sich schließlich um einen wohltätigen Zweck.

Kommentar

Braucht es hier noch einen schulmeisternden Kommentar? Alles außer A ist indiskutabel – es sei denn, Sie kennen die Gruppe sehr gut und haben tatsächlich Grund zur Annahme, dass offene Kritik erwünscht ist. Die Faustregel lautet, vorsichtig das richtige Gespür für die Stimmung zu entwickeln und sich dieser anzupassen.

Situation 3

Ein neuer englischer Bekannter ruft Sie an, um ein Treffen zu vereinbaren. Seine Stimme klingt entspannt und freundlich: »Hello, Karin, this is Toby. How are you?« Sie sind nicht in Telefonierlaune. Was antworten Sie?

A Sie denken: Nett, wie Toby sich um mich bemüht. Sie entgegnen, dass es Ihnen einigermaßen gut geht, obwohl gerade Ihre Miete erhöht wurde und Ihre Schwester sich scheiden läßt. Beides bereite Ihnen Sorgen, aber sonsten gehe es Ihnen wirklich gut …

B Nüchtern geben Sie zurück: »Fine, thanks. And you?«

C Auf verbindliche Art und Weise antworten Sie: »I'm fine, thanks, and how are you? Did you have a nice weekend?«

Kommentar

A wäre vermutlich ein typisch deutsches Verhalten: Man meint und versteht die Frage wörtlich: Wie geht's dir? Was gibt's Neues? Engländer dagegen möchten auf sie meist keine genauen Auskünfte hören. In England ist *»How are you?«* das Eröffnungsritual von Gesprächen. Auf diese vermeintliche Frage gibt es nur eine Antwort – nämlich die, dass man *fine* ist. Alle sind *fine*. Immer ist man *fine*. Selbst am Sterbebett ist man *fine*. Gesellschaftliche *Fine*-heit beweisen Sie ausschließlich durch Antwort C: Mit dieser zeigen Sie sich *accommodating*, entgegenkommend. Ist man nicht zum Telefonieren aufgelegt, so läßt man es den anderen nicht spüren, wie es bei Antwort B der Fall wäre. Letztere empfiehlt sich nur, wenn es sich beim Anrufer um eine Nervensäge handelt, die man dauerhaft loswerden will.

Situation 4

Sie gehen mit einigen neuen Arbeitskollegen zum Mittagessen. Mit Bernard sind Sie schon näher befreundet, über die anderen wissen Sie wenig. Bei Tisch kommt die Sprache auf einige junge Bewerber für Ihre Abteilung. Ein Kollege bemerkt, dass die Firma zunehmend Absolventen staatlichen Schulen einstellt. Man erklärt Ihnen, dass dies vor einigen Jahren noch anders war. Sie wissen, dass der schon seit Jahren bei der Firma beschäftigte Bernard ebenfalls eine staatliche Schule besucht hat. Also muß er aufgrund außerordentlicher Qualifikationen diese Stelle erhalten haben, schließen Sie. Bernard schweigt jedoch zu dem Thema – wie Sie vermuten, um nach feiner englischer Art seine Leistungen nicht in den Vordergrund zu spielen. Wie verhalten Sie sich?

A Anerkennend sagen Sie zu Bernard: »Toll, dass du es trotz deiner Schulbildung geschafft hast, diesen Job zu bekommen!«

B Vorsichtig fragen Sie Bernard: »Wie hast du eigentlich deine Stelle bekommen? Du hattest sicher besondere Qualifikationen?«

C Kollegial klopfen Sie Bernard auf die Schulter und sagen sinngemäß: »Tja, mein Lieber, Ausnahmen bestätigen die Regel!«

D Sie schweigen und sparen sich Ihre Fragen an Bernard für ein Gespräch unter vier Augen auf.

Kommentar

Wie Sie gelesen haben, ist das Thema Schule in manchen Kreisen heute noch heikel. Als Neuling sind Sie wahrscheinlich nicht ausreichend im Bilde über die Beteiligten und womögliche Empfindlichkeiten. Auf seine Schulbildung sollte stets einzig und allein der Betreffende selbst zu sprechen kommen – und auch dies nur freiwillig. Deshalb ist Lösung D die einzig richtige. A und B sind nett gemeint, könnten Bernard allerdings unangenehm sein. C ist unsensibel und unangemessen kumpelhaft. Daran ändert auch der scherzhafte Unterton nichts.

Situation 5

Gemütlich sitzen Sie bei Jane und David auf der Couch. Das Essen war gut, die Leute sind nett, es wurde viel gelacht. Die anderen verabschieden sich, aber Sie schlürfen seelenruhig noch ein Tässchen Kaffee. Es ist zwanzig vor zwölf, also eine durchaus »zivile« Zeit. Endlich sind Sie mit den Gastgebern allein und können etwas mehr über die anderen Gäste erfahren. Die Gastgeberin sinkt leicht erschöpft auf das Sofa. Plötzlich fragt sie: »How are you getting home, actually?«

Wie reagieren Sie?

A Eine großzügige Geste begleitet Ihre Worte: »Och, machen Sie sich keine Sorgen, ich nehm' nachher ein Taxi!«

B »Mal sehn, darüber mach' ich mir später Gedanken!«

C Nach Hause? Das ist wohl ein Wink mit dem Zaunpfahl. Sie erheben sich: »Auch ich breche jetzt auf. Es war sehr nett, nochmals vielen Dank. Sie sind wundervolle Gastgeber …«

Kommentar

Don't outstay your welcome! Wir lassen Abende gern langsam und gemütlich ausklingen. In England ist dies nicht üblich. C ist die einzig angemessene Reaktion. Ihre Gastgeber sind froh, wenn die Gäste sich nach drei bis vier Stunden verabschieden – möglichst gemeinsam, sofern nicht jemand aus bestimmtem Grund sehr früh nach Hause gehen muss. Das gilt nicht nur für Dinnerpartys, sondern auch für alle möglichen anderen gesellschaftlichen Anlässe.

Situation 6

Sie sind in einem Restaurant verabredet. Ihre Gruppe umfaßt acht Personen, darunter zwei Paare. Einige kennen sich, andere nicht. Der Verzehr an Speisen und Getränken fällt individuell unterschiedlich aus. Am Ende des netten Abends bringt die Bedienung auf einem Tellerchen die Rechnung und zieht sich zurück. Wie verhalten Sie sich beim Bezahlen?

A Sie bitten die Bedienung, Ihren Verzehr getrennt zu berechnen.

B Einer Ihrer Runde ergreift die Rechnung und sagt: »88 Pfund durch 8, das macht für jeden 11 Pfund.« Sie berappen 11 Pfund, obwohl Ihr tatsächlicher Anteil weniger oder auch mehr betragen würde.

C Sie zücken Ihren Taschenrechner und bieten an, die individuellen Summen auszurechen.

Kommentar

Engländer besitzen einen stark ausgeprägten Gemeinsinn. Persönliche Erwägungen und Einwände ordnen sie – in verträglichem Maß – denen der Gruppe unter. Das tun sie auch beim Bezahlen im Lokal: Trägt der indviduelle Verzehr nicht w e s e n t l i c h weniger bzw. mehr zur Rechnung bei, ist es üblich, den Betrag gleichmäßig zu teilen. Dies gilt vor allem bei inhomogenen Runden. Bei Gruppen von zwei oder drei Paaren teilen die Männer die Summe, bei etwas offizielleren Anlässen verlässt einer der Männer den Tisch und begleicht die Rechnung diskret. Richtig ist also Lösung B, unbeliebt machen Sie sich mit A und C. Anlass zur Sorge besteht nicht: Engländer nutzen solche Situationen nie dazu aus, auf anderer Leute Kosten zu schlemmen.

Situation 7

Sie haben mit einigen englischen Freunden/Kollegen eine Runde Tennis gespielt und gehen danach auf ein Bier ins nächste Pub. Man plaudert fröhlich über dies und das. Als die Sprache zufällig auf die deutsche Geschichte kommt, sagt einer scherzhaft und freundlich zu Ihnen: »Na, wenn man ehrlich ist, dann waren die Engländer nicht sehr viel besser als die Deutschen«, und zählt einige Schandtaten seiner Nation auf. Wie reagieren Sie?

A Sie sind entsetzt und belehren Ihren Gesprächspartner: »Da bin ich aber vollkommen anderer Meinung! Sie können die Kolonialisierung Indiens doch nicht mit Konzentrationslagern vergleichen!«

B Sie sind erleichtert: »Gut, dass Sie das einsehen. Wir haben lange genug auf der Anklagebank gesessen.«

C Sie hören interessiert zu und deuten an, dass es wirklich schwierig sei, solch unterschiedliche Nationen wie die britische und die deutsche fair zu vergleichen. Dann lassen Sie dem Gespräch gelassen seinen Lauf und lesen zwischen den Zeilen.

Kommentar

Gut, wenn Sie relaxed genug sind, sich für C zu entscheiden! Diskutierfreudige Deutsche können angelsächsische Gesprächspartner nämlich kräftig vor den Kopf stoßen. Der Versuch, Deutsche und Engländer auf dieselbe moralische Ebene zu stellen, dient in den meisten Fällen als diplomatischer Schachzug zu dem Zweck, deutschen Gästen mögliches Unwohlsein zu ersparen. Antwort A verfehlt deshalb zwar nicht das Thema, aber die Situation. Wer B sagt, trumpft höchst unsensibel auf, versteht sich. Dies ist im übrigen äußerst ungeschickt. Denn Engländer befinden sich bei diesem Theman nahezu ausnahmslos im Fahrwasser moralischer Überlegenheit. Ihre scheinbaren »Zugeständnisse« dienen der Gesprächskunst, nicht der Bekenntnis.

I. Weltkrieg ... 93, 112
II. Weltkrieg ... 14, 18, 158, 169, 174, 176, 208

A-Level ... 85f.
Absurdität ... 134
***accent* (Akzent)** ... 39, 44, 99
actually ... 235
Adel ... 40, 44
Adelstitel ... 152
afternoon tea ... 202
Agenturen ... 25
Alkohol ... 148
Alkoholkonsum ... 211
Alltagskommunikation ... 131
Alltagskultur ... 19
Anarchie ... 137
Angestellte ... 43, 47
Anstand ... 15, 156, 232f.
Arbeit ... 33
Arbeiten ... 31
Arbeitsbedingungen ... 171
Arbeitsleben ... 9, 25, 79, 157
Arbeitslosigkeit ... 88, 148, 171
Arbeitswelt ... 49, 88
Aristokratie ... 29, 45
Armee ... 174
Armut ... 33, 70
Ascot ... 122
aspiring middle classes ... 38
Auktionshäuser ... 22
Ausbildung ... 37
Ausgehen ... 188
Ausländer ... 70
Austen, Jane ... 51, 142, 171, 194
Autofahren ... 34
Autos ... 18, 160

Bachelor (of Arts, of Science) ... 96
Bäcker ... 41
Backstein ... 186
Bahn ... 47
Banken ... 9, 24, 154, 165f.
Bankenwesen ... 219
Bars ... 23, 69
Bath ... 186
BBC ... 19, 25, 41f., 69, 71, 102, 104f., 107, 119, 131, 134f., 138, 219
Beamte ... 43
Beat ... 219
Beatles ... 23, 142, 144
bed & breakfast ... 19
Benehmen ... 80, 83, 148, 154, 175, 189, 214, 223
Besuch ... 191
Bevölkerung ... 70
Bewohner ... 31
Beziehungen ... 192
Bildung ... 32, 37, 40, 46, 49, 82f., 100, 143, 171f., 232
Bildungselite ... 171
Bildungsniveau ... 171
Bildungsreformen ... 48
Bildungssystem ... 85
Bildungswesen ... 103, 158
Bill of Rights ... 54, 152
Bioläden ... 129
biscuits ... 202
Black, Cilla ... 43
black cabs ... 34
Blair, Tony ... 141, 171f.
blind date ... 41
blue-collar workers ... 42
Blyton, Enid ... 84
BMW ... 167, 217
boarding schools ... 84
Bodyshop ... 147
***boroughs* (Bezirke)** ... 30
Boykott ... 76
Brand, Jo ... 135f.
Branson, Richard ... 100, 144
Brauereien ... 111
bread and butter pudding ... 201
breakfast ... 201
Brot ... 130, 203
Bruttosozialprodukt ... 72
Bürgermeister ... 30
Bürgerrechte ... 140, 151
Bürgertum ... 30, 151f.
Bürokratie ... 90
Bus ... 41
Business ... 156

Cafés ... 188
Caine, Michael ... 51
Cambridge ... 37, 48, 85f., 93f., 97f., 219
castles ... 18
cereals ... 201
charities ... 17, 65, 121, 172, 192, 240
Chauvinismus ... 174
chips ... 200, 202
Chortradition ... 117
Christmas Dinner ... 203
Christmas Party ... 196
Church of England ... 67
churches ... 18
Churchill, Winston ... 132, 174
Chutneys ... 201, 211
citizen ... 42
City (London) ... 25, 29f., 117, 154, 156, 165, 169, 178
civilized ... 31, 79, 151, 216, 223f., 235
class ... 31, 37, 118, 233
Clubs ... 23, 32, 35, 69, 112f., 188, 192
colleges ... 82, 85, 97, 101
Collins, Michael ... 75
Comedy ... 131, 134ff., 138, 220
Commitment ... 237
***common law* (Gewohnheitsrecht)** ... 15, 150
common sense ... 15, 56, 87, 126, 155, 184, 214, 223
communities ... 43, 70f.

comprehensive schools (Gesamtschulen) . . . 86, 89, 94
Conran, Sir Terence . . . 144, 198
constituencies . . . 58
conversation . . . 105, 215, 220, 225
cooked breakfast . . . 201
corner shops . . . 209
corporate culture . . . 165
corporate identity . . . 178
cottage . . . 154
counties . . . 14
country (countryside) . . . 154
Country Cuisine . . . 211
Covent Garden Opera . . . 172
cream tea . . . 201, 212
Cricket . . . 80, 93, 116, 154
crisps . . . 202
Cromwell, Oliver . . . 61, 173
crumpets . . . 201
Curry . . . 142, 205, 208
custard . . . 201

Darts . . . 111
debating . . . 106, 168, 170, 175, 225
decency . . . 15, 232
Delikatessengeschäfte (Delis) . . . 206, 209
Design . . . 144, 146
Deutsche . . . 170
Deutschland . . . 151, 169
Dezentralisierung . . . 171
Dialekt . . . 220
Dickens, Charles . . . 142
Dienstleistungen . . . 144, 146, 178
Dinner . . . 77, 127
Dinner Party . . . 126, 233, 239, 243
Diskretion . . . 35, 155, 183, 224
Diskriminierung . . . 72
Distanz . . . 132
Doppeldeckerbusse . . . 22
Drake, Sir Francis . . . 173
drinks parties . . . 228
Drogen . . . 148

e-Revolution . . . 9
East End . . . 219
Edinburgh . . . 186
educated accent . . . 219
education . . . 37, 39, 44, 47f., 82, 85, 88, 90, 92, 154, 171, 219, 233
Ehe . . . 193
Einkaufen . . . 31
Einkommen . . . 33, 37, 146, 161
Einladungen . . . 19, 191, 221, 229
Einwanderer . . . 175
Einzelhandel . . . 166
»Eiserne Lady« . . . 59
Eliteschulen . . . 171
embarrassment . . . 12, 174
englische Küche . . . 197
englische Sprache . . . 19, 53, 147, 231
englischer Parlamentarismus . . . 53
englisches Haus . . . 188f.
entertainment . . . 147
Erbrecht . . . 152
Ernährung . . . 130, 198
Erstgeburtsrecht . . . 39
Erziehung . . . 78, 117
Essen . . . 207
ethnic minorities . . . 74
ethnic restaurants . . . 205
Eton . . . 39, 48, 82, 85, 93f.
Europa . . . 168, 170
Europäische Union . . . 150, 168
Exzentrik . . . 33, 114, 143

fair play . . . 174
fairness . . . 15, 84, 117, 133
Familie . . . 71, 78, 146
Familienleben *(family life)* . . . 119, 207
family dinner . . . 208
Fastfood . . . 208
Fawcett Society . . . 70
Fawlty Towers . . . 132
Feminismus . . . 120
Fernsehen . . . 42, 104, 176, 208
Finanzdienstleistungen . . . 163
Finanzviertel . . . 25
Finanzwelt . . . 147, 166
Fisch . . . 200
Fitness . . . 117
Fleisch . . . 200
Flexibilität . . . 172
food . . . 197
Food-Revolution . . . 198
football . . . 71
foreigners . . . 70, 113
Foster, Norman . . . 144
Frankreich . . . 151
Frauen . . . 68, 126, 192ff.
Freiheit . . . 160f.
Freiheitsmythos . . . 150
Freizeit . . . 80, 184
french fries . . . 202
Freundschaften . . . 220
friend . . . 236
Friends of the Earth . . . 172
Frühstück . . . 197
Fussball . . . 112, 115

gambling . . . 123
gardening . . . 77, 187
Garten . . . 14, 17, 28, 187, 191
Gäste . . . 239
Gastfreundschaft . . . 80
Gastronomie . . . 131
Geburtstage . . . 111
Geburtstrauma . . . 157
Gefühl . . . 132f.

Geister . . . 189
Geld . . . 39, 124, 226
Geldorf, Bob . . . 17
Gemeindesteuern . . . 32
Gemüse . . . 199
Gentleman . . . 153f.
gentrification . . . 152
Georgian style . . . 186
Gerundium . . . 214
Gesamtschule . . . 89
Geschäfte . . . 19, 162
Geschichte . . . 149
Geschmack . . . 40, 143, 148, 189f., 232
Gesellschaft . . . 19, 43, 70, 154f, 170
Gesellschaftsleben . . . 188f.
Gesellschaftsstruktur . . . 141
Gesundheit . . . 129
Gewerkschaften . . . 9, 161, 169
Gewürze . . . 208
Gleichberechtigung . . . 68
Glorious Revolution . . . 59, 61
Glydnebourne . . . 122, 188
Golf . . . 188
Goon Show . . . 134
***grammar schools* (Gymnasien)** . . . 86, 89, 91, 93
Grammatik . . . 214
Greater London Council . . . 30
Grundbesitz . . . 14

Handel . . . 151
Händel, Georg-Friedrich . . . 117
Harrods . . . 144
Harvey Nichols . . . 144
Hausbesitz . . . 42
Häuser . . . 44, 190
Haustiere . . . 120
Haydn, Joseph . . . 30
Heath, Edward . . . 94
Heinrich VIII. . . . 67, 173
hereditary peers . . . 54
Hierarchien . . . 153, 156, 180, 183
Hitler . . . 174
Hochadel *(aristocracy)* . . . 39, 44, 152f., 185
Hochschulwesen . . . 69
Höflichkeit . . . 11, 46, 82, 84, 86, 110, 124, 180, 217, 221, 223
home . . . 188, 189
Hooligans . . . 15, 116
Hotels . . . 19
House of Commons . . . 29, 57, 151
House of Lords . . . 29, 54, 151, 152
Humor . . . 15, 19, 81, 117, 131, 155, 181, 193
Hundertjähriger Krieg . . . 151
Hypothek . . . 42, 190

Idiom . . . 214
Import/Export . . . 169
Immobilienpreise . . . 156
Individualismus . . . 143, 161
Industrie . . . 49, 141, 157, 162, 169
Industriegebiete . . . 163
industrielle Revolution . . . 168
Infrastruktur . . . 24, 30, 32
Inselklima . . . 151
Integration . . . 72, 73, 176
Internet . . . 9
Iren . . . 75
Ironie . . . 138

James Bond . . . 219, 232
Japan . . . 169
Jobsuche . . . 51
John, Elton . . . 142
Jones, Brian . . . 43
Journalismus . . . 120, 170

Kamin . . . 185, 187, 189, 191
Kartoffeln . . . 202
Kathedralen . . . 117
Kinder . . . 161
Kindererziehung . . . 79
Kino . . . 198
Kirche . . . 69, 73
Klassenbewusstsein . . . 9, 13, 39
Klassengesellschaft . . . 13, 30, 92, 166, 220
Klassenstruktur . . . 92
Klassikszene . . . 25
Klatsch . . . 156
Kleidung . . . 18, 19, 37, 127
Kolonialisierung . . . 161, 174
Kolonien . . . 168, 174
Kommunikation . . . 137
Konformität . . . 178, 179, 229
Königin Viktoria . . . 61
Königsfamilie . . . 118
Konservative . . . 30, 170
Konservativismus . . . 148
Konsum . . . 145f., 148
Kontinent . . . 23, 169
Konventionen . . . 137
Konversation . . . 86, 181, 215, 227
Krankheit . . . 226
Kreativität . . . 146, 147
Kriminalität . . . 80, 148
Küche . . . 9
Kuchen . . . 17
Kultur . . . 19
Kulturbereich . . . 30

Labour Party . . . 9, 58, 142, 157, 171
Lady Diana . . . 61, 63, 67, 119
Landadel *(gentry)* . . . 29, 39, 152, 165, 185
Landhäuser . . . 14, 185
Landhauskultur . . . 187
Landhausstil . . . 143
landlady . . . 190, 225
Landleben . . . 46
landlord . . . 15, 190
Laura Ashley . . . 142
Lebensmittel . . . 16, 197

Lehrer 89
Leigh, Mike 51
Lennon, John 134
Liebe 127, 192, 194
life peers 54
Lifestyle 188f.
Linksverkehr 11
Literatur 69
London 9, 18, 21, 64, 186, 189, 198, 212, 219
Londoner Orchester 24
Lord Irvine 39, 153
Lord Mayor 30
Lord Nelson 173
love 195
Lovegrove, Ross 144
lovely 238
lower class 200

Master (of Arts, of Science) 96f.
Magister 96
Magna Carta 53
Major, John 31, 39, 94, 153, 158, 170, 172
Marks & Spencer 109, 160
Massenkultur 145
Massenproduktion 151
Maxwell, Robert 162
McCartney, Paul 142
Medien 9, 56, 61, 65, 69, 119, 147f., 166, 170, 196
Mendelssohn-Bartholdy, Felix 30
Mentalität 149
middle class 32, 35, 38f., 41ff.,70, 92, 115, 151, 154, 187, 200, 210
Mikes, George 195
mince pies 201
Minderheiten 72, 136
Mitbringsel 229
Mittelstand 31, 40, 46f., 155, 158, 171, 187, 198, 219
Mitwohngelegenheiten 34
Mobilität 148, 172
Mode 146, 231
Monarchie 53, 56, 66, 67, 171
Monty Python 134, 137
Mountain Ash 17
MP (Member of Parliament) 29, 37
Multi-Kulti 71
Murdoch, Rupert 62
Museen 19, 22
Musik 17, 18, 83, 117
My Fair Lady 218

Nachkriegspolitik 157
nanny 79
national lottery 17
National Trust 14
Nationalsozialismus 174
Natur 26f., 31, 188
neighbourhood 27
new economy 9
NHS (National Health Service) 209
Nightlife 25
Nissan 171
Nonsense 134, 137
Nordengland 163, 171, 220
Nordirland 76

Obdachlosigkeit 24, 32
Oberhaus 54
Oberschicht 31f., 39f., 44, 47, 153
Orwell, George 67
overspending 146
»Oxbridge« 37, 85, 100
Oxfam 172
Oxford 37, 39, 85f., 93f., 97f., 113, 219

Parks 15, 28
Parlament 53, 152
parlamentarische Demokratie 140
Parlamentarismus 53
Partys 188
Pasta 206
Peinlichkeit 133, 174
performance 154, 156, 172
pets 121
Pferderennen 123
pint 20
politeness 124
political correctness 131, 161
Politik 69, 166
Politiker 133, 196
polytechnic 98, 101
Pop 25, 71, 219
Popmusik 144f.
popular culture 23, 42, 141, 143
popular papers 61
posh accent 219
Post 47
Pragmatismus 59, 70, 72, 168, 171
Presse 61, 172, 208
primary school **(Grundschule)** 78, 90, 96
Prinz Charles 67, 119, 134
Prinz Philipp 67
private education 219
Privatisierung 162, 163, 167
Privatschulen 35, 39, 47, 82, 94
Privatschulerziehung 39, 83, 161, 164
Provinzen 188
Pub 20, 35, 41, 211, 212
public footpaths 14
public schools **(Privatschulen)** 82f., 89, 93, 113
Pubs 18, 44, 111, 126, 188, 197, 210
punning 136, 137
Puritanismus 123
Pygmalion 218

Quant, Mary 144
Queen 34, 66f., 118, 134, 142, 173

Radfahren 34
Radio 42, 53, 134
Radwege 34
Rassismus 72
reception room 187
Reformation 173
regency style 186
Regierung 13, 16
Reichtum 33
Reihenhäuser 26, 185, 187
Religion 72, 226
Respekt . . . . . 11, 135, 161, 180f.
Restaurant . . . . . 18, 23, 25, 125f., 145, 162, 188, 197f., 210ff.
right of way 14
Rituale 165
roastbeef 199
Roddick, Anita 147
Rogers, Richard 144, 159
Romantik 127, 133, 193
Rover 167, 171, 217
Royal Family 46, 65, 119
Rugby . . . . . 93, 115f.

Sandwich 203
Save the Children 172
Scheidungen 80, 194
Scheidungsrate 192
Schlösser 14
Schlussverkäufe *(sales)* 146
Schotten 125
Schottland 163
Schulbildung 44, 47
Schulden 156
Schule . . . 32, 78, 82, 88, 102, 154, 158f. , 179, 192
Schüler 49
scones 201
Seabrook, Jeremy 148
secondary modern schools 86
serious national papers 61
Service 145, 156, 162
Sex 127, 196, 226, 238
»Sexy Industries« 163
Shaw, George Bernard 218
Shoppinglandschaft 25
Sixties 42
small talk 225
snacks 201, 202
Snobismus 200
soccer 117
social activities 97
social awareness 153
social event 17
Society 156
Sonntagszeitungen 122
sophisticated 161, 232
sophistication 86, 102, 138, 154, 233
sort of 238
Sozialbauten *(council houses)* 31
Sozialhilfe 32, 171
Sozialleistungen 172
Sozialstruktur 16, 133, 159
Sparsamkeit 146, 156, 190
Sperrstunde 112, 113
Sport 83, 117, 125
Sprache 40, 48, 71, 161, 219
St Paul's 93
staatliche Schulen 156, 242
Städte 21, 185, 188, 197
steak and kidney pie 211
Steuern 190
stiff upper lip 84
Straßenbau 160
Streiks 166
Student's Union 98
Studenten 49
Studium 85, 96
suburbs 146, 208
summer pudding . . . . . 20!
sunday papers 122
sunday roast 205, 210

***t**abloids* 62
Tageszeitungen 69, 214
Taktgefühl 9
Tante-Emma-Läden 209
Taxi 22, 34, 42
tea rooms 35
team spirit 123
Teamwork 181
Technologie 147
Tee *(tea)* 17, 34, 77, 108, 165, 201
Telefon 183
Telekommunikation 169
terraced houses 187
Thatcher, Margaret 9, 23, 32, 37, 39, 42, 48, 58, 94, 140, 145, 157ff., 160, 166ff., 170, 173
Thatcherismus 158, 173
the country 31
The Guardian 170
Theater 18, 198
Themse 31, 34
Tischmanieren 213
Titel 39, 183
Toleranz 12, 190, 194
Tories 58, 158
Tradition 9, 142f., 185
traditionelle englische Küche 199
Traditionen 140, 166
Trend 142f., 145
Trifle 201
Trinkgeld 212
Tube (U-Bahn) 11, 34

Übertreibung 138
Umweltprobleme 30
understatement 15, 19, 82, 128, 138, 148, 215, 226
Universität 47ff., 85, 88, 97, 100, 102

Universitätsstudium . . . 47
Unterhaltung . . . 104, 239
Unterhaus . . . 55, 57, 151
Untermieter . . . 190
Unterschicht . . . 40
Untertreibung . . . 217
upper class . . . 32, 35, 39, 41f., 44f., 47, 84, 123, 154, 200, 219
upper class accent . . . 218f.
upper middle class . . . 152
USA . . . 163

Vegetarier . . . 203
Veranstaltungen . . . 19
Vereine . . . 192
Verfassung . . . 54, 56
Verhaltenscode . . . 189, 222
Verkehr . . . 30, 31
Verkehrsmittel . . . 18, 160
Verkehrsprobleme . . . 24
Victorian brick terraces . . . 186
Victorian style . . . 186
Viktorianismus . . . 67
villages . . . 31
Vorstadtdasein . . . 21

Wahlkreise . . . 58
Wahlrecht . . . 58
Wales . . . 117, 163
Weihnachten . . . 110f.
Wein . . . 9
Werbung . . . 144, 146f.
Wertvorstellungen . . . 81
Westminster . . . 36, 37, 153
Westwood, Vivienne . . . 142, 144
Wettleidenschaft . . . 17, 123
white-collar workers . . . 42
Wilde, Oscar . . . 137, 232
Wilhelm den Eroberer . . . 149
Wilhelm III. von Oranien . . . 54
Wimbledon . . . 122
Winchester . . . 82, 93
Windhundrennen . . . 123
Windsor . . . 65, 66
Wirtschaft . . . 178
Wirtschafts- und Sozialgeschichte . . . 140
Wissenschaft . . . 19
Wohltätigkeitsveranstaltungen . . . 17
Wohnen . . . 31, 32, 185, 187, 190
Wohnkultur . . . 26
Wohnungen . . . 44, 185, 190
working class . . . 31, 35, 41ff., 47, 117, 200, 219
working class accent . . . 219
World Wildlife Fund . . . 172
Wortwahl . . . 39f.

Yorkshire pudding . . . 199

Zeitungen . . . 62, 122
Zentralisierung . . . 158
Zersiedlung . . . 21
Zivilisation . . . 174
Zivilisiertheit . . . 159, 188, 235